易经的智慧 (III)

从铲除梗碍 到光明大道

曾仕强 著

民主与建设出版社
Democracy & Construction Publishing House

图书在版编目（CIP）数据

易经的智慧合集/曾仕强著. --北京：民主与建设出版社，2016.4（2025.4重印）
ISBN 978-7-5139-1069-9

Ⅰ.①易…　Ⅱ.①曾…　Ⅲ.①《周易》-研究　Ⅳ.
① B221.5

中国版本图书馆 CIP 数据核字（2016）第 081321 号

易 经 的 智 慧 合 集
YIJING DE ZHIHUI HEJI

责任编辑：	顾客强
出版发行：	民主与建设出版社有限责任公司
电　　话：	（010）59417749　59419778
社　　址：	北京市朝阳区宏泰东街远洋万和南区伍号公馆4层
邮　　编：	100102
印　　刷：	河北环京美印刷有限公司
版　　次：	2016年4月第1版　2025年4月第2次印刷
开　　本：	710mm×1000mm　1/16
印　　张：	107.75
书　　号：	ISBN 978-7-5139-1069-9
定　　价：	680.00元（全6册）

注：如有印、装质量问题，请与出版社联系。

目 录

第四十五集	序卦之道	1
第四十六集	文化与文明	19
第四十七集	铲除梗碍	33
第四十八集	治狱之道	47
第四十九集	人文精神	61
第五十集	装扮得体	73
第五十一集	贲极剥始	87
第五十二集	硕果不食	99
第五十三集	剥极而复	111
第五十四集	复兴之路	123
第五十五集	无妄而正	137
第五十六集	避祸成事	149

第五十七集	大畜德行	163
第五十八集	慎始敬终	177
第五十九集	颐养之道	191
第六十集	自作自受	203
第六十一集	大过大悟	217
第六十二集	化解大过	231
第六十三集	处险不惊	245
第六十四集	用险止险	257
第六十五集	向上提升	271
第六十六集	光明大道	283
第六十七集	易经体例	293
第六十八集	上经综述	305

易经的智慧·第四十五集　序卦之道

《易经》中的六十四卦，代表着宇宙人生的六十四种情境，而这些情境的发生，又有着其内在的基本规律，那么六十四卦的排序，与宇宙人生的基本规律有着怎样的关联？孔子在其撰写的《序卦传》中，是怎样解释六十四卦的排序规律的？六十四卦的排序，又蕴含着哪些东方最古老的人生智慧呢？

第四十五集　序卦之道

中国人做学问，如果做到"经"的程度，大概就学有所成了。什么叫作"经"？就是人们经常使用的一些准则、规则，也就是《易经》中所说的不易的部分。经可以充分地发挥、发扬，不能轻易改变。但是有经才会有变，所以叫作持经达变。《易经》这部书，就是把宇宙、自然、人生的道理，统统条列出来，一共分成六十四种不同的情况。当时孔子看到这部《易经》的时候，是肃然起敬的。他为了让人们能够更深入地理解这部经典，就为它写了十篇《传》。《传》的目的就是用来解释经的，而不是随意地改变经的。我们常常说，"人类没有更改自然定律的权利，也没有改变自然的资格"，我们只能遵循它，并合理地利用它，以期把它的功效全部发挥出来。所以十篇的《传》都来解释这一部不可以改变的经。

> 经可以充分地发挥、发扬，不能轻易改变。但是有经才会有变，所以叫作持经达变。
> ——《易经》的智慧

在十篇《传》当中，有一篇叫作《序卦传》，它的作用就是告诉我们六十四卦是按照怎样的一种顺序排列的。当然，《易经》的六十四卦，每个人都可以试着去做不同的排列。可是它以《序卦传》的顺序流传了上千年，一定有其道理。这非常值得我们去了解，去研究。

"序卦"就是卦的排序，这个排序意味着六十四个卦象之间有一定的内在关系，这个关系很值得我们玩味。因为通过研究发现，它跟我们的宇宙和人生的整个历程，几乎是完全吻合的。《序卦传》的第一句话说：**有**

天地，然后万物生焉。"天"，就是乾卦，它是纯阳卦；"地"，就是坤卦，是纯阴卦（图45-1）。天地生生不息，是万物之母。所以人们经常说谢天谢地，在结婚的时候一定要拜天地，就是因为万事万物都是由天地孕育发生的。

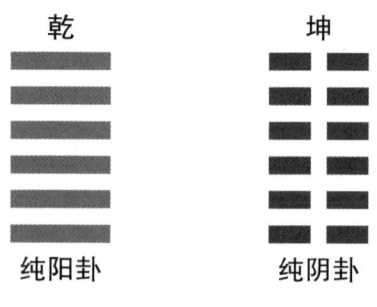

图45-1

天生万物同时也就意味着地掌万物，这个观念非常重要。而且这种观念只有我们中国人才有，西方人是把天和地截然分开的。他们讲天就只讲天，讲地就只讲地。但中国人不是这样，中国人说到天的时候，脑海里面一定同时浮现出一个地；讲地的时候，一定会把天配合在一起，所以天生万物的意思就是天地孕育生长了万物。由此可见，《易经》的一个重要观念就是合。天地一定是配合的。有了天地，然后万物才会繁衍生长，而且会持续不断，这就叫作生生不息。

《易经》告诉我们：伏羲氏"一画开天"，不仅创造了天地，从此还诞生了世间万物。那么，这种来自东方的古老智慧，与西方人普遍认同的"创造论""进化论"的观点，会有哪些不同之处？宇宙苍穹间的世界万物，究竟是谁创造出来的？我们人类在这天地之间，又扮演着怎样的角色呢？

《序卦传》的第二句话讲：**盈天地之间者唯万物，故受之以屯**。

第四十五集 序卦之道

"盈",就是充满的意思。整句话的意思就是:天地之间充满了万物,因此乾坤之后的这个卦就叫作屯卦(图45-2)。屯就是天地间充满了各种各样的生物,就是万物。那么,万物又是怎么产生的呢?西方人直到现在还为此争论不休。其实,关于万物生成的理论,大体上分为两种:一种叫作创造论,认为万物是由神、由上帝创造的;另一种叫作演化论,认为万物是自发地逐渐演化而来。那么,万物到底是上帝创造的,还是逐渐地一步一步演化出来的?

现在人们应该很清楚,答案是两者都不是,又好像都是。因为万物是既创生又演化,如果天地只是一味地创生,这不太可能。所以万物创生之后,一定会演化。我们经常见到的牛、羊、兔子,还有人们养的蚕宝宝,它们刚刚从母体里面脱胎而出的时候,是蒙昧无知的,只有经过长时间的培育才能够成长。就像一只幼鸟,它要慢慢学习才能够飞上天空。它只能通过逐步地练习,才能够把它的本能发挥出来,这个过程就是启蒙。所以启蒙并不是我们通常所认为的只是接受刻意的教育,而是把万物各自的本能(即"潜能")激发出来。正因为如此,所以屯卦之后的那个卦就是蒙卦(图45-2)。

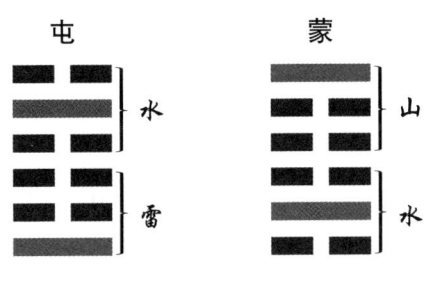

图45-2

现代人都很注重启蒙教育,为了让自己的孩子彻底地赢在起跑线上,家长们甚至在怀孕期间,就已经开始了对孩子的"启蒙教育"——胎教。但是,尽管家长们费尽心力地教育孩子,这些宝贝们,仍旧是问题百出,甚至还出现了很多由于教育过度而产生的过激行为!那么,我们是不是应

该卸下压力,返璞归真,让孩子们顺其自然、自由成长呢?而古老的《易经》又会教给我们怎样的育儿方法呢?

蒙是什么意思?蒙就是蒙昧。所以说:**蒙者,蒙也,物之稚也**。就是说初生的万物很幼稚。就像一个婴儿,刚出生的时候很幼稚,甚至连自己吃什么,该吃多少都不知道,因此才需要教育他。但在教育他之前要先养育他,所以《序卦传》说:**物稚不可不养也,故受之以需**。需卦(图45-3)的"需"是什么意思?需就是需要,就是需求。我们知道,小孩子的需要都是父母给培养出来的。所以父母平常的行为处事要格外小心。因为自己的不良习惯,甚至于一些坏习惯都会影响小孩子。如果等到小孩子受到不良影响,犯了错之后再教训他、骂他,这是有点不公平的。因为正是父母把自己的小孩子教坏了。

人的需要有正当的,也一定有不正当的。所以做父母的要从小帮助小孩子养成良好的习惯,把那些不正当的需要消灭于萌芽的状态,这点是非常重要的。

需者,饮食之道也。这句话说得很对,但常常引起很多误解。人们老以为只要给小孩子好吃的、好喝的,为他们提供良好的物质生活条件,就觉得自己作为父母的责任就算尽到了。其实不是。饮食之道,这个"道"很重要。大家有时候会发现,现在有些二十多岁的小伙子,连筷子都不会拿,就是因为当父母的没有好好教他。他从小到大拿筷子的方式就不正确,而父母又觉得无所谓,所以就导致他一辈子都拿得不像样子。因此,饮食之道,就是饮食的道理,父母要格外重视才对。从小孩子的品格到他的生活习惯,都要调整得很合理,这样才是合格的父母。

> 从小孩子的品格到他的生活习惯,都要调整得很合理,这样才是合格的父母。
> ——《易经》的智慧

第四十五集　序卦之道

如果只是满足小孩子的物质需要，以为让他能够吃饱喝足就可以了，那人与动物有什么区别？人类绝不应该是这种状态。《序卦传》接下来就说：**饮食必有讼**。需卦之后就是讼卦（图45-3）。为什么吃饭的时候会发生冲突？为什么喝酒喝到最后人们又会闹事打架呢？这是因为每个人的需要是不一样的，同时人的需求又是无穷无尽的，并不能同时得到满足。现在人们都知道，地球的资源是有限的。如果每个人都要求过美国人那种过度奢靡的生活，人类需要四倍于现在的资源量才够用。只可惜我们并没有那么多的资源储量。因此，如果不符合饮食之道，必然会引起矛盾，引起争讼。讼就是争讼、打官司，人们彼此兵戎相见。我们可以看到，现在全球气候变暖，北极冰山融化，但真正关心生态环境的国家不多。因为他们都虎视眈眈，所有的心思都在夺取北极的资源上。这就说明他们没有读懂《易经》，没有掌握《易经》的智慧。如果被抢夺的资源都快用光了，那么继续争下去还有什么用呢？

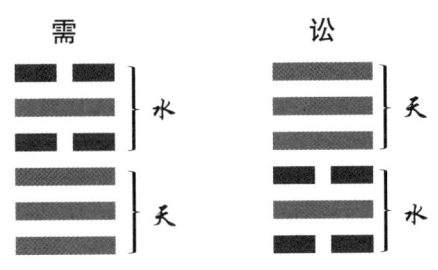

图45-3

所以，**讼必有众起，故受之以师**。师者，众也，就是说志同道合的人会集合在一起。一结合起来，人们就很有可能分化成敌对的两派，就很可能发生战争。

因此，一到师卦（图45-4），人们的心情都是很紧张的。**众必有所比，故受之以比**。师卦后面一卦就是比卦（图45-4）。**比者，比也**。所以一到比卦，人们的心情反而比较愉快。大家比来比去，选择比较光明的方向去走。但是现在，人们一看到蝇头小利，就趋之若鹜。这就是因为把比卦理解错了。比，应该是比道德。但是现在人们一天到晚就比厉害，这是不正确的。

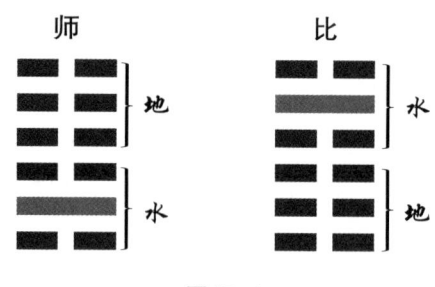

图45-4

比必有所畜也，故受之以小畜。比卦以后，人们就开始有点小积蓄。所以叫小畜卦（图45-5）。**物畜然后有礼**。人类有了积蓄，就产生了所有权的观念，慢慢就演化出公和私的概念了。因为公私不同，所以人们就必须创立一种制度，在这种制度下和谐地生活，而不是相互抢来抢去。否则，如果一个人稍有一点积蓄，就被别人抢去，辛辛苦苦的劳作最后都泡汤了，这样下去，每一个人的财产都得不到保障。

所以，**物畜然后有礼，故受之以履**。"履"就是履行的意思，这个卦就叫作履卦（图45-5），既然人们之间签订了合约，既然已经做出了口头的承诺，就必须去履行这个合约，履行这个承诺，履行这个道理。

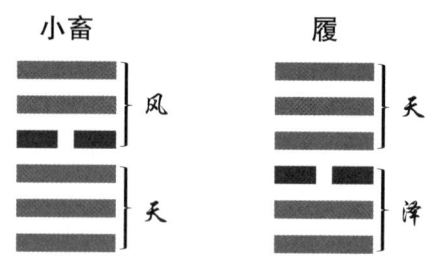

图45-5

履而泰，然后安，故受之以泰。一个人去旅行，一路上非常顺利，不

第四十五集　序卦之道

管走到哪里，大家都很欢迎。人们不会打他的坏主意，所以他就很安全。安是平安。为什么说平安是福？因为只要一个人平安了，有再多的东西都不用担心，更不用紧张。在这种情况下，就算是康泰了。人们常常喜欢说三阳开泰，就是这个道理。**泰者，通也**。就说明我们做什么事情都很通顺，道理也讲得通。其实人与人交往，最难得的就是能够把道理讲通。因为一件事情，常常是公说公有理，婆说婆有理。

物不可以终通，故受之以否。这句话是什么意思呢？既然上天有好生之德，为什么不能让大家都讲道理，并且都讲得很顺畅？那是因为，如果总是这个样子，人就不能成长，就学不到东西。一个人，如果一辈子都没有吃过什么苦，那就白活了，因为他不知道什么是困难。物不可以终通，因此就受之以否，这说明，否跟泰（图45-6）这两种人生情景常常是在一起出现的，是同时存在的。

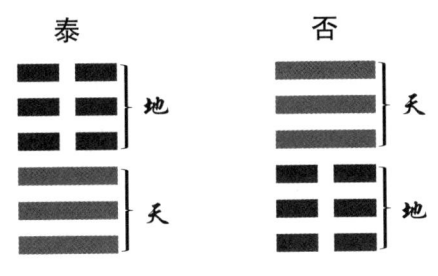

图45-6

"泰"字，寓意和平、安定。远在上古时期，人们就将"泰山石敢当"砌在墙上、放置门口，以求出入平安、诸事太平，并且沿用至今。人人都希望自己"近泰远否"，甚至为此做出诸多努力。那么，怎样才能实现这种美好的愿望呢？《易经》又会教给我们哪些应对"否泰"的方法呢？

如果一个人一直运气不好，他肯定受不了；如果一个人一辈子走得很顺利，那更糟糕。因为他的脑筋就会坏掉了，就会缺少忧患意识。所以老天一方面告诉我们，人不可以过分的泰，另一方面它也不会让你过分的

9

否。所以否泰基本上都是结合在一起的。那么,到底是否极泰来还是泰极否来?我碰到很多人,一直跟我说,按照卦序,泰卦在否卦前面,应该是泰极否来才对。其实泰不用极,否就找上门来了。就像一个人,如果今天很高兴,多喝了几杯酒,可能马上就会产生事端;一个人一高兴就暴饮暴食,晚上就睡不好觉。因为你的心开始不安了,泰不用极,因为泰之后马上就是否,这给我们太多的教训。

但是会不会否极泰来呢?《易经》给了我们一个希望。否极之后是会泰的。但是这里用了一个"极"字。就意味着人要尽量地忍受,再忍受。为什么要忍受?因为如果一个人得罪了别人,那现在别人回过头来报复他是应该的。

如果我们把否卦和泰卦都理解得很深入了,就会意识到,《易经》有一个卦叫作同人卦,还有一个卦叫作大有卦(图45-7)。同人和大有这两卦合起来就是我们所讲的大同,也就是现在人们常说的地球村。所以身居地球村的人,应该把这两个卦好好地思考一下。同人是什么意思?同人就是人与人之间的共同共通之处。为什么人们只讲相同的部分,不讲不同的部分?因为每个人都知道,世界上没有两个人是百分之百相同的,没有两个家庭是百分之百相同的,没有两个国家是百分之百相同的。那我们应该怎么办?就要求同存异。人们讲话时常常先讲与别人意见相一致的部分,达到心意相通的程度之后,再来讲不同的部分。

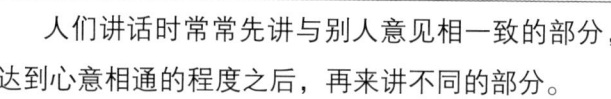

人们讲话时常常先讲与别人意见相一致的部分,达到心意相通的程度之后,再来讲不同的部分。
——《易经》的智慧

我们一般不会一开口就说,我跟你有不同的看法。很多外国人却是这样,I don't agree with you(我不同意你的意见)。中国人不太会这样,中国人都会首先表示同意,完全同意,然后才来讲不同的部分。所以我们

第四十五集　序卦之道

只讲大同，而不讲小异。大同里面包含了小异。这就是《易经》的思维方式。

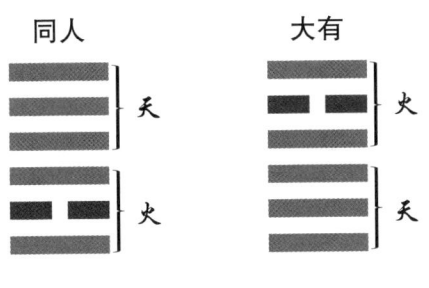

图45-7

与人同者，物必归焉。只要一个人认为自己是与别人心意相通的，别人多半会喜欢他，归附于他。这种结果就会使得一个人大有。有人、有钱、所有的资源都充分利用起来了，就造成了大有的良好结果。

但是，《序卦传》接着又说：**有大者不可以盈**。一个人必须大不求满，因为人的欲望是无穷的，少要变多，多要变更多，最后的结果只能是满招损。就像父母看到自己的小孩子考试成绩得了九十九分还摇头一样，嘴里一直嘟囔，怎么还差一分？说实话，那一分有那么重要吗？我们常常说，满招损。日盈则亏，这是自然界必然的规律。所以我们不必求满，不必刻意求盈，**要受之以谦**。

所以如果一个人大有，就要格外小心了。大有的人一定要谦虚，所以这个谦卦（图45-8）是一个转折点，如果一个人大有之后不谦虚，后面的事情就没有必要谈了，谦虚之后我们才有资格看后面的卦。如果一个人能够**有大而能谦**，就会必豫。所以谦卦后面一卦就是豫卦（图45-8）。豫就是很愉快的意思。

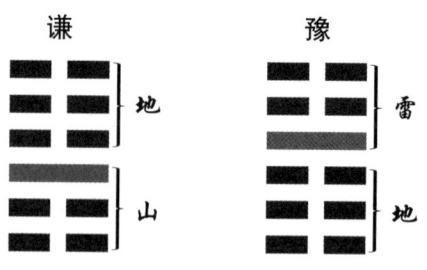

图45-8

这种愉快是真正由内心而发的喜悦,而不是外在的快感刺激。一个人,事业上有很大的格局,同时又很谦虚,就会让人觉得很亲切,有如浴春风的感觉,别人势必愿意追随你。所以之后的一卦就是随卦(图45-9)。

人一旦发达了之后,必定会出现许多仰慕者和追随者,用时下最流行的说法就叫作"粉丝"。有"粉丝"们的追随,不仅能提高知名度,甚至还能借此成就大事。既然有人追随能够带来诸多好处,那么被人追随就一定是件好事吗?相反,是不是只要虔诚地追随着我们的"信仰""领导"或"偶像",就一定能给我们自己带来收获和快乐呢?

那么一个人得到别人的追随到底好不好?这就很难说了。这得看别人是抱着什么样的心情来追随他的。如果他们是仰慕他的道,他们是追随着这个人的理想而来的,那当然是很好了。可是现在大部分人都是因为某种利益才追随一个人。如果他们不能从中得到一些好处,很快就会鸟兽四散。

如果用一种很不合理的心态来追随某个人,最后的结果很可能就把那个被追随的人搞垮了。现在很多的电影明星和歌手其实都是被他们的粉丝拖垮的、害死的。为什么一个歌星会活得那么辛苦?穿着打扮非要搞得跟别人不一样?就是因为他要满足他的粉丝们的审美情趣。所以,一个人得到别人的追随,不要觉得是一件很好的事情,关键是看追随你的人会把你塑造成一个什么样子。

第四十五集 序卦之道

如果没有追随还可以相安无事，那么一个人被别人追随就会产生很多事情。我们常常看到演唱会现场出现舞台塌陷砸死人的突发状况，或者歌迷们因为过度兴奋而导致休克，甚至在足球比赛的现场发生暴力的事件。由此可见，受到别人追随并非总是一件好事，所以随卦之后的那卦就是蛊卦（图45-9）。《序卦传》说：**以喜随人者，必有事，故受之以蛊；蛊者事也**。

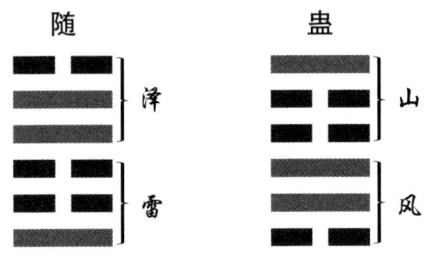

图45-9

有事而后可大，故受之以临。临卦（图45-10）告诉我们，每逢碰到大事，我们必须亲临现场观察一番才能真正明白到底是怎么回事。

临者，大也。我们现在去餐厅，去休闲场所，服务员都会跟我们说，欢迎光临。这是为什么？就是因为顾客是上帝，顾客最大的缘故嘛。所以不要觉得这四个字不过是客套语，没有意义。这当然有意义，人家说这句话就意味着他们把你当作大人物看待，所以你就应该有大人物的样子，你要有点回应。一个人有了盛大功业，就要大人有大量。

物大然后可观，故受之以观。如果一个东西毫不起眼，我们不会觉得它很可观。如果送给一个人一百块钱，他多半没有什么反应。如果给他一大堆钱，他肯定会两眼放光，说"哎呀"这么可观。所以临卦和观卦（图45-10）会排在一起。这说明别人把你当大人物看待，你的表现让他感觉到真的很可观。

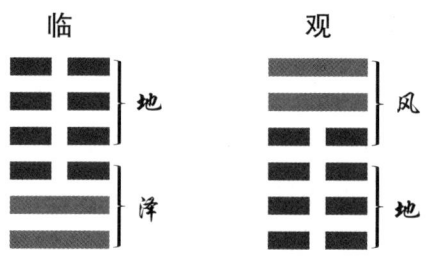

图45-10

从乾卦到观卦这二十个卦象中间,我们领略到了从出生,到启蒙教育,再到为人处世的种种道理,可谓受益匪浅。但是"金无足赤,人无完人",我们不可能把每个卦都牢牢掌握。那么,既然如此,我们能不能忽略一些卦象,选择自己感兴趣的卦象重点学习和参考,从而达到事半功倍的效果呢?

以上一共二十个卦,我们大致上都分析过了。如果把它们连串地串起来,就会发现它们其实就是一个节奏,整个的过程都是环环相扣的。

乾坤两卦要同时看,下面的十八个卦也是两卦同时看。你看屯蒙两卦是相综的(图45-11),也就是我们常说的综卦,从一边看是屯,从另一边看是蒙。它的意思就是说小孩子一出生就应该开始启蒙了。美国的小孩子一出生,医院的护士就会把一个冰块塞进小孩的嘴里,所以他们的小孩子很早就习惯了喝冰冷的可乐。但是中国的小孩一出生,我们会给他喝一些温热的水,可是等到他们长大了,为了赶时髦,也学美国小孩子喝冰可乐,他的肠胃就受不了了。

图45-11

第四十五集 序卦之道

我们再看，需跟讼是一对，从这边看是需，从那边看是讼（图45-12）。所以当一个人有饭吃的时候就要想想，是不是有人还没有吃，所以要招呼他一下，不然就会发生不愉快的讼了。当一个人遇到争讼的时候，通常才会后悔为什么平常不自我节制一下，以致搞到现在这种地步。

图45-12

你看师跟比（图45-13），这两个卦都意味着大众。把大众集结起来不是为师，就是为比，所以师就是比，比就是师。就看我们自己怎么去调度。

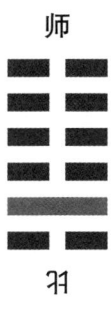

图45-13

小畜跟履（图45-14）一样，如果能够按照天道去做，这个小小的储蓄就会保持得比较久一点，如果不按照天道去做，就算有储蓄，那也只可能来得快，去得快。甚至来得快，去得更快，最后的结果只能是没有储蓄。我们常常看到，两个人同样领薪水，同样领那么多，为什么有的人慢慢有钱买房子，有的人就没有钱买？就是因为小畜跟履卦没有合在一起看。

图45-14

我们再看泰卦跟否卦的关系（图45-15）是最密切的，因为泰之后一卦就是否，否之后可能泰。你从一方面看是好事情，从另一方面看就是坏事情。

图45-15

同人、大有（图45-16）是相综又相交。

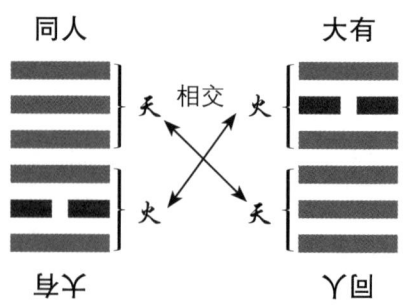

图45-16

所以我们以后看卦，要先看它是相错的，相综的，还是相交的，就可以大概知道它们有什么样的关系。豫卦跟谦卦是相综（图45-17），当一个人很谦虚的时候就很喜悦。可是当一个人很喜悦的时候就很可能慢慢自大起来了，就不谦虚了。你看人家捧他两句，他就真的认为自己了不起了，最后就完蛋了。所以我一再劝说，当你高兴的时候就是你的抵抗力最弱的时候，很可能把自己陷到困境里面去。如果经不起人家几句捧，就变得骄傲起来，那就危险了。

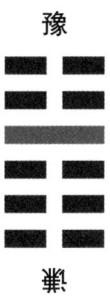

图45-17

随卦跟蛊卦（图45-18）是相综又相错，事情本来是好事，但它会演化。好事变坏事很容易，坏事若要调整成好事就比较困难。事情做得越顺，出纰漏的可能性越大。

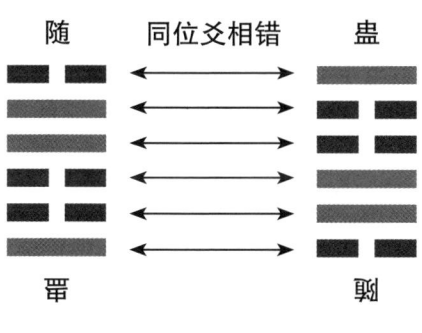

图45-18

临卦和观卦（图45-19）相综。说明你观察别人的时候，别人同时也在观察你。这两种情况是同时发生的。

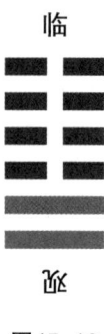

图45-19

所以我们可以看到，虽然我们是一卦一卦进行分析的，但是实际上应该一对一对地看。再进一步，好几个卦要连在一起看。如果两个卦是相错的，要再观察一下它们有没有相综，有没有相交换，然后它们还有其他的什么变化？卦里有卦，等我们把这个事情搞清楚之后，就很清楚它们是牵一发动全身。这样我们就会明白，为什么同样的人类，每个民族的文化不同，然后就各有不同的特色，这就跟我们卦的变化是一样的，所以下一集我们就要来讲：文化与文明。

易经的智慧・第四十六集 文化与文明

"文化与文明"通常会被人们混为一谈。但是,《易经》的卦象告诉我们,文化与文明虽然有相似之处,但却是完全不同的两个概念。那么,究竟什么是文化,什么是文明,它们之间的本质区别在哪里?现代社会中,我们又应该以什么样的态度,来对待文化与文明的发展呢?

第四十六集　文化与文明

18世纪的时候，英语中出现了两个单词：一个叫culture，一个叫civilization，culture翻译成中文叫作文化，civilization翻译成中文就是文明。那到底哪一个字比较符合中国的文化传统呢？我们可以根据《易经》来判断。《易经》里与此相关的卦有好几个：第一个是离卦，离就是光明的意思，大放光明。所以它的含义比较偏向于文明。

当我们想到离卦的时候，一定会想到一个与它相错的卦，这个卦叫作坎卦。坎和离（图46-1）这两个卦总是同时出现，因为有光明就一定有黑暗。当一个人的外在身份地位向上发展提升的时候，这个人内在的精神世界可能正在向下沉沦。所以一个人外表很亮丽的时候，我们就必须格外小心，因为他的内心可能很丑陋，否则他没有必要装扮外在以遮掩内心。再比如我们去购买物品的时候，那些外包装越是漂亮的东西，其质量就越可能有问题。从这种辩证的角度去考虑问题，我们就会意识到其实离卦也是充满了危险的。

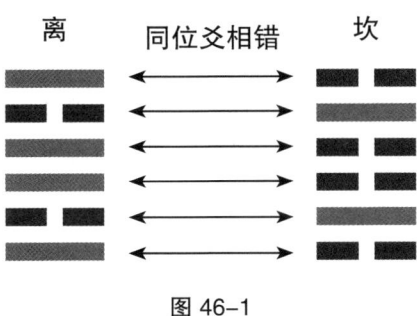

图46-1

还有一个卦叫作贲卦，贲卦有一个与其很像的卦，叫作噬嗑卦

（图46-2）。噬嗑卦跟贲卦两卦都像一个大嘴巴，里面塞满了一个硬东西。只不过这个硬东西的位置不太一样，一个哽在上面的部分，一个哽在下面的部分。

图46-2

一个人，如果嘴巴里面有东西哽着，是非常不舒服、不好受的。那应该怎么办呢？有两个基本的办法：要么把它咬断，要么把它吐掉。除此之外还有一个更好的方法：把它含在嘴里，慢慢地融化掉。我们看小孩子吃糖的时候，他是一下吞下去，还是立马把它吐掉，抑或是含在嘴里自得其乐？可以很容易想象到，当然含在嘴里，让其慢慢融化才是比较愉快的。与这种情景类似，人们受到一种观点、一种思想的影响，受到一种风俗的熏陶，使自己的性情受到潜移默化的影响和改变，这就叫文化。

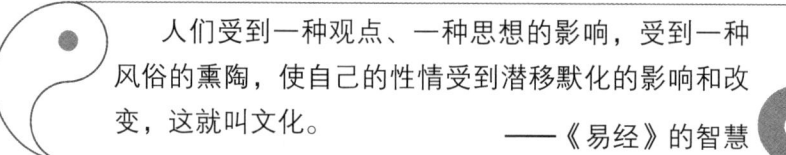

人们受到一种观点、一种思想的影响，受到一种风俗的熏陶，使自己的性情受到潜移默化的影响和改变，这就叫文化。
——《易经》的智慧

英国、美国、法国的人，他们是比较偏向于civilization，就是文明。所以他们希望漂亮，希望吸引别人的眼球。正因为如此，他们的期望与实际就相差比较大。从《易经》的观点来看，文化的"化"是很传神的。西方

第四十六集 文化与文明

人倾向于解决问题,我们读完《易经》就会知道,一个问题解决了,另一个问题就会接踵而来,所以问题是永远都解决不完的。一个人能有多少时间,多少精力,解决所有这些问题呢?因此我们就换一个角度,我们不是解决问题,而是化解问题。就是说把问题化掉,大事化小、小事化了,化到最后就很轻松愉快了,好像什么问题都没有了。大家不要误会,这绝不是单纯的推拖拉,而是合理的推拖拉。加上"合理"二字,境界就完全不同了。一个人如果盲目的推拖拉,一定会惹人讨厌。但是合理的推拖拉的真正精神,叫作事缓则圆。

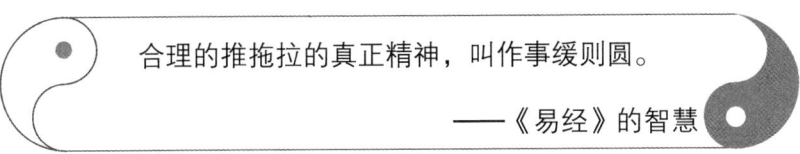

合理的推拖拉的真正精神,叫作事缓则圆。
——《易经》的智慧

我们从离卦、贲卦、噬嗑卦的外形来看,离卦(图46-3)是上面一个口、下面一个口。这个卦的上爻跟第四爻是阳爻,第三爻跟初爻也是阳爻,整个卦象就很像人的两个口。噬嗑卦跟贲卦(图46-2),就好像人的大嘴巴里面含了一个小东西而已。这个东西很小,但是它很硬,弄得人很别扭。我们从中也可以联想到,人类的文明也好、文化也好,实际上都是从嘴巴生出来的。嘴巴里面最重要的就是舌头,就是口舌。文明从口来。这个口,除了吃饭、喝东西以外,最可怕的一个功能就是会讲话。

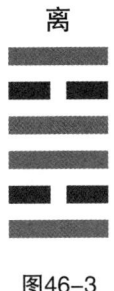

图46-3

从《易经》的卦象中，我们看到："文明"就像离卦，"文化"则像噬嗑卦和贲卦，而这三个卦象有一个共同的特点，就是都离不开"口"。因为在文字没有诞生之前，人类的文化和文明都是口口相传的。由此看来，口会讲话是件好事情，那为什么又说：最可怕的却是口会讲话呢？

人会讲话是好事情，怎么会是最可怕的呢？因为祸从口出，一切是非都是从嘴巴里惹出来的，因此我们要慎言慎语，就是这个道理。

我们常常讲，某个人口舌太多。口舌太多的意思，在今天就叫作意见太多。正因为每个人看法不一样，立场不一样，感受不一样，所以必然存在着诸多相互对立或者相左的意见。如果某个人恰好没大没小，什么话都敢讲，就很容易惹出麻烦来。这其实也是民主过度造成的恶果。

我们可以举一个例子加以说明：言论自由好不好？当言论受到控制，没有自由的时候，言论自由确实是值得期盼的事情。可是当我们获得了言论自由的权利以后，社会之中很可能就没有公义了。越是不懂道理的人，讲话时声音越大。我们常常看到：初出茅庐的小伙子讲话时的声音很大，老年人讲话时声音都比较沉稳。正是因为小伙子讲话通常欠缺考虑，得不到重视，所以才加大音量以此增加自己说话的分量，以求引起别人的关注。这就像夏天的鸣蝉，虽然身体很小，可是叫起来声音却大得出奇；身形庞大的动物，比如老虎、豹子，它们发出来的声音往往是很低沉的，这就是自然的协调与配合。越不懂事的人越霸道，因为他所知有限；具有渊博知识的人，反而遇事越小心，越不敢武断，因为他知道一切都是有条件的。

> 越不懂事的人越霸道；具有渊博知识的人，反而遇事越小心，越不敢武断。
> ——《易经》的智慧

我们现在动不动就讲沟通，其实"沟通"这个词也是翻译过来的，英语中叫作communication，西方人的文化、文明发展出communication，是很

第四十六集　文化与文明

自然的过程。但是我们把它翻译成沟通，这就糟糕了。什么叫沟通？跟谁沟通？如果从《易经》的角度，应该怎么翻译呢？应该译成商量。我们常常说有事好商量。大家聚在一起一商量，就很容易商量出一个好结果，这个过程是很愉快的。但是我们现在动不动就说沟通。大家可以试试看，如果你去找领导说：领导，我们来沟通一下。你看看他脸色有什么变化。我们现在讲话的时候，很少去注意听话者的感受，这是现代人最严重的毛病之一。所以我们去找老板的时候，最恰当的表达应该是这样的：我有一件事情想跟你商量一下，不晓得你有没有时间？这样才对。商量跟沟通绝对不一样，这一点大家要特别注意才好。我们很多词语就是因为翻译的错误，才造成了理解上的困扰和行动上的障碍。

当人们碰到困扰的时候，常常会想起一句老话，叫作"天下本无事，庸人自扰之"。其实我们的很多事情都是惹是生非，都是自己惹出来的。天下本来没有事，反而自己惹了一大堆事。如果不信我们可以做个试验，你可以站在街头上，把头抬起来，假装东张西望地乱看一番，我保证不出五分钟，周围的路人都会跟你一样东张西望。其实他们也不晓得自己在看什么。最后会有越来越多的人停下脚步，驻足观看，最终造成交通拥塞。

"庸人自扰之"，就说明天下本来就没有什么事情。什么叫作事？事就是生虫，蛊卦（图46-4）就叫事。我们可以看到，一个装着东西的器皿，如果它保持通风，那么里面的东西还能够保存得久一点。如果它是不通风的，里面很快就会生虫子。我们在做一件事情的时候，刚开始会觉得很顺畅，大家也都是很讲道理。可是不出三天，问题就出现了，就生虫了。天下的事情是不是都会不可避免地产生问题呢？其实不一定。可是那些本大可不必担心，但又偏去担心的事情，到最后都产生不好的结果，这就是庸人的悲哀。

蛊

图46-4

人与人都是为着一定的目的才走到一起的。所以人们在一起就一定会有事情，遇到事情要慎之又慎。一开始就要做长远的打算，多想想这件事可能会产生什么后遗症。如果不去未雨绸缪，一旦碰到棘手的事情，人们就会很忙乱，手足无措。只要出现这种状况，同时大家又都着急把事情尽快解决，又会平白无故地生出许多枝节，最终搞得不可开交。小事变成大事，原本不严重的事情现在变得很严重，这是很糟糕的。

现实生活中，人们通常会把"文明与文化"混为一谈，认为二者只是同一概念的两种叫法。但是，文明与文化之间，不仅有着很大的区别，而且"文明"在有些时候还会带来一些负面影响。那么，究竟什么是"文明"？它会给我们的生活带来哪些不良的影响呢？《易经》的卦象，又会告诉我们哪些解决方法呢？

我们谈到文化、谈到文明的时候，一定要有个观念，这个观念是《易经》告诉我们的，那就是：文明以止。这个"止"是很重要的。这句话告诉我们，连文明都不能够无限地发展下去。但是我们通常认为，越文明越好，其实这种观念是很可怕的，文明也要适可而止。我们读《易经》读到现在，应该有个共同的认识：任何事情，如果做得力道不够、做得差那么一把火的时候，人们会觉得不愉快，但是一旦做得过度，产生的问题就更严重了。所以，适可而止才叫合理。文明发展到一定程度，就要讲求均衡。因为发展物质文明的同时，还要发展精神文明，两种文明要阴阳并

第四十六集 文化与文明

重,要互相融通,这是非常重要的。一个人饿着肚子、没有饭吃的时候,无论你跟他谈什么,他都不会听,因为现在他只关心怎么才能把自己的肚子填饱。可是如果他吃饱了以后,还继续吃,就会吃出很多病来,我们叫它富贵病。其实当今社会还有一种更加严重的病,我们把它叫作文明病。为什么叫文明病呢?就是因为文明的发展带给我们很多的后遗症。现在我们经常说"三高"(高血糖、高血压、高血脂),以前哪里有这种问题呢?这就是文明带来的一些毛病。因此,天下事,有一利,必有一弊,我们一定要有这种共识。

人们聚集在一起,每个人都有各自不同的意见,并且每个人都急于表达出来,所以很容易吵吵闹闹,产生矛盾和纠纷,制造出很多事端。我们发现,人类走到现在,已经走过了漫长的历史,"二战"之后建立的联合国也已经运作了很久,为什么始终不见功效?我们一直讲地球村,讲到现在,还是吵吵闹闹,最主要的原因就是整个人类缺少一个共识。所以,当下最重要的,就是大家一定要达成一种共识。这种共识是什么呢?这种共识只能是:普世价值。人类有了普世价值以后,在共同的基础上去发展不同的文化,然后求同存异,才能解决诸多当下所面临的棘手问题。这是我们今后要走的唯一一条路,我们把它叫作和平发展。

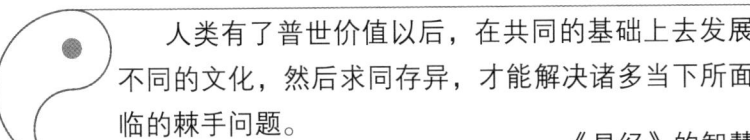

人类有了普世价值以后,在共同的基础上去发展不同的文化,然后求同存异,才能解决诸多当下所面临的棘手问题。
——《易经》的智慧

文明的发展要适可而止,那么,"文化"的发展是不是也需要我们人为地加以控制呢?现如今,各种"名人故里之争""非物质文化遗产之争"等文化争夺战也在不断上演。这种所谓文化归属权的争夺,能够争来真正的文化吗?如果我们人为地去努力经营,是否也能创造出自己想要的文化呢?

最近有人告诉我说，他读了曾国藩的传记之后，觉得曾国藩智商很差。这个人接着说，曾国藩去应试，考了很多次都没有考中。相比于左宗棠、李鸿章这类人，他实在太笨了。我听了，就回答他说，我们都姓曾，但是据我所知，曾国藩的智商最起码比我高很多。他居然还听不懂，不能够理解我为什么这么说，那就没有办法了。大家想，一个智商不高的人，终其一生会有那么大的成就吗？这几乎是不可能的事情。我们只能说这个人没有读过历史，因为他连基本的历史常识都没有。曾国藩死了以后，清廷追谥他的号叫作"文正"。这个"文正"是很了不起的。老实讲，要想获得一个带"文"的谥号，并不是那么简单的。这个人起码是个进士，如果连进士都不是，那还算什么"文"呢？

我们知道，左宗棠是没有考取进士的，没中进士，死后连个"文"都扯不上。他自己觉得这样下去，就跟曾国藩差得太远了！那怎么办呢？当时左宗棠正带军在新疆打仗，战局非常紧张，他就上了一个表章给慈禧太后，向慈禧太后请假回乡去考试，考进士。慈禧太后一想，前线战事这么紧张，你偏要在此时回乡去考试，那怎么行？所以慈禧不答应。同时慈禧周围的智囊团告诉她，左宗棠请假回乡考试是假，以此机缘要求死后追谥"文"是真。慈禧太后是何等聪明的人，她一听就说，好，他也不必回去考了，赐给他比照进士，将来给他一个"文"字。那么，左宗棠这样做是不是得了很大的便宜？其实没有。我们现在读历史会发现，其实他是得不偿失的。因为清廷后来追谥他的谥号叫作"文襄公"。这个"文襄"跟"文正"差得太远了。"正"就是经理，"襄"就是襄理。他一辈子只能当个襄理。所以我相信，如果他早知道有这么一出，一定会说，当初干脆不要去搞这个名堂了，你爱怎么谥就怎么谥好了。

我们从这个角度来理解文化，就明白文化就是自然的演化，而不是靠人力去争取的。但是西方人，特别是英国人、美国人、法国人，他们都喜欢人为操纵，这样发展下来就是文明。而我们中国人是讲文化的，叫作人文化成。

第四十六集　文化与文明

文化是一种自然的演化，而文明则要适可而止。那么，在人类历史的发展过程中，文明要怎样"止"，才算"止"的合适，文化又是在经历了怎样的过程之后，才演化出来的呢？而《易经》的卦象，又将会告诉我们哪些古老的人生智慧呢？

我们从很多事情中可以知道，到底是文明好还是文化好。

在公元前1046年，中国历史上发生了一件非常重大的事情，叫作周武王伐纣。我们都知道，商纣王是非常坏的，他是一个暴虐之君，当然应该伐。可是伐纣的后果是什么呢？它所产生的后果就是造成了中国历史上一再重演的改朝换代的现象。这个事件使人们产生这样一种心理：武王可以伐纣，我们为什么就不可以讨伐武王，讨伐他的后代呢？所以说每一件事情都是有阴有阳的。武王伐纣，阳的方面是什么？就在于他是为民征伐，救民于水火。中国历史上，每一个英雄起初揭竿而起的时候，莫不是大声疾呼为国为民的，但是到最后都变质了。历朝历代的开国皇帝建功立业，国祚代代相传之后，为什么会变质？就是过度文明的时候，当初那种生于忧患的警觉性已经没有了。这是人类在文明的发展道路上必须要注意的事情。那么怎么处理这种在历史上一而再、再而三出现的情况呢？一句话就讲完了，这句话是从《易经》里面提炼出来的，叫作阶段性的调整。

最近有人问我，当年毛主席说打倒孔子难道是错的吗？我说没有错。如果没有错，现在为什么又讲孔子呢？其实很简单，我们现在只是换一个字而已。如果说以前我们是"打倒孔子"，那么现在就是"打醒孔子"。这其实是错卦，因为孔子睡着了，睡那么久了，所以要打醒他。我们把他打醒以后才知道，孔子是伦理的代言人。而人类的文明是从伦理开始的，同时伦理也就是人跟禽兽的区别之所在。我们可以很冷静地说：人类已经发展到现在这个地步，不可能没有工业，不可能没有商业，不可能把这一切统统推翻掉，这是做不到的。因为它们是人类创造出来的。既然我们把它们创造出来，就很难去消灭它。我们只有把伦理发扬出来，以伦理作为共同的基础，我们的社会才会良性地发展下去。只有这样，才能发展到合理的度。

所以我们常常说，任何事情、任何举动、任何的普世价值，都没有对错之分，只有合理与不合理之别。合理的言论自由是没有错的。同时，我们知道绝对的公平是没有的，所以只要能达到合理的不公平，大家就心安理得了。一切都是合理不合理，而不是好不好的问题，这个合理就叫中，就是太极。我们看太极，它的阴阳翻来覆去，变换到此时此地，最合理的时机就叫中。

> 任何事情、任何举动、任何的普世价值，都没有对错之分，只有合理与不合理之别。
> ——《易经》的智慧

在《易经》里面有一个很重要的卦，叫作复卦（图46-5），复卦的意思不是复仇，而是复兴。复兴跟复仇相差很远。当年有人欺负我，现在我发达了，有力量了，所以就要复仇。如果人人这么做，天下就大乱了。当年有人欺负我，我忍辱负重，现在我振兴起来了，也不会找他复仇，相反，我会恢复我们以前的老关系，这样整个人类社会都会很和谐。

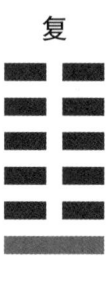

图46-5

所以，很多事情只要心存一念之善，结果就大不相同。我们讲的文化，这里的"化"是逐渐地去改变，历史上中华民族同化异族，是让他们心甘情愿地接受我们的风俗习惯的。我们不需要武力，武力是以强制的力量迫使别人服从自己的意志,那叫文明吗?正是那些不文明的国家才会整天把文明挂在嘴边。

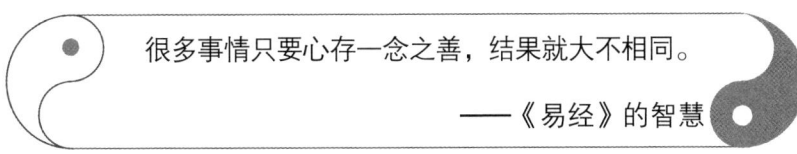

很多事情只要心存一念之善,结果就大不相同。
——《易经》的智慧

我们任何时候都要静心观察,同时要待时而变。我们已经讲过的一些话在当时是没有问题的,但是如果环境变了,时机变了,就要根据新的情景做出阶段性的调整。基本的观念不改变,但是做事的方法却要随着时间变化。我们的这种性情和文化传统,跟水的特性很相似。为什么黄河会变成我们的母亲河?就是因为我们整个的文化都孕育在黄河那弯弯曲曲的河流当中,并且时常在变,不断丰富发展。

中华文化源远流长,不仅蕴含着古老的东方智慧,还是未来社会不断发展的坚实基础。现如今,作为国际社会中的重要一员,中华民族应该怎样发扬和运用中国文化,才能更好地促进全世界的共同发展呢?

不可否认,人是半身动物:上半身是人,下半身还是动物。我们常说的人禽之变,不是说人的动物性全部没有了,这是不可能的。人们常说,食色,性也。就是说,人有基本的生理需求,这种需求是人和动物的共通之处。

如果人类完全把上半身丢掉,只发挥下半身的功能,那就完全是动物,而不是人了。因此,作为人,其本身就包含了一层意思:人是体面的动物。加上"体面"二字,情形就完全不同了。这个体面借由人类的文化而产生。就像动物要饮食才能保证自己的生存,我们人类也是一样,但是我们吃的、喝的总比动物要体面一些。再者,动物有皮毛给自己身体以保护和取暖,人类却会自己制造衣服。所以,动物有动物的生存法则,人类有人类的生活方式,我们比动物活得更体面一些,这就大有可观。什么叫

可观？我们常常会把古人写的漂亮文章结集，取名字叫作古文观止。这个观止就是说，这些文章写得非常好，很了不得，非常可观。所以，人要力争做一个可观的人。可观就是通过自己的努力让别人看得起你，如果别人看不起你，就算不上可观。

由此可见，人类的文化是从哪里来的？从野蛮慢慢渐入文明，就叫文化。人类需要文明，但是它必须自由演进，而不是人为干涉，它需要以"化"的方式发展。所以文明和文化应该合起来说，文明是一个结果，是我们做出的成绩；但是文化是个渐进的过程，是人类的应有之义，是人类的本质。从这里我们可以得到一个观念，那就是做事情一定要顺应人性。只要我们不违背人性，做任何事情都会比较轻松，因为我们会根据人性而知所变化。这就叫作通权达变。你如果违背了人性，做任何事情都会遇到很大的阻力。这样看来我们就有了选择的标准。根据这个标准再来看当代的普世价值，我们就知道凡事都要做一个合理的调整，以适应当下的情景。这个合理的调整，就是未来人类的共赢之道，就是大道。"大道之行也，天下为公"，然后人类才能达到世界大同，建设地球村的理想才会实现。

西方人的理想还是要通过中国《易经》的古老智慧才能实现。这是我们这一代中国人必须共同努力的地方，也是能够为世界做出贡献的地方。举个例子，以前，每个地区农业劳作的时间都会大不相同。像以前种田，因为节气不同，气候也不一样。但是，现在的工业化社会就不一样了，人们的步调越来越一致，就像早上上班，导致公交车非常拥挤。这就叫噬嗑了。本来上班是一件很愉快的事情，因为有工作才充实、才愉快，没有工作，人们就会很无聊，日子很难打发。但是现在都市白领早上一起床就匆匆忙忙，怕迟到、怕罚款、怕被老板骂。他们所担心的不是能不能把工作做好，而是这些无谓的事情。所以整个人的心思都处在动荡不安之中。我们目前所遭受的噬嗑是非常之多的，噬嗑以后才有贲，贲卦就是文明的表现，就是人文化成的结果。我们把动物性跟人性做一个磨合谋和，就会呈现出人类的文化。当然我们可以把这两个卦同时看，但需要我们一个卦一个卦去讲。所以，下一集我们先讲噬嗑卦，叫作：铲除梗碍。

易经的智慧・第四十七集　铲除梗碍

每个人都希望自己事事顺心、一帆风顺。但是当我们初具成果、小有成就的时候，偏偏就会有人出来作梗，让你不能亨通。噬嗑卦告诉我们，要想亨通，就必须将"梗"咬断，彻底地铲除障碍。那么，噬嗑卦将会告诉我们哪些铲除障碍的方法呢？反之，如果一不小心，我们成了别人的障碍，又该如何处理呢？

第四十七集　铲除梗碍

《序卦传》中说：**可观而后有所合，故受之以噬嗑**。一个人，如果把一件事情做得很漂亮，获得很大的成绩，所得成果也非常可观，就非常希望有人能够与他同心协力，把这种良好的形势保持下去，并发扬光大。当然，如果这份事业足够激荡人心，足够吸引众人为之付出自己的心力，最终会有很多人加入其中的。但是，就算大部分人对你期以良好的祝愿，还是会有那么一少部分人，一看见你功成名就的时候，就会不高兴，看你不顺眼，甚至会存心跟你作梗。他们的这种作梗和阻碍，就是噬嗑（图47-1）的一种现象。

图47-1

就像人，如果嘴巴里含着一个很柔软的东西，我们可以一下把它咬断，吞进肚里消化掉。但是如果是一根很硬的骨头，或者一根鱼刺，就不容易处理了。此时不外乎有三个方法：第一个方法是把它吐掉。就好比老板对付一个难缠的、老是捣乱的下属，大不了把他辞掉不用。第二个方法是把它咬断。下属不听话，当老板的非得想方设法，甚至不惜使用强制手段使其就范不可。最后一个方法，就是不吐也不咬，就含在嘴里，让它慢慢地融化掉。实际上就是老板使用怀柔手段，慢慢地感化他，使其回心转意，最后使他向心于自己。这三种方法，哪一种比较好呢？

《序卦传》告诉我们：有人从中作梗，是噬嗑卦的一种现象。那么在职场中，作为领导，面对这些故意从中作梗、不服从指挥的人，究竟是该"吐掉他""咬断他"还是"感化他"呢？噬嗑卦又会告诉我们哪些理想的处理方法呢？

我们可以举个例子来说明：一个领导，只要发表了一个主张，那么，噬嗑卦底下的第二爻就会表示不同的意见。第二爻的位置代表的是基层主管。遇到这种情况，上层领导会不会不顾三七二十一，严厉地去把他"咬断"？大概不会。因为如果这样，得到的那个卦叫作山泽损卦（图47-2）。什么叫作损？就是损下益上。所以，领导不要以为位于第二爻的基层干部讲话难听，实际上他们都是为自己的领导、为整个公司着想的。虽然基层干部可能会因为触忤领导的意见而吃点小亏，但另一方面也表现了自己的忠心耿耿。其实这种事情是很普遍的。所以，我们时常看到，科长讲话的时候，总经理会很耐心地、很客气地、很有风度地倾听。他不会给他的干部很大的压力。

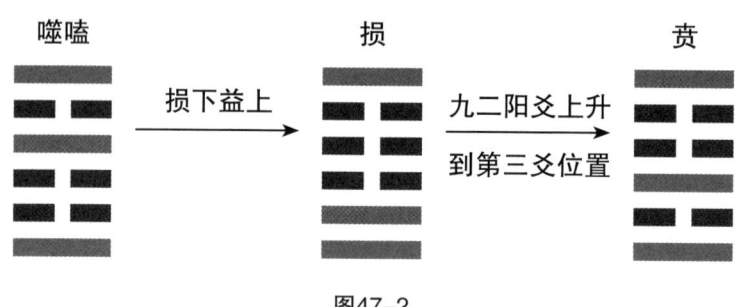

图47-2

如果损卦的九二阳爻上升到第三爻的位置，就变成了山火贲卦。贲卦的分量就稍微重一点。但是，对于六五来说，它和九三之间有个六四，它

第四十七集　铲除梗碍

可以凭借这个六四来保护自己,所以作为领导者的六五还是安全的。其实,一个领导者身处一个卦的第五爻,最害怕的就是下面的位居第四爻的干部有意见。因为这是相当麻烦的事情。公司里面有很多这种情况,位置比较高的干部一旦有意见了,高层领导一般会比较紧张,这种情况就是噬嗑。所以我常常劝很多经理,当自己有意见要向总经理反映的时候,最好不要亲自出面,而指派自己手下的科长、班长去向总经理反映,这样效果会比较好。

只有当科长、班长们提出意见而没有效果的时候,自己才可以挺身而出,否则就没有必要亲自出马。因为身为经理,没有必要跟自己的下属争夺这个功劳。

其实,位居第四爻的经理,他具有很大的能力、很大的威势压迫、威胁第五爻的领导者。所以,第五爻的领导者心里是非常紧张的。

这个卦告诉我们,当一个领导者有可观的表现的时候,就应该时刻提高警惕。因为这个时候,不但会有人来迎合你,也会有人来打击你。这两种人都需要注意。如果来人是配合你的,作为领导就必须表示欢迎,就必须用文治的方法团结志同道合的人。文治的意思就是,当下属向你来表态愿意配合的时候,就要安抚他。你可以拍拍他的肩膀,说"辛苦了,你表现得很好"。作为领导者就应该这样。另一些人却企图不良,他们是打算跟领导对着干的。那作为领导者遇到这种情况应该怎么办呢?这个时候就需要当机立断,去之而后快,这就叫武治。武治的目的就是去梗,去掉组织里的害虫。对方要来硬的,领导者就应该使用更加强硬的手腕来加以对付。

这样做好不好?这需要依据具体情况、人、时机来判断,绝不能一概而论。因为这种事情,如果处理得合理,就叫作英明果断;处理得不好,就叫作专横霸道。这两种说法都有其道理。其实我们也可以理解,为什么一个国家一定要有法律?有文治就需要有法治来配合,两者之间相互配合,一个国家的文明和文化才能得到发展。

> 事情之好坏，要依据具体情况、人、时机来判断，绝不能一概而论。因为这种事情，如果处理得合理，就叫作英明果断；处理得不好，就叫作专横霸道。
> ——《易经》的智慧

那么，噬嗑到底是什么意思？我们可以把这两个字分开来解释："噬"就是把东西咬住，不能让它丢掉。有些人专门躲在暗处给人一些难堪，然后再趁机跑掉。我们抓不住他，也不知道他到底是谁。这种情况很难处理。所以当我们发现周围有反对的声浪的时候，就必须提高警惕，加以监控，才有办法处理。这就像我们吃饭的时候，被鱼刺噎住，最好不要乱动，先把它含在嘴里，然后再慢慢去试试这根鱼刺会不会刺到你的舌头？情况了解了，再考虑下一步应该怎样处理。

"噬"是咬住，"嗑"的意思就是咬断。这给我们的启示就是，只有同人们上下同心，合作无间，才能够做好事情。其实，这个噬嗑卦是从颐卦（图47-3）演化来的，如果眼前的饭菜没有难嚼难咽的东西，没有一根刺、一根硬骨头，人们就可以放开肚皮畅快大吃，那就叫大快朵颐嘛！这是很愉快的。但是，实际情况常常是，偏偏这么一咬，一口咬到一块硬骨头。这时候我们应该慢慢试探，不能太用力，不然的话会伤到自己的嘴唇或者牙齿，那就叫反噬。

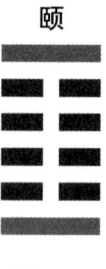

图47-3

所以，当一个领导要压制一个人的时候，要非常小心他反扑的力道，

第四十七集 铲除梗碍

要掂量一下能不能压得住他。一个老板要对着下属发脾气的时候，一定要先看看这个下属的背后是否有人支持，要多想想他为什么会这么胆大，他是否事先做了充分准备。只有搞清楚了，才能行动，不然最后搞得不可收拾，就糟糕了。自然界中也有太多这种值得我们学习的案例。就像一只狼出现的时候，动物们都会乖乖的，不敢作梗；就像一只正在孵蛋的小鸟，没有其他动物敢惹它一样。它的这种勇气出于保护后代的意志。所以噬嗑的意思就是说当我们遇到挑战和困境的时候，要小心谨慎，多考虑一下应对策略，不要把事情弄到不可收拾的地步。

"噬嗑"是上下颚咬合，将嘴里的东西咬断的意思。但是噬嗑卦却在上下颚之间，加上一个障碍，使事情不能亨通。所以要想亨通，就必须先铲除障碍，那么噬嗑卦的卦辞，将会告诉我们哪些铲除障碍的方法呢？

噬嗑卦的卦辞非常有趣，它说：噬嗑，亨。利用狱。（图47-4）

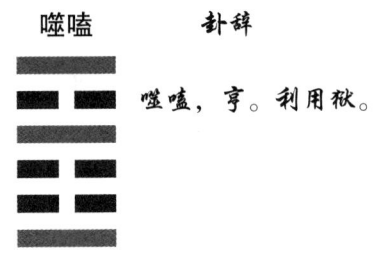

图47-4

噬嗑已经表示处境很艰难了，为什么还会亨呢？可以想象一下，一只凶猛的动物，如果吃得肚子饱饱的，那么即使它看到一只可以美餐的小动物，也不大会吃掉它。它只有在饥饿的时候才会捕食它。所以，一个人，虽然他跟另一个人有仇，但是如果情绪好的话，也不会立刻就有仇必报。但是，如果正好碰到他的情绪很差，恰巧又有人当着众人的面说一些让他非常难堪的话来冒犯他，那就是自找麻烦了。这个被冒犯的人可能不会当

场发飙,因为这样会让旁人觉得自己没有容人之量,甚至可能遭人笑话。再者,如果被冒犯的人比冒犯者有更大的权势,有更大的能量,他只要有所表示,就会让人吃不了兜着走,如果是这样,就更没有必要太过计较了。可见当一个人碰到噬嗑、深陷困难处境的时候,就要多想想,要怎么做才能让它亨通?这样才对。这种处理方法就包含了一种"化"的意思,就是说要力争将问题"化"掉。

就像一个公司的领导,受到一个下属的言语冒犯,让自己非常难堪。这时候应该怎么处理呢?这时这位领导只要不动声色,看看左右就行了,自然会有别人出来为他阻挡。如果挡得过去,自然就没事;如果挡不过去,也可以趁着这个空歇,多动动脑筋想想下一步应该怎么走。一定要想办法化险为夷,把本来不亨通的处境变得亨通。

那么,"利用狱"是什么意思?就像我们的国家,颁布了一个法令,就必须坚定地执行下去;但是在执行的过程中,一定会有人向它挑战。遇到这种违法乱纪的人,应该怎么办?所以国家就设立了很多监狱,把那些敢于抵触法律的人关进去。那么,为什么是利用"狱"而不是利用"刑"呢?因为抓了这些人本来就是要给他们判刑呀?不是这样的,因为这个"狱"是司法;"刑"是执法。司法是比较困难的,而执法就比较容易。就像一个犯法的人,如果判了他三个月,执法人员完全按照司法的判处去执行,抓他去关三个月就行了。

从动物你争我斗的噬嗑的混乱状况,我们可以想到,人类社会一定要有秩序,社会要保持安定,大家才能够安全地、和谐地过日子。为此我们就一定要有司法。可是司法自古以来给大家的印象就是不公正,为什么总是出现司法不公的情况?就是因为司法的操作高度困难。所以,噬嗑卦就告诉我们,有些纠缠不清的讼案,拖了很久都不能决断,而大众都在关注的时候,司法人员就要当断则断,及时做一个合理的处置,否则大家就会对法律失去信心,这是非常严重的事情。

对于那些从中作梗的人,无论是"适当教化"还是"法律制裁",都

第四十七集　铲除梗碍

能使其亨通。但是如果一不小心，自己变成了那个从中作梗的人，又该怎么办呢？噬嗑卦的象辞，会告诉我们哪些解决的方法呢？

噬嗑卦的象辞说：*颐中有物，曰噬嗑。噬嗑而亨，刚柔分，动而明，雷电合而章。柔得中而上行，虽不当位，利用狱也。*

颐就代表嘴巴。整个噬嗑的卦形就像个大嘴巴，而且嘴巴里面有个硬东西，它会让人觉得吃不消，如果硬碰硬地嚼下去，牙齿都会断掉，舌头也可能会割破，这个时候我们就意识到噬嗑的处境出现了。如果事情进展得很顺利，就不叫噬嗑；如果有人从中作梗，跟我们作对，就身处噬嗑的处境了。

"噬嗑而亨"是什么意思？它告诉我们，噬嗑本来是很让人烦恼的，它阻止人们亨通，所以我们就必须想办法化解它。怎么化解呢？这就需要"刚柔分"的方法。噬嗑卦，它的上卦是阴卦，下卦是阳卦。阳代表刚，阴代表柔，这就叫刚柔分明（图47-5）。

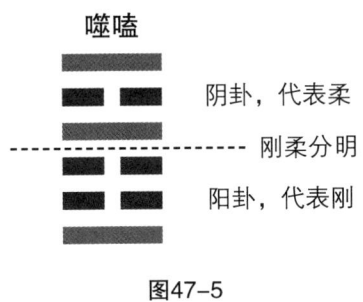

图47-5

"动而明"，为什么会动？噬嗑卦的下卦是震卦，就表示嘴巴的下颚活动，才能够咬住东西，才能有办法把它咬断或者吐掉。在做出如何处理的决策之前，我们要首先去搞清楚、弄明白，嘴里到底是什么东西，需要用什么办法来处理。这是上卦的离卦给我们的启示。我们从自然界中也能得到类似的教训：老天爷不说话，但它以打雷闪电等自然现象向人们发出警示，人们遇到此种情景，就需要结合自身的状况躬身反思，这就是"雷电合而章"的含义。其实，噬嗑卦就是提醒人们要时刻反思，想一想自己的现状是如何造成的，以期对自己的过去、未来有一个细致的思考和综合的把握。

"柔得中而上行"，噬嗑卦上下两卦的中间两爻，即六二和六五两爻都是很柔弱的。这就提醒我们，如果碰到有人跟自己作梗的状况，千万不要鲁莽行事，想着立刻把他"咬断"，这样太危险。而应该想一想，还有没有其他的办法处理这种棘手的事情，使自己的处境渐入亨通之境呢？

"虽不当位"，是指什么？是指噬嗑卦的九四爻，因为阳爻处阴位，所以不当位（图47-6）。它告诉我们，虽然一个人已经当上了经理，但也不能跟总经理硬碰硬，如果自己有什么意见，你可以让自己的科长代为发表意见就好了；科长不行，你可以再找其他下属陈情，不一定非得自己跳出来表现。

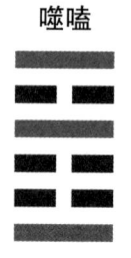

九四，阳爻处阴位，不当位。

图47-6

当然可能大家会想到历史上的一个著名人物，鼎鼎有名的魏徵。魏徵就是专门给皇帝脸色看的。他就是专门噬嗑皇帝的。但是中华民族五千年的历史就出了一个魏徵。他不是普遍现象，而是在特殊情况下发挥作用的。如果是一般人，一般的处境，又像魏徵这么莽撞的话，早就没命了。

噬嗑卦的象辞告诉我们："利用狱也。"对于构成社会障碍的不良分

第四十七集　铲除梗碍

子，就是要采取法律手段，才能亨通。那么，这是不是也就说明，只要我们做到严格依法办事，就能彻底地铲除障碍，使社会亨通呢？

我们接下来看看噬嗑卦的大象。大象说：**雷电，噬嗑。先王以明罚敕法。**

雷电就是地上打雷，天上闪电。有光，有滚动。雷电交加的时候，就是噬嗑的情景。这时，人们最好能够自我反省。多想想自己平生有没有对不起人的地方，如果有，应该如何补救呢？"先王以明罚敕法"，大家有没有发现，我们读书时常碰到"君子以"这种语句，这里反而出现了"先王以"。这就表示它的位阶很高。这种事情不是一般人能够做的。就像一个国家的司法，跟老百姓的关系不是非常密切一样。普通的老百姓只需要平常多摸摸自己的良心，好好反省自己，调整自己，如此而已。司法、执法、立法，都是王者之事。从立法，到公布法令，然后执行，这些都是非常难做的事情。因为大家的眼睛都在盯着司法人员，而且常常对他们有意见，甚至反感，认为他们不够公平。所以，一个人身处这个过程之中，酸甜苦辣都会尝到。并不是所有的事情都一帆风顺，清官难断家务事，何况面对那些总是给社会制造问题的人呢。想治理这样的人，谈何容易！

历朝历代、任何国家的刑罚，都是为了排除障碍、维持秩序，往往又是在不得已的情况下，才采取的手段。但是即使如此，司法也经常遭遇挫折，并陷入困境。那么，究竟应该怎样司法，才能取得预期的效果，获得亨通呢？

我们中国历代的政治理念都是"外儒内法"。外儒是一种形象，而内法是一种手段。一个再和谐的社会都会有公安，再和谐的社会都有乞讨无助的人。即使再安全的地方，人们也是瞪大了警惕的眼睛。为什么？就是因为，一个人时刻保持警惕，就不会出现差错；稍微不小心，可能就会吃亏。社会上总有一些乱七八糟的人会扰乱治安。我们对待恶劣分子，必须

以强硬的手段整治他。但是能不能一人犯法,十家连坐?当然不行。因为这样大家都会不服气。那能不能把违法之人统统枪毙?这更不行,要不然谁还愿意待在这种国家呢。有人说,中国人不遵守交通秩序,马路上很乱。我就跟他们讲,那你们来立个法,只要谁闯红灯,抓起来枪毙。那所有的人都会怕得要命,这样做,这个社会也就不像人的社会了。

> 中国历代的政治理念都是"外儒内法"。外儒是一种形象,而内法是一种手段。
> ——《易经》的智慧

所以说,很多人怀着一种空想,认为只要立法从严,执法从严,社会就不会乱了,这都是没有涉世经验的人的想法。就像一个人,只要吃饭,迟早会咬到骨头;只要身处社会,总会有人跟自己唱反调,也一定有人会欣赏你、配合你。

国家的法律也是一样,不能凡事都按照法律去办。西方人的观念就是,任何人都必须依法办事。但中国人自古到今都没有这么做,我们都是视情况而定。我们可以参照法律,但同时还要考虑这个人的身份、地位,考虑事态的严重性,以及事情发生的时机。所以,我们的行事风格给外国人一种模糊的意识:中国的司法并不严密。其实这是两种不同的思路使然。

秦朝的商鞅推行变法,遇到太子窝藏犯罪的事情,他是怎么做的呢?本来,王子犯法与庶民同罪。但商鞅敢把太子正法吗?他不敢。太子也有其说法:正因为我是太子,他才敢躲到我这里。我不是无故受拖累吗?这就是盛名之累。最后商鞅也没有办法,只好采取折中方式,他说,太子虽然违法,但不能罚他,但是太子的老师难逃失职之责,必须受到惩罚。可惜商鞅没想到,等到太子登基,是不会饶过他的。所以,商鞅最终是作法自毙,自己害死自己。

这个故事告诉我们,司法是何等的困难,行使司法的人一定要格外小心。我们只提出一句话,大家好好记下,司法只能做到公正,无法做到公

第四十七集　铲除梗碍

平。这句话西方人是不接受的,西方人主张法律面前人人公平。中国人会觉得完全是唱高调,怎么做得到呢?每个人跟每个人不一样,每个省与每个省的情况也不一样,时代之间各有区别,怎么能够做到公平呢?我们只能做到公正。公正也是很难做到的,历朝历代的优秀人物,只有包公一个做到了。我们现在纪念包公,就表示包公这样的人是很难得的。公正,无法公平。中国人所追求的是合理的不公平。如果一律公平,不管什么事情都一视同仁,这只能叫不合理。

噬嗑卦,要整肃,还兼具教化之意。教化是很重要的,要使那些违法分子回心转意,社会才能够安定,才能够和谐,而不是去之而后快。只用残酷的手段对付这些坏人,显然不是长久的办法。由此可见,我们中国人的礼治比西方人只重视法治的做法,更加高明。

接下来,我们要把噬嗑卦的六个爻逐一进行分析,探讨怎么做才能保证我们司法的公正,所以下一集就讲:治狱之道。

易经的智慧・第四十八集

治狱之道

《易经》中的噬嗑卦就像法家，注重法治。主张罪恶必须及早加以阻止；为防止其蔓延扩大，应该采取重罚。那么，严厉的刑罚对于听或者不听劝告的受刑人来讲，会产生怎样的结果？"施刑过重"是否会带来不良隐患呢？司法者又该怎样运用刑罚呢？

第四十八集　治狱之道

我们至今为止，不能确定《周易》的整个爻辞是否为周文王一人所撰，这是一种历史的无奈。就算我们知道卦辞为文王所书，爻辞为周公所撰，或者就算我们可以确定卦、爻辞都是文王所撰，也不可能知道其卦、爻辞的真正含义了。

中国字因为其本身的特性，同一句话所表达的含义就有多层解释。它本身是有弹性的。甚至一个字就有好几种意义，有好几种不同的读音，所以，可以想见，《周易》应该不仅只有一种版本。

比如小畜卦，可以把它念成"xiǎo xù"，也可以把它念成"xiǎo chù"，都可以。噬嗑卦（图48-1），也有好几种不同的解释：我们可以把九四当作是被审判的对象，其他五个爻联合在一起针对、审判它，但是，这样后果太严重了，它会受不了的。所以，我们也可以把整个卦分成上下卦，上卦是审判者，下面那一卦是被审判者。可是大多数人，习惯于把初爻跟上爻当作受刑人，而把二到五爻，当作施刑人。如果初九和上九是受刑人的话，我们就很清楚，初九可能是因为初犯，所以它所受的刑就比较轻。

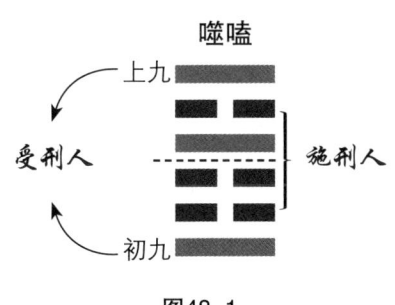

图48-1

但是,上九就意味着总是死不悔改,导致自己在错误的道路上越陷越深,所以被判以重刑。重到什么程度?这也得视具体的情况而定,不能一概而论。现在全世界都在讨论的一个话题,就是要不要废除死刑?很多国家主张废除死刑,因为很多人认为,一个国家如果没有死刑犯,文明程度就相对要高。可是,我们得冷静一点,当一个国家把死刑废除以后,会产生什么后果呢?

其中的一种后果就是,会给很多意图犯罪的人一种不好的心理暗示:就算再怎么违法犯罪,他都不会被判处死刑,那还有什么好怕的呢?所以他们就会无所顾忌地实施他们的犯罪行为,这样就会产生很多的社会问题。因此,现在有很多人主张保留死刑,也有相当的道理。

我们从小处说,一个三口之家,如果小孩子犯错了,父母两个人通常会有不同的看法,这是什么道理?这会让小孩子无所适从嘛。但是,这也会给小孩子一个观念:每个人讲话都有一定的道理。角度不同,观念就不一样,所发表的意见也就不一样。其实,噬嗑卦的二爻到五爻都是代表司法的不同层次,每一层次都有不同的看法,所以我们才需要面面俱到,才可以做到公正。

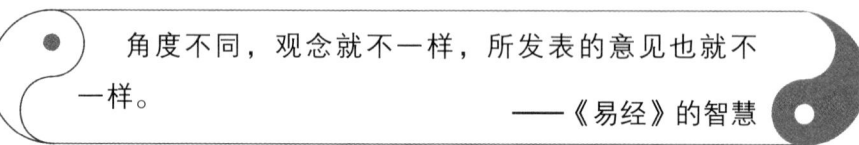

角度不同,观念就不一样,所发表的意见也就不一样。
——《易经》的智慧

噬嗑卦象征法治,是阐释"刑罚"原则的卦象,它包含了不同层次的刑罚方式。一说到"刑罚",就尤为令人生畏。但是,为了排除障碍,制止罪恶,维持社会秩序,就不能不进行刑罚,否则,一旦泛滥,便一发不可收。那么,作为噬嗑卦的受刑人——"初九爻",一个刚开始犯错的人,究竟会遭受到怎样的刑罚呢?

每一卦的爻都是从下往上看的。我们先来看噬嗑卦初九爻。初九爻的

第四十八集　治狱之道

爻辞（图48-2）是：屦校灭趾，无咎。

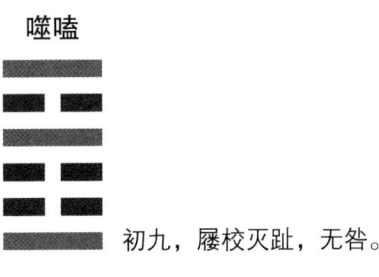

初九，屦校灭趾，无咎。

图48-2

大家看到"无咎"，心里就放心了。因为错误是初犯，罪不及死，也不会被重罚，所以说"无咎"。无咎的意思就是说，犯错误的人只要善于弥补过错，就可以弃恶从善，就不会产生什么严重的后遗症。

"屦"是什么意思？屦就是穿的意思。我们有一句俗语，说一个人给另一个人穿小鞋子。要想让一个人寸步难行，只要给他穿小鞋就行了。所以，从这里可以知道，在脚上套上用木头做成的刑具，行动就不方便了，这让人觉得现在行动已经不自由了，已经受到了惩罚。但是这种刑罚很轻，只是对犯错人的一种警诫，并没有伤害到他的身体。这就是初九爻所代表的意思。所以，一个小孩子，如果初犯小错，父母不能打他、不能骂他，只让他罚站。罚站就是屦校灭趾，就是让他的脚指头不能动，让他的行动不自由。

如果刑法再重一点呢？那就是禁足了。禁足就是说在一个礼拜之内不能超过某一范围。比如让他待在家里不许出来，这样行动上就不自由了。通过这种方法，让犯错者意识到社会对自己的过错是不能够立刻谅解的。如果不能迷途知返，那后果就会越来越严重。所以，警戒犯错者就是帮助他，帮他改变，而不是给他难堪，让他受罪。

同样的道理，西方的小孩子，如果做错事情，爸爸会说什么？会叫他去time out。time out就是时间暂停的意思。我就问美国的父母：你叫你小孩time out的时候，会不会给他们规定说多少时间？他说不会。我们也是一

样。让小孩子去罚站,你会不会告诉他罚站五分钟?不会。但是现在有些父母却会这么做,直接说罚站五分钟,这样完全没有效果。因为小孩知道了时间就开始看表,觉得很好玩。心想还有四分钟,还有三分钟,这样有什么效果呢?

那应该什么时候解除惩罚呢?三个字:看着办。我们中国人随时随地都在应用《易经》的智慧。如果受罚的小孩子表现得不错,他真的是在那里反思,你就可以说,好了好了,既然你知道错了,就去喝杯茶吧,顺便给妈妈倒一杯;如果他站在那里嘻嘻哈哈,完全不以为意,那你就得让他接着站,不然有什么用呢?

初九的小象说:**屦校灭趾,不行也**。趾就是脚指头,脚指头代表什么?代表一个人的行动刚刚开始。大家走路的时候先动哪里?先动脚指头呀,脚指头动然后整个脚才会动,然后腿才会动,然后身体才跟着动。现在让你脚指头不能动,就是限制你的自由。因为你妨碍了大家,破坏了秩序,所以限制你的自由,不然的话你还会干涉别人。这就叫"屦校灭趾"。

所以整个的噬嗑卦叫作"内自讼"。"内自讼"就是自己跟自己打官司,反省自己的思想,检讨自己,想办法改善自己,那自然会亨通。

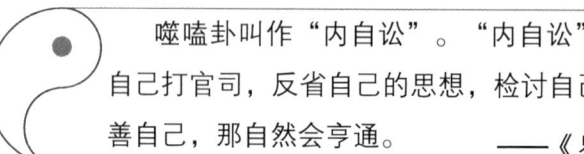

噬嗑卦叫作"内自讼"。"内自讼"就是自己跟自己打官司,反省自己的思想,检讨自己,想办法改善自己,那自然会亨通。
——《易经》的智慧

"不行也",是什么意思呢?"不行",就是犯错的人不能继续前进,继续去搞破坏。我们常常说,不行不行,不行就是说到此为止,不能再做,不能再前进了。其实,孔子讲的非礼勿视,非礼勿言,非礼勿听,非礼勿动,听起来好像文绉绉的,总结起来就是两个字:不行。

现在我们把"非礼"的意思弄得很狭小,好像男女之间的性骚扰才叫非礼。实际上,非礼就是不合理、不合乎礼制、不合乎整个社会的秩序。不合理,就是不行。既然不行,就不能继续盲目地前进,那样只会越来越

第四十八集 治狱之道

坏,结果越来越糟糕。

"初九爻"相当于刑罚的开始:因为罪行不重,所以获得的刑罚也相对较轻。但是,越是看似渺小的罪行,越不能疏忽,应该严格加以管制,才能避免蔓延成大恶。那么,是不是"重刑"之下,就一定能够得到理想的效果?这会不会引发一些因"施刑过重"而产生的社会隐患呢?

六二爻代表施刑的人。它的爻辞(图48-3)说:噬肤,灭鼻,无咎。

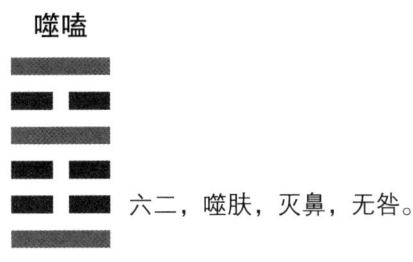

图48-3

肤就是皮肤,噬肤就是咬破了皮肤。咬破了皮肤有时候会搞得连鼻子都遭殃。就像一个人吃肉的时候,用力狠狠地咬下去,结果把肉汁溅得满鼻子都是。它告诉我们,如果我们处罚人家,而又不择轻重,反而会把自己弄得很难堪。但是,我们对于初现端倪的小过错采取稍微严厉一点的处理方法,一般说来是件好事情,而不是什么坏事。虽然可能把自己弄得难堪,但是相对于犯错者的知错而改,还是值得的。

一个爸爸,当看到自己的小孩犯错时的心情,与看到别人的小孩子犯错时的心情是不一样的。他会觉得别人家的小孩子犯了错误,没什么大不了,相反还觉得很好玩,因为小孩子本来就调皮嘛。可是自己小孩犯了错,就会很紧张。我们常常说,爱之深,责之切,就是这个道理。父母在小孩犯了过错时,严厉一点,千万不要等到他犯了大错,无可挽回的时候才后悔莫及。如果做父母的对小孩子的小过失不以为意,那么小孩子会慢慢地毫无顾忌，最终会犯大错，这是做父母的没有尽到教育的义务。

六二爻的小象说："噬肤，灭鼻"，乘刚也。为什么会出现这种状况？因为乘刚。我们知道，六二爻是阴爻，但是初九是阳爻，凡是阴爻位居阳爻之上就叫乘刚。乘刚的意思是虽然行为稍有点过分，只要不犯大过，不要错得太离谱，那都是无咎的。当然，因为一点点错误就把人吊起来打，当然就过分了；因为一点点小错误，就罚人三天不吃饭，就更过分了。那是凌乘、凌辱。

其实，乘刚是必然的。但是要拿捏好度，太严厉了会打击人们知错就改的积极性，太宽松了无异于放纵人的过错，所以，这个度非常重要。

噬嗑卦的六二爻提醒我们：人犯了错，如果不给予足够重的惩罚，是得不到惩戒的效果的。只要裁决公正，即使施刑稍重，也不会产生隐患。但是六三爻却说："噬腊肉，遇毒。"在实施严厉刑罚的过程中，为什么会"遇毒"呢？此"毒"为何物？我们又该如何"解毒"呢？

六三爻的爻辞（图48-4）是：噬腊肉，遇毒，小吝，无咎。

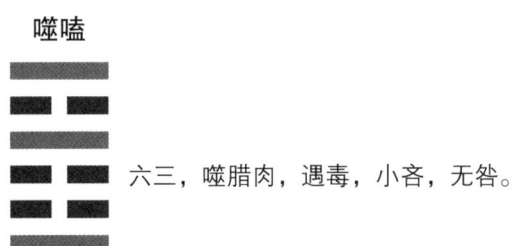

图48-4

腊肉就是干肉，虽然它是肉，但是晒得很干，水分都蒸发掉了，所以它很坚硬。如果吃的人不注意，一口咬下去，可能就会遇毒，遇毒的意思就是它反噬你。就像一个人，如果你觉得他好欺负，稍微犯点过错，就无所顾忌地惩罚他，最后他不服气，反咬你一口，反噬你。这就糟糕了，这

第四十八集 治狱之道

种状况就是遇毒。遇毒之后就是小吝,小吝就是说心里不安,但还是无咎的。

所以,当我们处理事情的时候,最好谨慎一些,宁可严厉而不能宽松,但是也不能严厉过度。就像小孩子,虽然犯了过错,但是不能打他,不然这种暴力倾向会影响到小孩子的心智,等到他长大了就会反噬你。这个时候父母就倒霉了。

那为什么无咎呢?因为惩罚者的出发点都是好的,没有不好的。就像当爸爸的没有存心要置儿子于死地,儿子也没有存心给爸爸难堪一样。但是我们还是要预防它演变成一种不好的结果,那就不是亨通了。我们要记住,今天的恶果是以前的行为造成的。所以,我们要时刻反思,力争使每一处都能够很圆通。

今天的恶果是以前的行为造成的。所以,我们要时刻反思,力争使每一处都能够很圆通。——《易经》的智慧

六三爻的小象说:遇毒,位不当也。为什么会遇毒,就是因为位不当的缘故。六三爻是阴爻处在阳位。阴居阳当然是不当位的。不当位表示什么呢?它表示司法是非常不容易的。就像审判官、司法官,现在受到舆论的影响,受到权贵的威逼,不能够秉公审理案件,处在司法的位置上左右为难,一不小心就会遇毒。

所以,作为一个审判官、司法官要时刻保持冷静,要时刻警诫自己:虽然自己不能保证绝对的公平,但是要尽可能地做到公正。不能假公济私,也不能因私报复,那都是遇毒的情况,弄不好就会被反噬,审判者变成被审判者。

噬嗑卦的下卦是震卦,它告诉我们:徒法不足以自行。虽然制定了完备的法律,虽然有了完备的机构,但是没有人,它能够被执行吗?离开了人,法是不足以自行的。所以法行必依靠人。但是人要明,所以其上卦是

离卦，就是说行法之人要心如明镜，要很公正，不能有一点私心和偏见。这很不容易。

噬嗑卦的下卦三爻中指出：刑罚也会遇到挫折。只有努力排除挫折，运用足够严厉的刑罚，才能使诸事无咎。但是"徒法不足以自行"，仅有严厉的刑罚是不够的，还需要公正、正直的人进行司法。那么噬嗑卦的上卦三爻，又将告诉我们哪些司法者该具备的素质呢？司法者究竟应该怎样运用手中的法律武器呢？

九四爻的爻辞（图48-5）说：**噬干肺，得金矢，利艰贞，吉。**

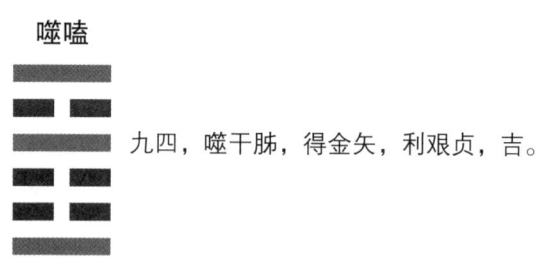

图48-5

这里不是无咎，而是吉。九四爻位居整个审判过程最重要的位置。它跟六五爻是非常接近的。它给我们一个很重要的信息：一个公司里，如果部属犯错，是不能由领导来审判的。就像历朝历代从来没有听说皇帝自己去审判犯罪的大臣一样。因为皇帝一言九鼎，说一不二，没有变通的余地。所以，即使一个大臣犯了滔天大罪，也只能先把他打入死牢，然后派其他大臣去审理。

用今天的话说，就是司法独立。如果司法、立法、执法不能分开，那么迟早会导致司法不公，腐败成风。自古以来都是如此。

九四爻所代表的就是一个重要的审判人，如果司法过程中所用其人，能够坚持正道，不怕艰难，力求合法合理，就叫作利艰贞，那一定是吉利

第四十八集 治狱之道

的。如果是魏徵、包公这样的人在其位,还有什么事情不能吉利呢?

"干胏"是什么?就是带骨的肉,如果去咬那个带骨的肉,很可能会碰到金矢,矢就是箭。这个箭是会刺人的。"金"是刚直,又刚又硬的利箭可能会刺伤到自己。所以这个时候,就要下定决心,不惧不怕,不然的话就处理不好这件事情。

九四爻的小象说得很清楚:*利艰贞,吉,未光也*。"未光"是因为九四爻处于上卦离卦的第一爻,而离卦真正发光的是当中的六五阴爻。所以九四"未光"。这就是说,如果位居六五爻的领导者支持九四爻的审判者,他才有办法公正审判,如果得不到支持,过程就会很困难。如果九四受到六五的影响,就不能完全做到公正。可见要把一件案件审判得很公正,要有贤明的六五,要有刚正的九四,这两个爻要配合在一起,才会产生良好的结果。

领导很贤明,大公无私;同时审判的人很刚正,不畏难,不偏私,那自然就公正了。但这两个只要有一个不对劲,结果就会让人很失望。所以我们可以看到,六五爻的爻辞(图48-6):*噬干肉,得黄金,贞厉,无咎*。

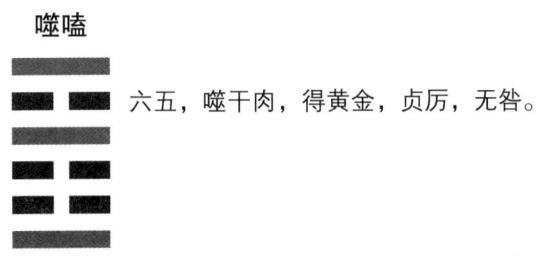

图48-6

它与九四爻相比,还是差一点。因为实际的审判者是九四,不是六五。六五只是高高在上的支持者而已。所以六五吃的是干肉,不是干胏。对于九四的审判结果,六五只能审核一下,可以发表意见,但是不能私自改判。所以六五最好保持轻松的心态,不要提太多的意见。

六五爻的小象说：**贞厉无咎，得当也**。"得当"是什么意思？就是说如果自己不守正，就很危险。所以要守正，要公正地断案，才能保证无咎。

对于初犯——初九爻，要及早进行适当惩罚，遏制罪行，避免灾祸。二至五爻不同程度的司法方式，都能使事情达到无咎，甚至是吉祥的结果。但是，如果受刑人不听劝告，从初九爻来到了上九爻，会导致怎样的后果呢？上九爻又会给人们提供哪些建议呢？

上九爻代表那个罪孽很深重的人。他从初九的初犯过错，一直不知悔改，走到最后，得到很悲惨的下场。所以，上九爻的爻辞（图48-7）是：**何校灭耳，凶**。

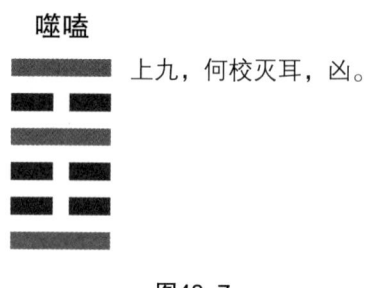

图48-7

各位看到，六爻之中，就是这爻最凶险，其他爻不是吉就是无咎。所以大家可以看出来，一个审判者，只要秉持公正，就不会凶险，但是被审判的人的状况会变得凶险。要是所犯之罪很重，同时自己又不知悔改，一错再错，最后只能是非常凶险的结果，同时也不会得到大家的同情。

"何"，就是负荷，就是把刑具戴在脖子上，又紧又重，甚至于把耳朵都遮掉了。可见，对于初次犯错的人，我们是给小鞋子穿，让他的行动不自由而已，现在却把枷锁戴在犯罪者的脖子上了。由此可见，刚开始还顾及犯错者的颜面，毕竟只是小错误，所以只是在脚上穿个小鞋，限制脚上的行动；现在因为犯错者不知悔改一犯再犯，犯法者得不到任何同情，

第四十八集 治狱之道

脖子上被戴上了枷锁。所以通常罪大恶极者要被游街示众,既惩罚罪犯,又警醒世人。

上九爻的小象说得很清楚:何校灭耳,聪不明也。正是因为不聪不明,笨到这个地步,所以铸成如此大错。真正聪明的人,是不可能走到这个地步的。因为聪明人知道适可而止,他大不了就是闹一闹,表达一下与你不同的意见。了不起就是出出气,也就算了。如果一个人非要弄到大家都想置其于死地而后快,那能怪谁呢?我们有一句话,叫作:可怜之人,必有可恨之处。所以,我们也不必老是觉得这些人可怜,觉得他被判罚得很重。这句话就是提醒我们,不要盲目地去同情这些被判刑的人。如果审判公正,犯罪者就是咎由自取,自作自受,只能怪自己。

可怜之人,必有可恨之处。
——《易经》的智慧

现在,我们回过头来把噬嗑卦看一下。破坏社会秩序的人,败坏风气的人,我们不能不约束他。如果这些人实在不听约束,就不能不加以刑罚。但是我们的目的不是要处罚他,而是要让他改过自新,让他能够重新投入社会的主流,跟大家和谐相处。因此,我们分析噬嗑卦不是目的,而只是过程,我们的目的还是讲求人文精神,发扬人文精神,所以下一集我们就来谈谈:人文精神。

易经的智慧·第四十九集

人文精神

噬嗑卦和贲卦互为综卦，相辅相成。如果说噬嗑卦是武治，象征以法治国；那么贲卦就是文饰，提倡以德治国。贲卦倡文明、制礼节，希望通过文化、礼节来规范和提高人们的德行。那么，我们该如何发挥文饰的积极作用，提高人们的德行？同时又应当如何避免被文饰的外在形式所迷惑？其中的度该如何把握呢？

第四十九集　人文精神

我们把贲卦跟噬嗑卦放在一起（图49-1）看一看就知道，如果把贲卦颠倒过来，就变成噬嗑卦；把噬嗑卦颠倒过来，又变成贲卦。这两个卦就是相综，相综表示一件事情的一体两面。我们可以举个例子：就像盖房子，钢筋粗细要一样，不一样要换掉，所有的材料都要合乎规格，不合规格就必须强制建设者拆掉重建，那完全是武治。可是房子盖完以后，人就可以直接搬进去住吗？不会的，住进去之前要装修。不管是室内还是室外，都要装修一下，让它看起来既漂亮又舒适，这就叫作文饰，文饰就是贲卦。

图49-1

就像一个人外出办事，他肯定先把自己修整一番。要洗个澡，把胡子刮掉，把身上的脏东西统统刷掉。这就叫噬嗑卦。可是做完了这些以后，他不能就这样出去，还要穿一件合适的衣服，选择一条合适的领带，最后还要擦一擦皮鞋，这就是装饰，就是贲卦。

再举一个例子，如果一个犯罪的人被判刑，等到刑满释放的时候，可以直接使其回归社会吗？当然不行，在这之前要做必要的心理辅导，通过心理辅导抚平其心理创伤，以期能使他忘掉那段不堪回首的往事。这就叫贲卦。所以，大家从这里可以知道，任何一个卦，所能够代表的意义都是很广泛的。如果每一个卦只代表一种含义，那么六十四卦怎么能够代表世界上所有的事物呢？所以，贲卦可以代表修饰，可以代表装饰，可以代表化妆，它的基本含义就是文治。

所以，贲卦就是一种人文精神。我们时常可以感觉到，两个城市，虽然都有高楼大厦，虽然都绿树如茵，虽然有很多相同或类似的城市风景，但是给我们的感觉还是不一样。为什么呢？就是因为两个城市的人文气息不同。

我们来看贲卦。此卦的上卦是艮山，下卦是离火（图49-2）。就像现在很多别墅，里面装饰豪华，灯火通明，外面假山喷泉各尽特色。但是一旦天黑灯灭，整个别墅区漆黑一片，什么都看不清楚。现在如果把灯打开，外面的景色交相辉映，看得清清楚楚。就像贲卦的卦象，下面这把火一烧，灯火通明，把上面的山川秀色全都显现出来了。

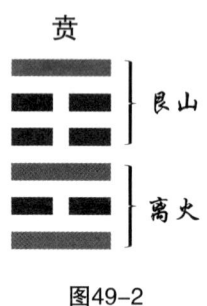

图49-2

所以，为什么现在做室外广告的时候要打一个聚光灯？就是希望让广告面板看起来很鲜艳，足以吸引大家的眼球。我们人类社会也一样，身为人这一物种，就应该创造一些文化，创造一种文明，造成一些人所特有的东西，这就是人文，说白了，人文就是人的花样。

第四十九集 人文精神

噬嗑卦和贲卦互为综卦，相辅相成。噬嗑卦可以看作是以法律为核心的法家精神，而贲卦则可以看作是崇尚礼乐教化的儒家精神。其实无论是法家，还是儒家，都属于中华文化。五千年来，中华文化一脉相承、源远流长。为什么中华文化能够传承至今？而贲卦又是如何解释其中的道理的呢？

贲卦的卦辞（图49-3）：**贲，亨。小利有攸往。**

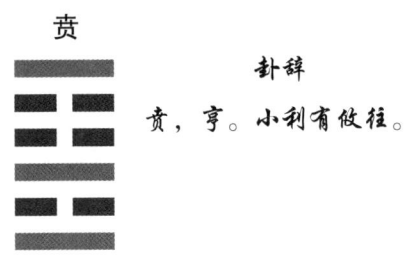

图49-3

这是什么意思？贲，是卦名，亨表示此卦的元是被蒙蔽起来的。老实讲，很多事情，比如文化，一定是有个原始的，至于这个原始是什么，是怎么开始的，我们往往搞不清楚。

大家可以想想：我们吃饭时为什么要用筷子？这种生活习惯是什么时候开始的？筷子是谁发明的？对于这些问题，我们不甚了了，也不能做出确切的解答。那个"元"肯定是存在的，但是它隐而不现。中华文化是怎么产生和演变的？对于这个问题，大家仁者见仁智者见智，就是因为它的元始很难追索。虽然如此，我们的文化能够传承下来，就说明它是亨通的。如果只是一时的花样，它充其量只能盛极一时，根本不能长久亨通。

那为什么是"小利"，而不是"大利"呢？我们现在可以看《序卦传》，它说得很清楚：**物不可以苟合而已，故受之以贲。**"苟合"就是苟且相合，就像要求人们吃饭时使用筷子，虽然他们一时遵从这个要求，但是如果不能讲出一点道理来，这种习俗是传不下去的。它一定要"受之以贲"，一定要讲出一套道理，使其合理化和正当化，这样大家才会心甘情

愿地照着去做。可是时间久了，就会有人怀疑这种道理，所以它会慢慢地演化，慢慢地调整，就像这种吃饭使用筷子的习俗是不断演化的结果。我们的文化也不是一成不变的，它会根据变化了的环境进行调整，同时，它也会受到外来文化的影响，因此，它的演变和发展，是很自然的一个过程。

所以，什么叫作"化"？我们庭院里面的景观，每一个季节都有不同的摆设。屋子里的电灯泡不亮了，必须换一个新的。这就是"化"。就像河流一样，看似没有变化，却无时无刻不在发生变化。文化就是这样，在我们毫无意识的时候，已经发生了变化。

中国人最厉害的地方就是能够做到：变化当中保持不变，不变当中保持变化。这是外国人很难领会到的。为什么中国人会这样？就是因为我们有一部《易经》，它告诉我们要把变和不变结合在一起，才叫作"化"。

> 中国人最厉害的地方就是能够做到：变化当中保持不变，不变当中保持变化。
> ——《易经》的智慧

中华文化一脉相承、源远流长，表面看来似乎在不断地演变，其实它的实质内涵一直都没有变，只是外在的表现形式随着时代的不同，做出了相应的调整。那么，贲卦的彖辞，是如何说明文饰变化过程的呢？

贲卦的彖辞说：贲，亨。柔来而文刚，故亨。分刚而上文柔，故小利有攸往。刚柔交错，天文也；文明以止，人文也。观乎天文，以察时变；观乎人文，以化成天下。

其中的"文"就是修饰的样子。贲这个卦为什么会亨？因为它和柔、刚都有互动。"柔来而文刚"这句话，其实有好几种解释，我们可以把它看成是泰卦，因为凡是由三阳爻、三阴爻组成的卦都可以把它看成泰卦。我们可以看到，贲卦的上卦是两阴一阳，下卦是两阳一阴。如果把上卦的一阳爻和下卦的一阴爻对调，贲卦就变成泰卦（图49-4）。所以可以把贲

第四十九集　人文精神

卦看成是由泰卦演变来的。

图49-4

老实讲，一个人心中不安泰，他哪有心情去装饰？如果一个人很穷，住一个帐篷也很安稳，即使拥有了一间毛坯房，他也不会去修饰。可是如果一个人安泰的时候，就希望住得体面一些，就会去把房子修缮一新。

我们还可以看到，一个人如果很忙，就很少有时间去化妆打扮自己。只有时间充裕、闲着没事干的人才会修饰自己，才会搞出各种花样打扮自己。

如果把泰卦的上六与九二对调，我们可以看到，九二就变成了上九，上六变成了六二，上六这一柔的阴爻，文饰下面原来刚健的下乾。这是一种解释。另外一种解释是什么？贲卦的下卦是离卦，它是一个阴卦，而上卦是艮卦，它是一个阳卦。艮山是岿然不动的，下面的火照耀上面的艮山，那这个离火是刚火还是柔火呢？如果是刚火，它就把整个山都烧掉了，所以它是柔火，正因为有柔火照耀，所以山上的树木花草才一清二楚。所以，才说小利有攸往。

"小"可以代表阴柔，也可以代表阴爻，代表一种柔和的力量。这样我们就可以慢慢把《易经》的解释扩大化，把它的意象范围扩大，让自己的思路越来越宽松。这样才是学习《易经》的正确方法。如果说《易经》的每一卦都只有一种解释，是不正确的。

"刚柔交错，天文也。"我们知道，泰卦跟否卦两个的刚柔是没有交错的，刚柔截然分开。但是贲卦不是这样，它虽也是三阳三阴，但是它刚

中有柔,柔中有刚,刚柔交错。什么叫作"天文也"?这是说此卦寓意就像天象,天空中太阳和月亮也是刚柔相济的。太阳下山,月亮出来,阳去柔来;月亮下去,太阳升起,柔去刚来。正是因为刚柔相济,阴阳互化,人们才心情愉悦。刚柔交错是为了生生不息,这就是天文给我们的启发。天有天的花样,人也应该有人的花样。人的花样就叫人文,应该"文明以止",就是说修饰,要修饰到合理的地步,不能太过分。

"止"就是上卦艮卦的意思,任何事情都要适度,过犹不及。如果太阳光太亮的话,整座山就是一片白,什么都看不清楚了。这样也就不叫景观了。

所以我们可以体会到,《易经》里面,每一个字都是不能乱动的,因为一动,它所表达的含义就截然不同了。

那么,我们为什么要观天象?因为要看时间和季节的变化。天象的变化最能反映出时的变化。所以叫作:观乎天文,以察时变。那么,人类社会呢?初看起来,人类社会是杂乱无章的,一样米养百样人,人与人都是形形色色的,各有主张,各有花样。所以要"关乎人文,以化成天下"。那么,这个化成天下,是谁的责任?我们观察天象就知道了,谁有能力把各种花样,化成一个共同的基础,谁就担负这种责任。世界是多元的,它一定要很调和,世界才能到达和谐的境地。这就是贲卦给我们最大的启示。

贲卦给我们的启示是:一切的人文修饰,它的实质都是提高人的品德修养,所以一切人为的文饰,都应当恰如其分,以人为本。除此之外,贲卦山下有火的卦象,还蕴含了怎样的哲理?古人是如何应用这些智慧,来指导生产生活的呢?

我们现在来看贲卦的大象传,它说:*山下有火,贲。君子以明庶政,无敢折狱*。山下有火,意思就是说,要把某一个地方修饰得亮一点。就像现在很多城市,都沿河布置景观大道一样,河边景色可以一览无余,这就叫作贲。

第四十九集 人文精神

"君子以明庶政,无敢折狱",这是什么意思?就是说每一个人都应该担负起一定的责任,使社会政治昌明、文化昌盛。这不仅仅是领导者的责任。文化其实跟每一个人都是息息相关的。老百姓过日子,政府不会过度干涉。像家里要铺什么床单,要不要挂蚊帐,这些事情都是普通老百姓的自由,其实文化就是老百姓自己创造出来的,它根据老百姓的生活,逐步地演变而来。以前大家很穷,只能吃红薯才能温饱,而现在有钱人却以吃红薯为美餐,这就是文化风俗自然演变的结果。

从这里我们应该了解到,每一个人,不管做什么事情,都要用心做好,做到恰到好处,而不是说得过且过,做一天和尚撞一天钟。

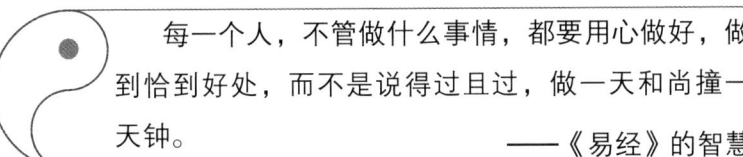

每一个人,不管做什么事情,都要用心做好,做到恰到好处,而不是说得过且过,做一天和尚撞一天钟。
——《易经》的智慧

"折狱"是什么意思?折狱就是审判,就是通过审判决定一件事情的对错。现在很多人都喜欢妄下断言,说某人某事错了,不应该如此做。但是,事情的对与错,通常不是那么容易判断的,历史上出现了很多冤案,就是事实。所以,每一个人在做判断的时候,都应该慎重。

雷火交加,是噬嗑的卦象。与贲卦相综的噬嗑,它代表什么含义?我们盖房子,首先把地圈起来,打好地基,好像弄得到处都是乱七八糟,乌烟瘴气,但这不是其目的,真正的目的是建设,不是破坏。

所以自然界的雷电交加不是坏事情,它是在做自我调整、自我修复。就像人类社会有刑有罚,父母会骂小孩、打小孩,目的不是出气,不是破坏家庭气氛,而是使小孩子从小养成良好的习惯。因为当父母的不能陪孩子一辈子,以后的路要他们自己走。

我们中国人最在乎自己在别人心中有没有分量,有的话就叫用心,不然就是不用心。大家可以想一下,每天早上想的第一件事是什么?不出意外的话,想的都是自己的事情,而不是别人的事。这就说明你心里根本就

没有别人的存在。其实为人子女，早上第一件事就是要去看看父母。因为父母年纪大了，我们得多关心一下。在看望了父母之后，我们才有心思上班。这就叫心中有父母。现在的年轻人一睁眼，想的事情就是，今天要穿什么西装，要打什么领带，见了领导要说什么话他才开心。爸爸妈妈根本就没有心想到。

这些跟贲卦有什么关系？当然有关系，一个人要修饰没错，但不能影响自己的本质，如果本质跟外在的花样不合适，那就叫不成人样了。

以上几个案例可以看出，我们看问题、做事情，一定要了解它的实质内涵，不要被表象所迷惑，这是贲卦给我们的一个重要启示。除此之外，贲还有装饰打扮的意思。那么，我们该如何装饰自己？贲卦对于人们的日常装饰打扮，又有着怎样的指导意义呢？

一个人的装扮，要跟自身的条件，跟周围的环境协调一致。如果化出的妆跟自己的身份气质完全不搭配，那就糟糕了。你看，有人把自己化成花旦，化成个包公，然后到大街上走来走去，一次还可以，第二次就觉得自己很没有面子，等到第三次，打死他都不会再出去了。所以，一个人的装饰一定要跟环境、身份相协调，跟自己的本质相协调。

现在很多女孩，出去买衣服的时候，打眼一看模特身上穿的衣服很漂亮，不管多贵，都买回去了。可是自己一试穿，就觉得非常不合适，这里不对，那里不对。为什么？就是因为模特的身材跟自己的身材不一样，这种话说起来很难听，但也是事实。

所以，我们要装饰，就要适得其形，又要适得其时。如果要穿泳装，那到了游泳池再穿。不能说今天要去游泳，就在家里穿好比基尼，然后从大街上大摇大摆地走过去，这是神经病。

适得其所，适得其时，最要紧是适得其分，那个"分"很重要，今天很多人不知道什么叫作"分"。其实《易经》里面讲得很清楚，有所利，无所利，小有所利，大有所利，这就是分。

第四十九集　人文精神

　　有的时候勇往直前值得称赞，有的时候急流勇退也是明智之举。贲卦的上卦是个山，山就是止的意思，它告诉人们差不多就好了，如果不是恰如其分地做下去，就会过分了。就像屋里的灯光太亮，就会影响邻居们的休息；家里的音响开得太大，会影响孩子们的学习，就会遭到大家的抗议。所以每个人都要守分，每个人都要清楚，自己可以装饰到什么地步。同时，要知道有些事情人家装饰可以，自己是不行的。就像有些衣服，别人穿在身上很漂亮，自己穿着就很别扭一样。所以每一个人要选适合自己的衣服，要选适合自己的用具。

> 每个人都要守分，每个人都要清楚，自己可以装饰到什么地步。
> ——《易经》的智慧

　　现在一个普遍现象是，看书也成了一种装饰，变成了一种"贲"。很多人平常根本不看书，但是只要出去搭地铁，胳膊下一定会夹一本书，好让人家觉得自己也是个看书的人。

　　现在有些大学生，整天抱着一大摞书在校园里招摇，其实这种人没有多少学问。真正读书的人，根本不需要这样装饰自己。只有那种心灵空虚的人，才需要外面的装饰，以掩盖内在空虚的本质，这种贲就只有坏处没有好处了。这和化妆无异，通过外表的体面，从而赢得别人的尊敬。其实，为了虚假的外在，而丧失了真正的东西，这都是不值得的。那么，怎样装扮才算合适呢？我们下一集就讲：装扮得体。

易经的智慧 · 第五十集　装扮得体

俗话说：人靠衣装，马靠鞍。得体的装扮能给人带来美好的印象。可是为什么我们少年时代装扮得五彩缤纷，新婚时大红大紫，而老了以后却又返璞归真，衣着朴素了呢？不同场合、不同身份的穿着打扮，又暗含了怎样的人生智慧？而作为刚刚踏入职场的年轻人，又应该怎么样穿着打扮，才能既个性鲜明，又大方得体呢？

第五十集　装扮得体

当小孩子看到大人化妆打扮时，会很羡慕。但是做父母的却不允许小孩子们搞得浓妆艳抹，因为这不符合他们纯朴天真的天性。可是，父母又不能完全禁止他们的爱美之心。对于这种情况，应该怎么办呢？我们看一下贲卦的初九爻辞就知道了。

贲卦的初九爻辞（图50-1）说：**贲其趾，舍车而徒。**

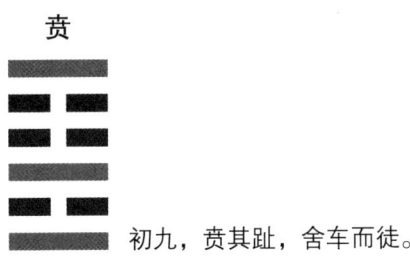

初九，贲其趾，舍车而徒。

图50-1

这里的"趾"，在《易经》里面经常出现。"贲其趾"，就是告诫大家，化妆可以，但是要先文饰自己的足趾。所以，初次装扮自己的时候，要从细微处着手，要达到无妆胜有妆的效果。"车"就是车子，这句话的意思是，即使有车子可以乘坐，也不要坐，而要甘于徒步行走。这是什么道理？就好比一个犯了罪被判刑的人，因为劳改期间表现良好，得到提前假释的机会。这时候，他虽然被放出来了，但是周围的人一定都会非常注意他的言行举止。如果这个人一被放出来，就毫无顾忌地穿名牌衣服，开宝马轿车，别人就会怀疑，他的贪污受贿所得并没有全部交代出来。这对他是很不利的。所以，这种人最好不要招摇，要表现得谦虚和谨慎，用自

己的行动表示自己改过从新的决心。浴火重生,现在重新踏入社会,重新做人,一切从头开始,这样大家才心安理得,才会愿意帮助他,把他当作正常人看待。尤其现在所谓的富二代,要非常重视这个教训才行。凡事低调而行,会给自己减少不少的阻力。其实,初九因为是阳刚之爻,又是当位的,它本身隐藏着很大的能量。同时,它跟六四阴爻对应,一阴一阳,就表示上面会有人着意栽培他。但是作为初九的自己,要慎重,也要争气,绝不能因此而沾沾自喜。

初九的小象说:*舍车而徒,义弗乘也*。为什么不坐车而宁愿徒步而行?就是因为自己心中有义,义就是合理。一个有才能的年轻人,初出茅庐,在适当的场合可以有适当的表现,但是,遇到重大事情,最好还是敬谢不敏,推辞掉为好。这种状况就是,虽然可以以车代步,但还是谦虚一些,谨慎徒步而行为好。趁着这个机会,多向前辈、有经验的人学习,以提高和充实自己。所以,贲卦给我们的启示就是,做任何事情之前,都要动脑筋想清楚,这样做合不合理,怎么做才算合理?如果合理,才可以做;不合理,还是推辞为好。其实,现在很多人吃了很大的亏,就是因为没有胆量对别人说个"不"字。对于那些超出自己能力之外的事情,因为别人的请求,自己勉强为之,最后反而弄得很糟,也失去了别人对自己的信任,出力不讨好,得不偿失。

再举一个例子,现在很多父母,自己手里有几个钱,就给孩子奢侈的享受,出门坐好车,平常穿名牌,而且对此不以为意,认为花的是自己的钱,有什么不可以的呢?但这只是自己一厢情愿的想法,别人却不这么认为。为什么现在那么多人仇富,就是因为很多富人做得不合理,没有顾及旁人的感受。深通《易经》智慧的中国人,最看得起的就是那些自食其力的人。即使是一个富家子弟,如果能够从基层干起,跟普通员工一样能够吃苦耐劳,大家同样会觉得他了不起。有这种子弟的人家,也绝不会富不过三代。所以,每一个人,在刚开始崭露头角的时候,要使自己的行为、自己的装扮符合自己的现状,不要引起别人的不快。同时,做好吃苦的打算,即使现在可以享受,有条件坐好车,穿名牌,最好还是不要招摇,这

第五十集　装扮得体

就是初九爻辞告诫我们的。

每一个人，在刚开始崭露头角的时候，要使自己的行为、自己的装扮符合自己的现状，不要引起别人的不快。
——《易经》的智慧

《易经》六十四卦代表着宇宙人生的六十四种情境，而每一卦的六个爻，则代表了人生成长中的六个境界。因此贲卦的初九爻，表面看来是学习化妆的初级阶段，其实也可以看作是人生的学习阶段。处在这个阶段的年轻人，应该更多地把精力放在提高内在涵养上，而尽量少地把精力用于外在形象的美化。然而从初九爻进入到六二爻以后，也就是相当于一个人走出校园，踏入社会，走上工作岗位。这时候因为工作的需要，就应该关注自己的外在形象了。那么这个时候，我们该如何打理自己的外在形象呢？

当我们对手上的事情慢慢地有了经验之后，就进入贲卦的六二爻了。贲卦的六二爻辞（图50-2）说：**贲其须**。

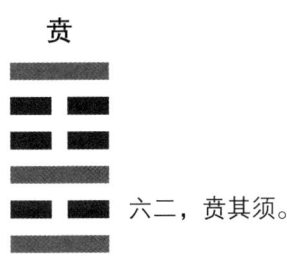

六二，贲其须。

图50-2

"须"就是胡须，这句话是说，胡须附在人的下颚。其实，很多东西都是附在我们人身上的，就像衣服。一个人可能以前喜欢穿西装，现在习惯于穿唐装。这说明，附在人身上的东西，根据人的喜好随时都在变动。一个人，静止不动、稳如泰山的时候，人们很难知晓他的心思；只要这个

人一动,他的心思就显露出来了。就像一个人,如果他手上老是拿着一串车钥匙,那就会让人觉得:他有一部好车,生怕别人不知道;再者,现在有很多人,出门就带两部手机,也可能是源于一种虚荣和攀比的心理。这些人,以为把自己的心思藏得很深,但是明眼人一看就知道他们的心思是什么。

其实,这种有什么东西就想马上秀出来的习惯,是受了美国人的影响,这不是什么好现象。作为中国人,应该懂得,该显的时候才可以显,不该显的时候就不显。这才叫随机应变。一个人,把所有的本事显露在外,根本就没有什么隐匿,有就像没有一样。这是值得我们警惕的。"贲其须",就表示你慢慢长大了,所以,第一步要先会自己修理胡须,不能总是依靠他人。老实讲,刮胡子也是一件技术活,并不是那么容易,有些地方很难清理掉。如果一个人连胡须都刮不干净,就需要多多磨炼磨炼了。

六二爻的小象说:**贲其须,与上兴也**。其实,六二爻跟六五爻是不相应的,因为它们都是阴爻。那么为什么要说"与上兴"呢?其实,这里的"上"不是指六五爻,而是九三爻。我们可以观察一下贲卦的下卦,它是离卦,是个阴卦,主柔。它既要照顾上面九三爻,又要照顾下面初九爻。怎么照顾下面的初九爻呢?就是说可以让它以车代步,但是要不要这样,由初九自己决定。它又是如何照顾九三爻的呢?这突出表现在,它是随着九三爻一起动的。我们可以用一个例子说明:一般小孩子化完妆后,会问妈妈化得怎么样,这种小孩子就了不起。因为他会参考妈妈的意见,加以改进。但是,如果一个小孩子不顾父母的意见,只随自己的心意,爱怎么画就怎么画,他迟早会自食其果、自作自受的。

贲卦的下卦离卦告诉我们,我们小的时候,不会装饰自己,就像一个音乐新手不大会弄背景音乐一样。如果执意自己探索,自己操刀,会把局面弄得不可收拾,最终造成种种乱象。离在这里代表柔火,就是明,就是文饰,它比本质更华丽,更夺人眼球,使我们在不经意间受到迷惑,看不到事情的本质。这种状况,用一句现在话来讲,就是过度包装。一个不起眼的小东西,里里外外包了十几层,这完全没有必要。

第五十集 装扮得体

九三爻是下卦之极,它的爻辞(图50-3)是:**贲如濡如,永贞吉**。

九三,贲如濡如,永贞吉。

图50-3

九三爻位居下卦之极,它还是"吉"的。但是,要永远保持合理的原则,以合理的方式来装饰自己,才会得到"吉"的结果。大家可以看到,此时的九三爻跟上九爻也是不相应的。但是九三爻有一个优势,它的上下两爻都是阴柔之爻。只要九三爻自己把持好一个度,同时具有适当的弹性,就不会受到伤害。九三之象就像被绿水环绕,"水善利万物而不争",可以使得九三不至于太干枯。

九三的小象说:**永贞之吉,终莫之陵也**。为什么永远保持合理的态度,永远保持正确的原则,就会吉祥呢?因为"终莫之陵也"。只要秉持合理的原则,九三的行为就不会侵犯到上面的六四。同时,上卦为山,下面的柔火再怎么烈火炎炎,也不可能把整座山都烧掉。这就告诉我们一个道理,用以装饰的东西,最好不要太坚硬。不然的话,将来想要清除、要改变都很困难,柔软的文饰不仅看起来舒服,也更容易改变。

贲卦的下卦告诉我们,一个人年轻的时候,自身的能力和经验有限,因此常常需要一些外在的修饰来衬托。但是穿着打扮也要注意度的拿捏,不要给别人造成喧宾夺主的误解。从贲卦的下卦进入上卦,就好比一个人在工作中取得了一定的成就后,升入到管理阶层。那么处在这个阶层的人,又该如何协调自己的外在修饰和内在涵养的关系呢?

贲卦的下卦，意味着修饰超过了本质。一个初出茅庐的人，没有经验，重视外在的装扮超过了内在的涵养。现在演变到了上卦的艮山，艮山之象本身含有"止"的意思，它告诉我们，一切都要以合理为原则，既不能过又不能不及。所以，上艮的含义，就是告诫人们，文不必胜质，而且，文饰要尽可能地配合自己的本质。一种文饰，如果很柔和，看起来就比较赏心悦目，心情也比较愉快。

六四的爻辞（图50-4）是：贲如皤如，白马翰如。匪寇，婚媾。

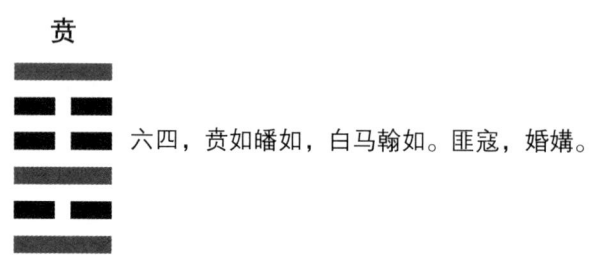

图50-4

这什么意思呢？就是说，一个人装饰得近乎白素，展现出一种朴素之美，有返璞归真的意味。就像一个小孩子，可能穿了花哨的衣服外出玩耍，却因此受了同伴们的冷落。他下次出门的时候，就会做一些调整，选择适合自己的纹理样式。其实，一个人，穿什么样的衣服，就说明他有什么样的涵养。就像一个人看什么样的书，就知道他是什么品位一样。所以，衣服是不能乱穿的，一定要符合自己的身份，符合当时的情景。大家可以看到，上班族的人，一般的穿着就是白衬衫配深色裤子，这是很有道理的。如果一个公司的员工，穿得花枝招展地去上班，可以想见，不出三个月，老板就会让她走人。为什么？就是因为她的衣着搞得别人无法安心工作。

第五十集 装扮得体

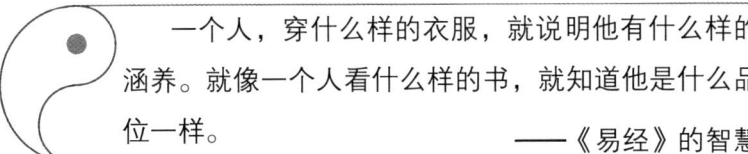
一个人,穿什么样的衣服,就说明他有什么样的涵养。就像一个人看什么样的书,就知道他是什么品位一样。
——《易经》的智慧

白马翰如,"翰如"就是像一匹飞奔的白马,看到它,人们一般会很惊惧,不知道它所为何来。《易经》里面常常用"寇"跟"婚媾"做一对比。它们一文一武。就算是装饰,也有文武之分。如果一个人为了修饰而去整容,那就是武治;如果化妆,那就是文治。现在看到一匹白马飞奔而来,我们不清楚它是施武还是用文,所以心中不免有所疑惧。再者,六四这个位置本来就多惧。因为,三多凶,四多惧。当一个人心有恐惧时,自然疑心就重。所以,六四的小象说:**六四当位,疑也。匪寇,婚媾,终无尤也。**为什么叫作"当位,疑也"?六四以柔居阴位,所以是当位的。但是此位本身多惧,所以心中不免疑惧。因此,与它相应的初九一来,它就会提心吊胆,心里不免疑惧:它是来抢婚还是来求婚的?是武治,还是文饰?最后才知道,是"匪寇",才放下心来。

所以,六四爻给我们的启示就是,人只有经过了世事的变化,经过了花红柳绿才得以返璞归真,就如那些出家人,历经红尘滚滚,才心寂如空。一个人,只有想惹人注意,吸引人的眼光的时候,才会花样百出。一个看开的人,不至于如此。

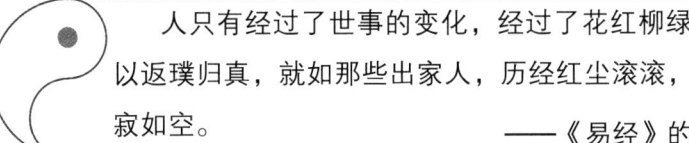
人只有经过了世事的变化,经过了花红柳绿才得以返璞归真,就如那些出家人,历经红尘滚滚,才心寂如空。
——《易经》的智慧
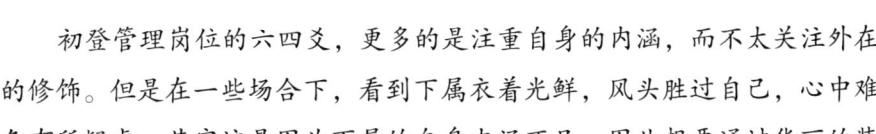

初登管理岗位的六四爻,更多的是注重自身的内涵,而不太关注外在的修饰。但是在一些场合下,看到下属衣着光鲜,风头胜过自己,心中难免有所疑虑。其实这是因为下属的自身内涵不足,因此想要通过华丽的装

饰来衬托自己,并没有喧宾夺主的意思,想通了这一点,做领导的也就没有什么好忧虑的了。同样,处在上卦中的六五爻,自身内涵已经达到了一定的境界,这时候外在的装饰仅仅是形式而已。处在这个阶段的人,往往面临着将要退休的问题。那么,这个时候我们应该做好哪些准备,来促成功成身退呢?

我们接下来分析六五爻,六五是君位。凡是五,其情形大概都不会坏。一个人,起初条件不好,只要能够达到这个位置,可能就会做到总经理的职位。就算刚开始的时候不太像,只要时间一久,历练一久,也会有模有样,这就是六五。所以不管它当位不当位,不管是阴柔还是阳刚,这个位置是好的。

六五的爻辞(图50-5)是:**贲于丘园,束帛戋戋。吝,终吉。**

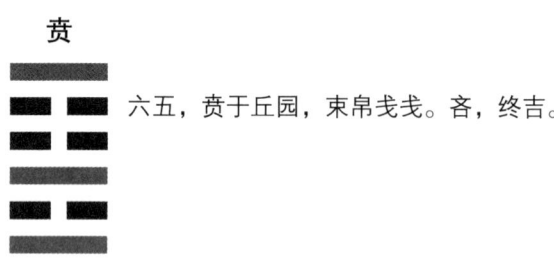

图50-5

"丘园"是什么意思?就是表示一个人要准备退休了,要替自己盖一个退休之后居住的庄园,安度晚年。大家可以想到如果此位置是九五的话,他大概不会做这种打算。可惜他是六五,六五虽然万事缠身,但也用不着事必躬亲。其他人会替六五做好,使得六五能够安然退休。但退休之前总要把之后的生活安排好,所以就好好修缮一下自己的庄园,把它装饰得漂漂亮亮的。一方面使自己的晚年生活安适,另一方面也告诉那些在位者,自己并不会恋战,一到时间,自己就隐退了。用今天的话说,就是裸退。等到退下来之时,通常会送给下属一些礼物,以此鼓励他们。但是这

第五十集　装扮得体

个礼物不能太贵重，那样大家都会怀疑你背后有所图谋，反而产生不好的影响。而一点薄礼同时也向大家传递了这样一个信息：我自己也没有贪得无厌，拿了很多退休金。

至于这个礼物的包装，每个人有每个人不同的想法，但是最好要"文明以止"。贲卦的上卦是艮山，就是时时刻刻都在提醒人们，凡事要适可而止，不能过分。一般来说，职位越高的人，送出的礼物越平淡；职位越低的人，送出的礼物反而越贵重。为什么？如果下属给领导送礼太轻，领导会产生某种不快：连这种礼物都好意思拿来送，就表示完全没有把自己放在眼里；可是，如果一个下属收到领导送的礼，不管这种礼物如何，他都是很高兴的。

《易经》分析得很透彻。虽然因为礼物的轻重，可能会在大家心中多少引起一点不愉快，心中不免牢骚：你怎么那么小气，就送这样的薄礼？真是好意思！但是，最后还是吉祥的。因为大家知道，位居上层的人给自己的下属送礼，得送出很多份，是非常破费的，不像一般的普通人，相互之间只要送出几份礼物就算表示情分了。

其实，贲卦给予我们最大的启示就是，当一个人的位阶越来越高，越来越受到大家瞩目的时候，越要学会低调，学会返璞归真。可是，现在很多人恰恰相反，总是反其道而行之。这些人本身没有什么名气，也没有什么声望，但一天到晚奇装异服，把自己弄得不成样子。前些天，我在机场碰到一个歌星，六十多岁了，早已经声名在外，但还是把头发搞得五颜六色，完全不像一个老者的样子。这种人就是不懂得《易经》的道理。

> 当一个人的位阶越来越高，越来越受到大家瞩目的时候，越要学会低调，学会返璞归真。——《易经》的智慧

六五的小象说：**六五之吉，有喜也**。为什么这么说呢？因为六五柔居刚位，大家本来会觉得他会很威严，很不容易亲近。可是现在发现，虽然

他身居高位，却依然保持着使人如沐春风的亲和力，所以受到大家的一致爱戴和欢迎，这不是皆大欢喜嘛，所以说有喜。

一个人的外在装扮，往往有这样的规律：从少年时代穿得五彩缤纷，到新婚时的大红大紫，最后老了以后反而衣着朴素。也就是说从最初的追求华丽，到某一天达到制高点，最后又返璞归真、回归原点。这表面是在说人的穿衣打扮，其实也是在诉说着人生的一个轮回，这似乎与佛教所讲的"空"有着异曲同工之妙。那么，贲卦上九爻，是如何详细阐述这种返璞归真的人生哲理的呢？

贲卦上九的爻辞（图50-6）是：白贲，无咎。

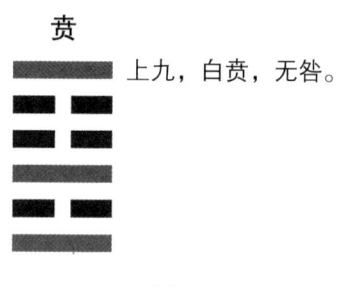

图50-6

我们知道，如果把各种颜色重叠在一起，最后混合而成的就是白色。好像以前什么颜色都不见了。人也是一样，轰轰烈烈地活了一辈子，生命中玩过了很多花样，等到了老年，反而变得纯朴纯真了。现在全世界都在讲，要Back to Basic。就是要回归原点，亦即回归本色。其实，人类原先的时候，本没有这么多的花样，随着文明的发展，人类也渐渐地离不开用以装饰的外在的东西。人有创造力，有才华，不甘于生来如此，死去时还是那样，于是不断地探索新鲜的花样。可是，到了最后，人类还是回到了原点，又回到了质朴的本真。所以说，六五之吉是喜，上九是无咎。无咎比喜更进一步。无咎说明，只要这么做，就不会产生不好的后果，也不会留

第五十集 装扮得体

下什么后遗症。

既然人们能及早洗尽铅华,返归本真,怎么会有后遗症呢?如果目光短浅,不能做长远的打算,那么问题会接踵而至,虽然到了知天命之年,也会被搞得焦头烂额。

"白贲,无咎",就像佛家所说的"空"。但是很多人不能理解这个"空"到底是什么意思。其实,空并不意味着什么都没有,相反,空就是一切。只有曾经拥有,才会懂得一无所有的滋味。人们常常说,到头来一场空,就说明他曾经拥有过,现在更能体会失去的感觉。所以,"白贲"不是说白色最好,如果人一辈子用白色,而不用其他的颜色,那一个人的一生也就没有什么色彩了。所以它的意思是说,人要去经历,要去体验生命的各种色彩,但是最后要懂得回归本源,恢复本真。一个人,只有历经凶险,才能体会到平安是福,只有曾经在欢乐场里热闹过,才能够真正甘于寂寞。

一个人,只有历经凶险,才能体会到平安是福;只有曾经在欢乐场里热闹过,才能够真正甘于寂寞。
——《易经》的智慧

贲卦上九的小象说:白贲,无咎,上得志也。既然已经从绚丽归于朴素的心愿都达成了,自然会无咎了。从整个卦来看,它给我们的启示是:一个人,从开始时的不会打扮,到慢慢学会打扮,到打扮得合乎自己的身份,这个人这一辈子就功德圆满了。这个时候,即使死去,也不会有什么悔恨和遗憾,而是心安理得。所以,白贲不是空,不是一生就是一场空白,而是说一个人什么都经历过了,即使死了也没有遗憾了。

但是,话说回来,现在很多人都说:年轻不应该留白。这是完全错误的。年轻不应该空白,但一定要留白。如果一个年轻人总喜欢打扮得五颜六色,绝不会给别人留下什么好印象。我们扩展开来,如果一个人处处与别人争强,处处都想超过别人,那么,他在哪里都不会是一个受欢迎的

人。一个人，要有谦虚的态度。别人讲话，要很虚心地请教，即使你什么都清楚，也可以适当地假装不知道，这样别人才会有兴趣跟你探讨。如果一个人不知天高地厚，认为自己知识广博，经验丰富，好像别人都得捧着他才应当，就要开始剥了。贲卦到了极致，就要开始剥了。这就像一个人虽然化妆，但是最后还是要卸妆一样。所以，贲卦后面那个卦就是剥卦，下一集我们就讲：贲极剥始。

易经的智慧・第五十一集

贲极剥始

人们常常感叹：人生无常，世事难料。当事业步入巅峰却遭遇不测，在股市倾尽所有却输得一贫如洗。然而，即使是象征着凋落、衰败，甚至是一败涂地的剥卦，却仍然保有"一阳来复"的生机。那么，我们究竟该以怎样的心态和方式面临人生中的困境，将"无常"化为"有常"，从而避免"剥"的发生呢？剥卦对于现代人的工作及生活又有着怎样的指导意义呢？

第五十一集　贲极剥始

如果说贲卦是化妆的话,那剥卦就是卸妆。化妆毕竟是把外在的东西附在脸上,如果我们不及时把它清理掉,不还原自己本来面目的话,化妆品里的化学成分就会伤及皮肤,甚至危害我们的健康。

易经的《序卦传》说：**贲者,饰也**。"饰"就是装饰,就是包装。如果一个人过分重视外包装,那么商品本身的品质大概就顾及不到了。甚至对于缺斤短两的事情,也不会太在意。现在很多人送礼,本来要送一件很精致的小物品,却弄了一个与礼物本身不相协调的大外包装。一件不是很贵重的东西,却过度装潢,好像一件稀世珍宝一样,这就是过度装饰。

《序卦传》接着说：**致饰然后亨,则尽矣,故受之以剥**。"致饰",就是把文饰弄到极致了。虽然亨,但是这种亨通的好处马上就消耗尽了,最后终于走投无路。所以,如果一个人在送礼的时候,总是极尽包装之能事,使人的预期总是超过现实,最终会导致别人失去兴趣,再怎么弄都不稀罕了。这是因为人们的官能在一次次华丽的包装欣赏中被刺激到了极点,已经变得审美疲劳了。以前我们讲求物品本身与它的包装形式要一致。如果一件物品,它的外装的奢华已经勾起了人们的极大兴趣,大大提高了人们的期望值,但等到打开一看,却是一件不起眼的小东西,必然会极度失望,这就表示物品本身与其形式是不相配合的。这种情况就是"剥"。一个人,过分重视包装,把明明不值钱的东西也包装得很贵重的时候,他的整个信用就崩溃了。长此以往,人们再也不会相信他。就像现在很多广告,就是一种"剥"的状态。很多广告把其产品的功能无限放大,当受骗的顾客使用之后,觉得完全言过其实,这个广告的信用度就没有了。

我们再举一个形象的例子,一面墙壁,我们给它涂上漂亮的颜色,但是它一经风吹雨打,日晒雨淋,就变得斑斑剥落,一块块脱落下来。这种

现象就叫作"剥","剥"就是剥落。

透过卦序的排列我们不难看出,剥卦是贲卦盛极而衰的结果。这也正是《易经》中所反复强调的物极必反的道理。当一味注重形式,奢靡到达极点时,必然会走向衰落。历史上许多赫赫一时的大帝国,莫不因此而沦亡。那么,剥卦究竟有着怎样的含义?一旦进入衰败,又是否存在恢复的可能呢?

我们都知道人多好办事,但是现在全世界的人口太多了,地球的承载能力又有限,所以它的负荷压力特别大,以至于现在有一些可怕的传言说:人类要灭绝了。这也是一种"剥"象。但是我要告诉大家,只要我们有《易经》,只要大家能够懂得《易经》,能够践行《易经》的道理,人类就不至于走到这一步。因为剥卦告诉我们的,恰恰是怎么来面对这种非常危险的局面。

如果想单纯一味地逃跑,那能逃得掉吗?是逃不掉的。因为不管逃到哪里去,都会碰到灾难。一个地方看似平静、看似安全,说不定你一到就会发生地震海啸,这就太倒霉了。所以,经验告诉我们,单纯逃是逃不掉的。逃跑绝不是一个好办法。我们从剥卦的卦象就可以看出端倪(图51-1):阴爻就代表小人,那些小人是一群群围攻过来的,而不是一个个单打独斗的,五阴逼迫一个阳,最后只剩下一个阳爻。本来,社会上既有君子又有小人,大家可以唇枪舌剑、斗来斗去。但是现在君子寡不敌众了,整个局势都是小人得志。而且他们会赶尽杀绝,乘势把最后一阳干掉。

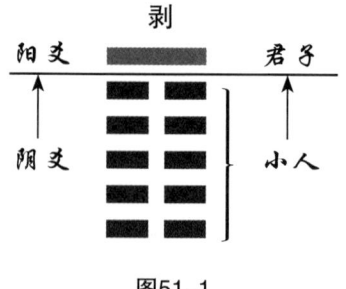

图51-1

第五十一集 贲极剥始

其实这就是不懂得《易经》的道理了。小人得志，君子节节败退。这时，小人如果够聪明的话，他会把最后一个阳爻——上九保留住。这个就叫作逆取顺守。因为把唯一的一阳都干掉了，那此卦就变成坤卦了，阴极生阳，在坤卦的基础上就很容易一阳来复，那么小人都跑不掉的。历史的经验告诉我们，其实我们不必太害怕小人得志。因为无所谓，一到他们得志，一到他得意忘形的时候，小人的末日就不远了，君子就会重新出来主持正义。

当然了，虽然小人当道，我们也不能一点作为都没有，我们还是必须有所作为的。只不过我们先要把这个剥卦弄清楚，看看它到底说了些什么。剥就是卦的卦名，它的卦辞只有一句话（图51-2）：**不利有攸往**。

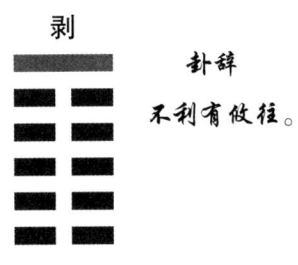

图51-2

不利有攸往，就是要求我们发挥主动性，要想办法对付、因应当前的困境，而不是闭起眼睛盲目乱动乱闯。如果一不谨慎，盲目地乱闯，万一闯错了方向，岂不是更加倒霉？我们要避免受害，可是要冷静，不要盲目，不要惊慌。《易经》告诉我们，越是处境危险就越要守正防凶。就四个字：守正防凶。然后以待来日，等到状况慢慢好转。所有事情都是这样，就像股票，它不断地往下跌，这就是剥卦。剥得你心里头淌血了，还不算剥吗？但是如果你坚持不住卖掉，那就完了嘛！这时不要卖，了不起变成白纸。但它多半会慢慢涨回来。如果当时一看剥剥剥，剥到心里头很难受，赶紧卖掉，那现在你就什么都没有了。我们中国有一句话叫作硕果仅存。就像一个苹果的肉都烂掉了，它的皮也出现很多的褶皱，不鲜活，

那你是不是干脆丢掉？如果丢掉，连个果仁都没有了。如果这个果仁哪天掉到地上去，它也许会生根发芽，重新长出一棵苹果树出来，这就叫剥极必复。

> 越是处境危险就越要守正防凶。就四个字：守正防凶。
> ——《易经》的智慧

复卦紧随剥卦之后，象征着否极泰来、万物再生的复兴之兆。而剥卦代表的凋落衰败之象则是走向复兴的必经过程。那么，依循剥卦的道理，当我们陷入窘境、面临危机，甚至只剩下一丝希望的时候，究竟该以怎样的心态和方式去面对呢？

我们现在看剥卦的彖辞，它说：剥，剥也，柔变刚也。不利有攸往，小人长也。顺而止之，观象也。君子尚消息盈虚，天行也。

"剥，剥也，柔变刚也。"第一个剥，是告诉我们这个卦的名字叫作剥；第二个剥，是告诉我们这个卦的意义，就是一败涂地的意思。败坏了，剥落了，受到压制了，快要喘不过气来了，最后只剩下一点点、一丝丝希望，这就叫剥。

但是，就算一个人口袋里面只剩五块钱，难道就不用活了吗？不会。因为最起码还有五块钱嘛！每个人的念头就是这么不一样。有人会想：我只剩下五块钱了，什么都不能做；有人会想：我什么都没有，但是最起码还有五块钱，我还可以东山再起。念头不一样，它的后果也是不一样的。为什么？因为柔变刚也，柔变刚的意思是本来阳气很充足，但是现在阳气慢慢衰退了，阴气直逼而来，越来越盛。你看五阴只剩下一个阳，这还不够厉害吗？

可是要知道，既然柔会变刚，也一定会刚变柔，因为它们一定是变来变去。所以，不用太害怕，不要太着急，要冷静面对。柔变刚，刚变柔，

第五十一集　贲极剥始

这本来就是自然的现象。但是它告诫我们，身处这种状况，就不要盲目乱动。

现在的情况是五阴逼迫一阳，如果一旦不慎，仅剩的一个阳爻马上就会变成阴爻，那就加速崩溃了。就像上面那个例子，我只剩下五块钱，干脆花掉算了。那就什么都没有了，一点希望都没有了。此时任何动作都是不利的，所以叫作不利有攸往，小人长也。因为在这种情况之下，那完全是小人得势，而且势力越来越大。君子只能自保，不宜乱动。不能赌气，也不能不服气，此时此地，最好以静制动，以待时机。

"顺而止之，观象也。"顺而止之，不是随便一讲，它确实符合此卦的卦象。剥卦的下卦是坤，坤就是顺的意思；上卦是山，山就是止的意思。当五阴一直往上去靠近逼迫最后那一阳的时候，那个阳是顺而止之。它不是逆向操作，执意要跟下面五阴对着干。它是顺势而为，它可能会料定，虽然此时是五阴当道，但是五阴里面应该也会有人讲道理，总会有头脑冷静的人提醒其他人说：如果把最后一阳逼走了，对其也没有好处。我们可以从很多地方发现这种情况，小人即使得志，也会笼络一些君子作为招牌。所以，君子处于这种困境，也不用太着急。顺而止之，是什么意思？我们从剥卦的象可以知道，君子有君子的做法，小人有小人的想法，但他们最后都会适可而止。

"君子尚消息盈虚，天行也。"剩下的唯一一阳——上九，如果懂得君子的道理，就会遵循"消息盈虚"之道。这里的"尚"，就是崇尚的意思。那么，"消息"是什么意思？消就是减，息是长。盈虚也是一样，盈就是充满，虚就是空虚。

就像小孩子玩气球。吹满了，一松手它马上消掉了；再吹，它又涨了。它本来就是涨，消，再涨，再消。这就是"天行"，就是自然之道。所以，身处如此困境，不必心急，要顺而止之。等到情势一变，自然不费吹灰之力，便可以恢复力量。

唐代诗人杜甫曾在诗中写到：天时人事日相催，冬至阳生春又来。意

指冬至后白昼渐长,阳气渐舒,冬至既到,春天也就不远了。这恰恰体现了剥卦所包含的正面意义。那么,面对社会上出现的各种问题,身居高位的人又肩负着怎样的社会责任?剥卦山在上,地在下的卦象又暗藏着怎样的玄机呢?

剥卦的大象更值得我们玩味。大象说:*山附于地,剥。上以厚下安宅*。大家看一看,山在地上,这本没有什么好说的,因为山本来就在地上嘛!但是大象传中换了一个字,就奥妙无穷了。"山附于地",就是说此山是附在地上的,这表示什么?表示这个山的基础已经不稳固了,随时会变成泥石流,会整个崩溃掉。这个"附"字用得非常好。我们有时候会看到很多古迹遗存。那些矗立了上百年的柱子虽然很高很粗,但是大多数柱子的底盘都被虫子蛀光了。我们就知道,这个柱子已经不稳了,需要加强了。这些都是看到剥象以后需要做的事情。

当人们看到一座山风景秀丽,可能就会去爬爬山,去欣赏一下风景。但是也有人会动这种脑筋:这座山中有没有什么矿啊?如果有矿,肯定会不顾一切地来挖。一旦一座山被掏空了,它随时要崩塌。一旦崩塌就会造成严重的灾害。这是必然的。所以剥,上以厚下安宅。这个"上"就是居上位的君子,并不代表一般的君子。一个君子已居上位,他就可以做一些有意义的事情。既然位居上位,也就必须为百姓着想,因为有些事情,百姓自己是处理不了的。就像一座有金矿的山,百姓本身不能禁止人类出于私利,大肆开采。一旦这座山本身遭到破坏,极易发生灾害,到头来遭殃的还是老百姓。而那些偷采金矿的人,一旦金矿开采完毕,无利可图了,他们就会马上消失得无影无踪,留下一堆没有人收拾的烂摊子。这种事情现在是太普遍了。只要有什么地方盛产市场需求极大的东西,那些逐利之人就会望风而至,最终把这个地方搞得酒色财气,风俗都败坏掉了,环境都破坏掉了,这就是一种剥象。

所以有地位、有权势的君子,碰到这种事情后,就应该思考解决之道。具体怎么做呢?就是厚下安宅。这个"厚"就是要宽厚,要多替百姓

第五十一集 贲极剥始

想想。看到那些具有剥象的事情，就要禁止，不允许逐利之人任意妄为；要心存宽厚，善待百姓，使得老百姓能够安居乐业。这样才对，才是厚下安宅。

一个"附"字形象地再现了剥卦基础松动，随时可能山崩为地的凶险之象。而治剥之道就在于厚下安宅。宅也就是一个国家，一件事，或者一个人的根本。那么对于现在的年轻人来说，他们的宅又是什么呢？俗话说，预防胜于治疗，我们又能否究其根源，从而预防剥的发生呢？

我们知道，剥卦前面是贲卦。贲卦的上卦为山，下卦为火。下卦的初九、九三两爻为阳，当中一爻为阴。看起来是两阳在发光，实际上却是靠着当中的那一阴在支撑着它们。这就像火光必须附着于被燃烧的物体，等到这个燃烧的物体被烧光之后，火自然也就灭了。

因此，山火贲卦就变成山地剥卦，这说明下卦着火的物体被烧光了。有火光的时候，周围所有景色都可以看得清清楚楚，但火一熄灭，就一片漆黑。这就是剥象，也是贲之终。所以，这就叫贲终剥来。人不能尽欢，不能趁现在有几个钱，就好好快乐一下。不然的话，长此下去就会身心俱疲，晚上睡觉就可能盗汗，夜盗汗就是剥卦的开始了。

所以，要时刻把"享不尽，物不剥"六个字放在脑海里。人只要不尽欢，体力就不会消耗到支持不了；如果没有当用则用、当省则省的观念，有多少钱，就花多少钱，那么万一青黄不接的时候，就会进入剥卦的情景。现在很多年轻人打完篮球，踢完足球，打完乒乓球，全身冒汗的时候，一盆冷水浇到身上，觉得这样很舒服。却不知这样下去，身体很快就会受不了。再者，现在很多年轻人，生活压力大，对成功的迫切渴求太旺盛，就不停地熬夜工作。这样下去，很快身体就觉得疲乏了。为了缓解劳累、缓解疲乏，就开始喝那些所谓的运动饮料。这就是贲之终，剥之始。

一个人一旦过劳而不知休息，就很容易过劳死。过劳死是现代社会的一种普遍现象，是一种文明病。以前很少有所谓的过劳死，因为人们日出

而作日入而息，累了就休息。现在很多花样，又是美容，又是养生，搞得人没有休息的时间，搞得自己的身体没有办法恢复，甚至连恢复的能力都消耗掉了。

这个时候就要厚下安宅。一个人的身体就是他的宅啊！一定要把自己的身体养好，照顾好，然后才能做事，一切才有可能。

《易经》中的剥卦提醒我们：做任何事情都应张弛有度，适可而止。在物欲横流的今天，人们不但要学着如何善待自己，更要懂得珍惜和保护这个我们赖以生存的家园——地球，守住我们共同的"宅"。那么，"厚下安宅"对于全人类来说又有着怎样深远的意义？"一阳在上"要如何发挥它的作用呢？

我们这个时代，是最好的时代，也是最坏的时代。我们看看剥卦就知道，现在地球的所有资源都快被掏空了，都到红灯告急的程度了。这是过度的工业化、人类过度的贪婪所致。现在工厂里全是自动化生产，只要机器一开，就是24个小时连轴转，有这个必要吗？以前手工劳作，即使刷洗一双鞋子也需要很长时间，所以人们非常爱惜。遇到雨天，就把鞋子脱下来，赤脚走路。可现在不同了，工厂日夜开工，整个市场供过于求。人们去逛商场，满眼都是皮鞋，反而不知道怎么挑选了，即使买回来了也不知道爱惜。这个情况是我们必须加以反省的。为什么优美的环境被弄到剥的状态？为什么现在人们的生活节奏会那么快，工作会那么紧张，这些都需要加以反思。

只要人类能够反思，就不会向大自然索取太甚。这对我们自身的可持续发展是很有好处的。

中国人最喜欢讲的一句话就是：世风日下，人心不古。这就是剥卦。说这种话的人常常感觉到一种无可奈何，总是想自己能量太小，对此种事情没有什么解决良策，还不如随波逐流，得过且过。如果这样，连现在仅存的硕果可能都会失去。

第五十一集　贲极剥始

当前人类面临如此复杂的环境变化，简直有点束手无策了。现在我们唯一的办法就是厚下安宅。用当下的话说，就是依靠自己，才能救自己。为什么？此卦五阴在下，一阳在上，只要我们用心把这仅存的一阳保住，不要连它也被下面五阴搞掉，我们还是有希望的，不然就算自救，也不能得其所愿。我们不能过度依赖自然，过度依赖老天，只有依靠自己，才有前途。

真正懂得剥卦的人，会时时把下面四个字记在心里：面壁思过。我们每个人都要有这种意识：人类的伦理崩溃到这个地步，我有责任。我必须从自己开始，想办法把这种状况改变，想方设法使这种趋势转变，要顺而止之。一天到晚搞宣传都没有用，我自己先做起来。我尊重伦理，他也尊重伦理，每个人尊重伦理，慢慢地人家都尊重伦理，那就开始向好的方向发展了。其实人们心里都清楚，没有任何人能救得了自己，除非自己救自己。

没有任何人能救得了自己，除非自己救自己。
——《易经》的智慧

所以一阳在上，它就可以发挥它的能量，固结人心，就是厚下安宅。因此，遇到"剥"的时候不要太紧张，我们要想办法让它恢复。我们要善待这颗优良的种子。只要有种子，我们子孙后代才有希望。不然，把唯一的种子都毁掉了，那么，我们最后一点希望也就没有了。所以，下一集我们会讲：硕果不食。

易经的智慧·第五十二集

硕果不食

剥卦卦象仅存一阳的现象告诉我们：必须用全力保住最后这唯一的阳爻，才有希望反转不利形势，形成由衰返盛的局面。这就是硕果不食。那么，在今天，硕果不食的道理又有着一番怎样的理解？剥卦对于现代人的工作及生活又有着怎样的指导意义呢？

第五十二集　硕果不食

很多人始终觉得自己没有剥象，其实这是不可能的。人从30岁开始，就开始有剥的迹象。最早开始"剥"的是耳朵。耳朵差不多在我们一出生就开始剥了。这就是在警告人们：一个人年纪越大，就越听不进别人的话，这点要小心。为什么我们教育小孩要从小教起？就是因为小孩的耳朵还没有那么硬，此时很多道理都能够听得进去。但是一个十来岁大的孩子，他的耳朵就不大能听得进父母的话了；一到三十几岁，不管人们讲什么，讲得多么有道理，他都会一个劲地摇头；如果是六十多岁了，他都会不让别人把话讲完，就急忙地表示反对意见，这就是老来固执。这些都是剥象。它是一点点、逐渐地演化过来的，不是一下就变成这个样子的。就像我们剥香蕉要一层层地剥一样，它总是需要一个程序，一个过程。

这个过程从哪里开始？由下而上。所以我们先看剥卦的下卦，然后再看上卦。

剥卦的初六爻，它是不当位的。六三也是不当位的，只有六二是当位的。但是在剥的情况之下，当位跟不当位的区分，可能跟一般正常的状态有些不同。

那么，初六的爻辞（图52-1）是怎么说的？它说：*剥床以足，蔑贞凶*。

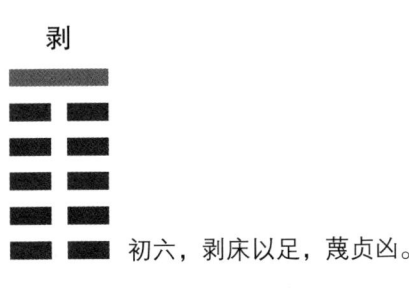

图52-1

足就是人的脚。我们看这个剥卦的象就像一张床。最上面那唯一的阳爻就是床板，下面的阴爻就是床脚。这个床脚还蛮多的，本来是很稳固的一张床。但是现在初六爻已经开始不当位了，以柔居刚位就表示这个地方已经开始松动了。也许是被虫蛀了，也可能是被水浸泡坏了，或者是谁恶作剧把它破坏了。反正是从床脚开始剥的。所以这个时候它就提醒我们：蔑贞凶。"蔑"的意思就是提醒人们要注意，要懂得自救！如果有蛀虫，就把虫除掉；如果被水浸坏，就把它锯掉，重新换一个新的。只要能够亡羊补牢，稍微修理一下，这个床就很安稳，就不会继续败坏下去了。

一个小孩子，他第一次在外面拿了别人的东西，做父母的马上就应该想到剥床以足，他开始要养成坏习惯了。可是父母也不能一下子定性，认定他是偷人家的东西。因为小孩子根本没有偷的观念。他可能是出于喜欢，就带回家里来了。这个时候，所采取的正确方法就是要"蔑"。蔑什么？就是处剥不受剥，这很重要。父母已经感觉到孩子的"剥"了，但是父母不允许小孩子继续剥下去。所以，就把小孩叫来问他，这东西是谁的？他会说是外面的。外面总有人的吧！有人的就不应该拿回家来，这是道理啊。这时，父母应该缓和一下态度，说没关系，我陪你放回原处。这就对了。如果父母碰到小孩子"剥"，就当作没看见，还以为占了便宜，那他就会一直剥下去。将来这个小孩子长大就会偷，"小时拿针，大时偷金"，就是这个道理。

见微就要知著，看到微小的败坏，就要知道，这样乱下去、坏下去，以后会一发不可收的。"贞凶"就是说，这个床本来的功能是可以让人安心睡觉的，现在这种正常的功能已经快要被毁坏掉了。

通常小孩都很老实，只不过偶尔也会讲出一些不实在的话，这是很自然的现象。但你要知道在正常功能受到挑战的时候，后面是会凶的，这叫警觉性。但光知道还不够，还要未雨绸缪。

正所谓亡羊补牢，未为迟也。然而弥补过来，也要抓住问题的关键，从根救起。教育也是如此。俗话说，三岁看到老。教育的好坏直接影响一

第五十二集　硕果不食

个孩子的成长质量。那么教育究竟包含几个方面呢？其中的关键问题又是什么呢？

剥卦初六爻的小象说得很清楚：*剥床以足，以灭下也*。一件东西，要从上面烂起来比较困难，但要从下面烂起来却很容易。因为大家都觉得无所谓、无关紧要，所以下面是最容易被毁灭的。我们现在有两句话，大家一定要放在脑海里边：风气自基础坏，世风自家教坏。社会风气的衰败都是从基层开始。就是因为基层的人们认为自己反正也不是什么重要人物，自己做些不恰当的小事情也没有什么问题，以为不会影响到别人。但是，任何角落里的小事情，在现今的网络世界都会迅速传播开来。人们常说，星星之火可以燎原，就是这个道理。但是这句话的重点还是在后一句：世风的败坏是从家庭教育开始的。我们一般讲到教育，人们都是马上想到学校。其实教育最起码包括三个部分：一个社会教育、一个学校教育、一个家庭教育。一个小孩的败坏，把责任全都推给老师是不恰当的。老师主要的任务是传道授业，如此而已。孩子的人格培养和道德修养，是跟家庭密切相关的。

我们现在千万要记住，若想小孩有健全的人格、良好的修养，家庭教育是十分重要的。只要家庭教育不过关、不合格，一切都是胡扯。小孩子迟早遇到"剥"象。其实孔子当年就感慨说，礼乐崩溃，社会已经没有秩序了。那怎么办？没有关系，先从家教开始恢复吧。一个人，别人的事情可能管不了，自己的小孩子难道还教育不好吗？这叫什么呢？这就是：以灭下也。既然基础松动了，就要赶快从根救起。一栋木房子，一旦发现柱子下面有蛀虫，就必须赶快去处理，不能掉以轻心，这就对了。今天很多修得很壮观的高架桥，因为偷工减料，或者其他别的原因，交付使用不久桥墩就开始松动了。一旦坍塌，必然造成很大的灾难。这就是蔑贞凶。如果恰巧有汽车经过，司机就太倒霉了。即使平常遵守交通规则，定期保养汽车，可还是免不了这种偶然的不幸。所以说，有时候守正未必一定吉；守正也可能凶，因为只要所处的大环境不利，就可能不利于贞。我们常常讲我只要守规矩就好了。其实不是这样，守规矩还要适度地应变，要看大环境是什么。大环境是剥卦的时候，就要小心。如果此时还是平常那一套，很可能是行不通的。

> 若想小孩有健全的人格、良好的修养，家庭教育是十分重要的。只要家庭教育不过关、不合格，一切都是胡扯。
> ——《易经》的智慧

现在再来看剥卦第二爻，即六二爻的爻辞（图52-2），它说：**剥床以辨，蔑贞凶。**

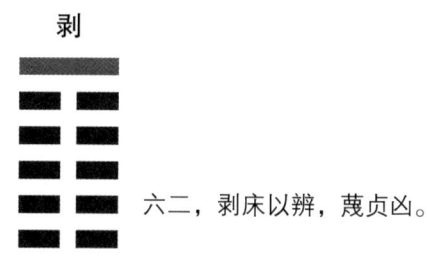

图52-2

"辨"就是膝盖。床有床脚，床脚上面那部分就相当于人的膝盖。它也是"蔑贞凶"。和初六爻辞同样是"蔑贞凶"。这句话是说，床脚坏了，如果对此视而不见，那么连接床脚的上面那部分，即相当于人的膝盖的那部分，作为支撑的关键构件，也开始腐烂了。这种状况，我们更没有办法按照正常的方式来应对。

如果我们的牙齿开始有酸痛的感觉，你就知道剥卦初六爻的现象出现了。我们必须马上去看医生，要填则填，该补则补，需要怎么治就得怎么治。这才有可能治好。如果对此视而不见，它会越来越痛，过不了多久就开始松动了。这就遇到了六二爻的情景了。这个时候，才知道刷牙保护、才知道吃饭时要小心，已经不管用了。这时候如果还能用这些正常的方法治好，还能叫剥吗？所以在这种情况之下我们既不能对正常治疗方法，即正道失掉信心，也不能说坚守正道就一定可以避免危险。因为此时大环境已经发生变化了。

一般人认为，既然不能走正道，那就走邪道好了，那就投机取巧好了。这样会更惨，更会加速崩坏。所以六二爻的小象说：剥床以辨，未有与也。也就是说，六二爻跟六五爻是不相应的。既然不相应就只好靠自己。如果靠自己又走不通，就是剥象越来越严重的征兆。我们看六二爻，它本来阴居阴位，同时又居中。可是处在剥卦的大环境之下，就算是当位，就算是居中，也无能为力。所以，有时候人们会忍不住抱怨，我这么助人为乐，这么有良心，怎么也遭此大罪呢？就是因为这时的大环境是在剥卦主导之下。这就叫生不逢时，不能全怪自己。

不过幸好有个六三。六三的爻辞（图52–3）说：**剥之无咎**。

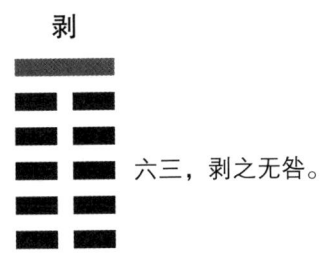

图52–3

六三爻是不当位的，可是它跟上九是相应的，这个是重要的。我们看六三爻，它是阴爻，上九是阳爻，所以，一阴一阳正好相应。也许人们会发现这么一种现象，就算是一群小人，他们之中也总有几个会通情达理，他们也会说：君子的风范实在让人钦佩，我们何必把他逼得走投无路呢？再者，一些小偷，去偷人家的东西，如果发现这家人实在太穷了，也会想：算了，他已经这么穷了，还是算了，不偷他了。

现在，在一群想要剥削唯一的阳爻上九的人当中，出现了六三，但它非常同情上九。它觉得我们不应该再剥下去，我们应该适可而止。就是因

为坤下三阴,只有六三是不跟那些小人同流合污的,所以它就无咎。这样我们才看得懂为什么六三是剥之无咎。它怎么剥都不会留下后遗症。

就像笼子里面有两只鸡,刚开始还能彼此相安无事,可一会儿就看到一只鸡去啄另一只鸡。这就是剥的征兆了。这时应该怎么办?你可以试试把那只凶恶的鸡抓出来,关到另一个笼子里,换一只脾气较为温和的鸡进来。可是过不了多久,两只鸡又不安分了,又开始相互啄来啄去。如果把多只鸡关进同一个笼子里,总会有那么一只鸡,不啄别的鸡,也不会被别的鸡啄,它只是躲躲闪闪。这只鸡就是六三。六三就是说,即使处在剥的状况之下,它还自由自在的。既不被别人剥,也不会去剥别人。这就叫处剥不受剥。就像金融风暴一来,大家都垮掉了,但也有少数人没有垮;就像有些人去买东西,即使买到假的、买到不合格的产品,也不会垂头丧气。由此看来,剥能够无咎,是有一定的条件的。

六三的小象说:*剥之无咎,失上下也*。六三的上是什么?上就是六四,跟它是同党。下是什么?下就是六二。上下都跟它同党,都是阴爻。但是它"失"上下,"失"就是失掉支援:上面的六四不支援它,下面的六二也不支持它,它也不支持别人。我虽然处于和它们同党的位置,但我有我的想法。

我们读三国,知道刘备当年得到一个徐庶。徐庶对他帮忙很大,后来被曹操骗过去了。徐庶没有办法,也只好在曹操底下工作,不然他就死路一条。可是他跟其他人不一样,他对刘备说过:虽然归降曹操,但终生不会为他设一谋。徐庶就是六三啊。所以,我们可以看到:赤壁大战之时,徐庶就没有受到伤害,他安全地躲过去了,其他的人却被烧得死光光。

一个人一定要守正道,但是不要认为自己守正道就不会死,不要认为自己守正道就不会受罪,不要有这种想法。老天让一个人遭遇不同的磨难,就是来考验他是不是真正的守正道。如果一个人吃一点苦就不守正道了,冒一点险就不守正道了,赏赐一点金钱就不守正道了,那算什么守正道!

第五十二集 硕果不食

一个人一定要守正道,但是不要认为自己守正道就不会死,不要认为自己守正道就不会受罪。
——《易经》的智慧

所以六三很值得我们思考。关公降汉不降曹,他也是六三。一般来说,投降的人都是背叛组织的,都是一心一意到敌方那边去卖命的。但关公没有,他是暂时投降曹操,可是心里惦记的还是刘备,而且他能明明白白地把心中所思所想说出来,所以他后来也是剥之无咎。但六三爻失上下也。他跟曹操那些人在一起没有错,但是他跟他们划清界限。这个六三因为跟它的上下都有个距离,而不是说,我身在曹营,就把心掏给大家,不是这样。

复卦紧随剥卦之后,象征着否极泰来、万物再生的复兴之兆。而剥卦代表的凋落衰败之象则是走向复兴的必经过程。那么,依循剥卦的道理,当我们陷入窘境、面临危机,甚至只剩下一丝希望的时候,究竟该以怎样的心态和方式去面对呢?

一个人,住在山上,平常觉得还挺不错。但是突然之间暴发了泥石流,把他的房子冲垮了,把桥冲断了,以致交通都中断了。面对此种情景,难道他就不活了吗?不会的,他还是要想办法。那么,面对此时此地的困境,应该怎么做呢?这就需要看剥卦的上卦是怎么说的了。

六四爻的爻辞(图52-4)是:**剥床以肤,凶。**

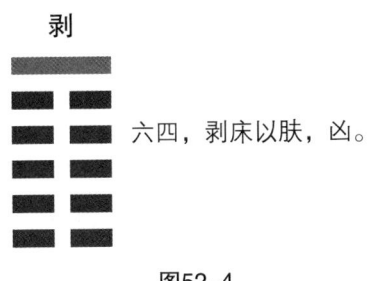

图52-4

不管守正不守正，情状都是凶的。就像一旦暴发泥石流，全家人都要倒霉一样。你不能说自己是全家最守良心的人，怎么也会倒霉？覆巢之下没有完卵，整个巢都被覆掉了，里边的蛋哪有不破的，都是要破的。此爻告诉我们：现在已经剥到我们眼前了，我们开始有切肤之痛。既然想跑跑不掉，想逃逃不脱，那就只好认了吧。既然凶就凶嘛。只好到时候再想办法。

六四的小象说：*剥床以肤，切近灾也*。这说明就算你很伤心，你现在也没有办法；即使你很害怕，此时你也很无奈。为什么？因为灾害已经非常贴切地靠近你了，但你一点办法都没有，想逃也来不及了。我想请问大家，这是什么原因所造成的？孔子告诉我们，遇到任何灾难、任何危险、任何凶祸，要马上反求诸己：自己为什么会搞到这个地步？

我们现在可以知道，就是因为平常太懒散，就是因为我们平常根本就不去关心那些初露端倪的事情，才会造成这次的切肤之灾。初六出了问题，我们通常认为不必着急，问题并不是很严重。邻村发生泥石流，总是认为这是他们的事情，自己这里还安全得很，大部分人都是这样想的。那座桥断了，我不担心，因为我可以走另外一座桥，没想到另外一座桥也断了。这样才会造成你的窘境，这就叫无路可走。所以读完六四爻，千万记住一句话：懒散二字，立身之贼也。一个人不能安身立命，其最根本的原因就是太懒散了。事不关己，高高挂起，什么事都无所谓。等到发生切肤之灾的时候，才呼天抢地。这时老天也不会理睬你，因为切近灾也，一定是凶，逃也逃不掉。

> 懒散二字，立身之贼也。一个人不能安身立命，其最根本的原因就是太懒散了。
> ——《易经》的智慧

事不关己，高高挂起。这是一般人遇到麻烦事儿时的普遍态度。然而《易经》中的剥卦却提醒我们：逃避不但不能让你远离麻烦，反而会招致更大的祸患。那么，一旦祸患迫在眉睫，我们又该如何扭转局面呢？剥卦中

第五十二集 硕果不食

唯一的阳爻——上九,究竟有何特别之处?其爻辞又暗藏着怎样的玄机呢?

六五爻又昭示着一个转机。六五的爻辞(图52-5)很有意思:**贯鱼,以宫人宠,无不利**。

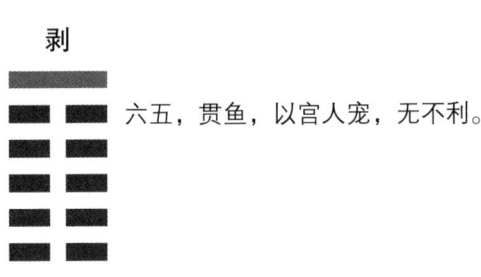

图52-5

你看这里变成无不利了。整个的剥卦里边只有它是无不利的,它怎么能无不利呢?就是因为它感觉到事态的严重性了。如果连六五都开始剥的话,那整个床就败坏到没一点支撑点了。六五阴爻是此卦五阴爻的最上一爻,它是头领。所以它就会号召大家:既然我们是同党,那就要像贯鱼一样串起来,就像以前的奴婢连串地排好队,来服侍皇上一样。同时,六五告诉它的同党们:如果再把上九干掉,对自己也是不利的。还不如让他傀儡似的占据那个位置,让其做一个精神象征,我们还是可以做我们想做的事。当然也许六五心里是想调整,但是它也不会把话讲得那么清楚。它首先表示跟下面四阴站在同一战线,但同时也表达了自己的意见:如果把上九留下对它们有好处,因为它最起码是个障眼法。大家听听觉得蛮有道理的,也就都同意它的主张。在《易经》里面,阴承阳多半是好现象。现在是五个阴承一个阳,整个局面当然会稳定下来。

六五的小象说:**以宫人宠,终无尤也**。意思就是说只要及时了解情况,懂得去应变,并且应变得合理,那自己就不会有什么怨尤了,其结果也是无不利的。

上九得到保全,这就叫硕果不食。所以上九爻辞(图52-6)说:**硕果**

不食,君子得舆,小人剥庐。

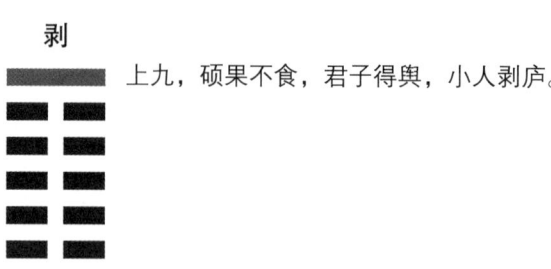

图52-6

在《易经》里,像这样的爻辞并不多。如果我们占卜,占到这个爻,就要伤脑筋了。为什么?因为如果你过得去这个坎,就是君子;如果过不去这个坎,就是小人。就好像我们现在天旱不下雨,就去求雨。一般人是不大敢去求雨的,通常是皇帝来做这种事。其实皇帝也是没办法,久旱不雨,自己必须做出努力,就必须去冒险。这时,如果求雨而得雨,就表示皇帝的品德是良好的;如果求了半天还没有雨,那就是小人了。所以如果卜卦卜到这种爻辞,那你真是伤脑筋了。因为这本就是一翻两瞪眼的事。

现在人类已经面临这样的情况了。西方有挪亚方舟的传说,挪亚方舟就是硕果仅存。上天有好生之德,它不会把人类统统毁灭掉,它总要留一些好的种子,以求毁灭之后可以重新复苏。

君子得舆,就是说如果是君子,就有车子可以坐。如此可以安然度过这个危机,是你承载人类的最后一丝希望。小人剥庐,就是说如果你是小人的话,自己的屋子就会烂到只剩下一个屋顶。最后整个屋子都会垮掉了。

上九的小象说得好:**君子得舆,民所载也**。君子会有车子坐,因为老百姓心甘情愿地拥戴你;因为你正道一息暂存,就是人类最大的希望。**小人剥庐,终不可用也**。这叫天理。小人连最后的那个果仁都要吃掉,那就什么都没有了。一个人,就算再饿的时候,也要保存着那个果仁。如果一个人坚守正道,也不会被赶尽杀绝。君子,就凭这种天地良心,保留着在此萌芽和复苏的希望。所以剥极而复,这个"而"就是能够的意思,剥极了就能够复。所以下一讲我们开始讲复卦,就是:剥极而复。

易经的智慧・第五十三集

剥极而复

万物能够更生，过失能够改正，历史能够复兴，这些现象对于人类来说，是希望所在，意义重大；而自然以及社会规律中的这种恢复原则，正是《易经》六十四卦中，剥卦之后出现的复卦所反映的情境。那么，为什么总会出现复兴的机会？人们又该如何抓住恢复的时机，并利用它改过自新、不断进步呢？

第五十三集　剥极而复

我们知道，乾坤两卦是万物的父母。因为没有乾坤，也就是没有天地，那万物就生长不出来。屯卦代表的是万物的创始和演化。复卦代表什么呢？复卦代表的就是万物的再生和重生。就像秋冬的野草，不是被牛羊吃光了，就是被冰雪掩盖了，或者被人为地烧掉了，或者被自然的野火毁尽了。可是一到春天，它又如人们意料的那样恢复了。这就是，野火烧不尽，春风吹又生。复，就是重新恢复，就是复兴，就是恢复到原来的那个状态。所以，这个复卦，代表的是所有万物重生的希望。如果没有复卦，那么自然的演变、人世的变迁，就会越来越凋敝。我们看到，树木一旦到了秋天，就开始落叶；到了冬天，整个树都光秃秃的，我们自然会产生一种很凄凉的感觉。可是，虽然如此，我们不会太过悲哀，就是因为在我们心中有一个希望：等到冬去春来，树木又会重新发芽生叶，又会蓬勃生长起来。既然我们对未来有所期待，而且有把握，所以心里就很笃定。

上天有好生之德，它希望万物都能够生生不息。但我们眼下很喜欢说"大地的反扑""大自然给人类颜色看"之类的话，对此我是非常不赞成的。其实上天原本没有这个意思。上天之讲"复"，它是复兴，复礼。它是恢复常态，而不是复仇。大自然是不会对人类复仇的，它不会说你们人类把我搞成这样子，我就置你于死地。这不叫天地良心。其实，自然本身有自我恢复的能力，只是人类太过于肆无忌惮，把它破坏得实在太厉害了。现在，我们把它剥得都光光的了，它的资源都被掏空了，使它的元气大伤。但是它还是在挣扎，尽管挣扎得很辛苦。我们不应该说它是反扑，因为它始终是怀有好意的。

复卦对我们人类来讲，代表未来的希望。中华民族的历史，从古至今，一直绵延不绝，但这并不代表我们每一个历史时期都很兴盛。因为那不符合《易经》，也不符合自然的规律。历史有盛有衰，有没落有兴起，是什么道理？就是我们"复"的信念非常坚定，我们怎么会有这么坚定的复兴信念呢？就是因为我们有《易经》。只要此经不断，中华文化就算再怎么被剥落，它最终还是会剥极而复，这一点，就是历史给我们的启发。

复卦象征着春回大地、万物再生的景象，意在提醒每个人都有重修破旧、改过自新的机会，它给予人类希望。那么，古人为什么要用坤上震下这样的卦象来代表恢复呢？其中唯一的一个阳爻，又身肩着怎样的重任呢？

复卦的卦辞（图53-1）是：复，亨。出入无疾，朋来无咎。反复其道，七日来复。利有攸往。

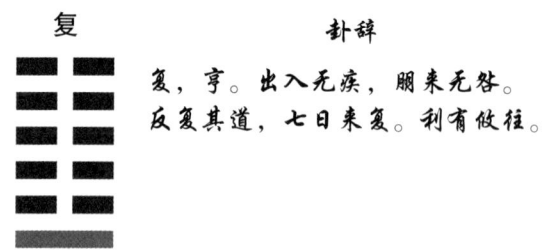

图53-1

第一个"复"就是复卦的卦名。为什么叫复呢？这是因为它是亨通的。你看整个卦，上面有五个阴爻，只在最下面有一个很微小的阳爻。五阴在上，一阳初生。虽然这个阳很脆弱，猛然看去不会觉得它的存在，但是整个的希望就在这微细的一个阳爻上。它给我们的启示是，新生事物虽然有蓬勃的生命力，前途无限，但在刚开始的时候，人们几乎注意不到它的存在。就像正在复兴中的中华文化，很多人没有这个意识，就是因为复卦的这唯一一个阳爻实在太微弱了。

第五十三集　剥极而复

 新生事物虽然有蓬勃的生命力，前途无限，但在刚开始的时候，人们几乎注意不到它的存在。
　　　　　　　　　　　　——《易经》的智慧

但是它又告诉我们：亨，出入无疾。"疾"就是毛病，"出"就是那个阳爻终于出现了，就好像太阳已经升出来了。"入"是指阴爻慢慢地要掉下去、消散下去。我们不要以为此卦现在仍有五个阴爻，唯一的一阳爻处于寡不敌众的状态，其实五阴会慢慢地变得微弱，而一阳却会慢慢成长起来，最终变得强大。所以，此时不但出入无疾，而且朋来无咎。"朋来无咎"就是有朋自远方来，不亦说乎的意思。我们看到，这个阳的趋势是往上走，它会与它的朋友一起向上行，而它的朋友也一定是阳。为什么？就是因为同道，志同道合。只要时机一到，它们就会复兴。但这个复兴大业光靠一个阳是不够的。因此，第二、第三个阳爻会接踵而至。这样一路走下去，当然是无咎的。

"反复其道"是什么意思？就是告诉我们，阴阳相互变化和彼消此长的道理。剥卦是什么？它是五阴一阳，而且那个阳的位置在最上面，说明已经快要逼得无路可走了。现在复卦刚好颠倒过来，它的阳在最下面，而且会越来越壮。一个阳爻位居最上，一个阳爻位居最下；一个马上就无路可走，一个面临阳关大道的情景，就是所谓的一阴一阳之谓道。它周而复始，叫作七日来复。所以，七天算一个周期。大家看：我们一个礼拜就是七天。礼拜一刚刚开始上班，这个周有什么事宜，有什么发展，都要在这一天定下来。可是，大家通常都是周末玩得太疯，所以，礼拜一这一天总是懒洋洋的。就算一个人有多大的能耐，也不能立马施展出来。就像复卦的这一阳，它很细微，需要慢慢地调整，步调才能加快，效率才能提高，所达到的效果才会好。可是经过一周的劳作，一到礼拜五其实就已经很乏累了，加上周末出去玩，最后搞得精疲力竭，这就叫剥极而复。现在，都市的上班族过的就是这种七天一周、七日一复的日子。

那么，所有的周期都是七天吗？也不见得，也可能是七年。就像一个企业，它盛盛衰衰，可能到了七年，才恢复原状。恢复原状之后，说不定又要走下坡路了。我们从历史中得知，每逢七百年就会大兴盛一次，这也是七日来复。其实这种情景，就会给我们信心，使我们有勇气一直走下去。最后，是利有攸往。大家回想一下，我们在讲剥卦的时候，说到剥卦是不利有攸往。是说此时到哪里去都不对，怎么动都不如人意。可是现在情形不同了，既然利有攸往，那就可以放心大胆地往前走了。我们把剥卦和复卦放在一起看，就会得到这种启示。

我们回头看《序卦传》，*物不可以终尽，剥穷*。什么叫剥穷？就是乾卦六阳逐渐被坤卦六阴一个一个取代，剥到只剩下最后一个上九，这不是穷吗？上反下，上九就掉到最底下变成初九，故受之以复。看到这种状况，我们就知道剥卦后面一定是复卦。

即使是在一天之内，我们都时刻经历着这种剥复的过程。我们吃过早餐之后，就开始消化，消化之后就越来越饿，这就是剥了，然后中午加餐，慢慢地恢复元气，又有精神了，这就是复。只不过我们把这种生理现象叫作新陈代谢而已。剥极必复，剥极而复，这是自然的道理，它告诉我们：人要懂得改过自新。当你遇到剥的时候，就该知道自己可能做了很多错事，造成很多过失，所以要及早地把它们改正过来，恢复过来。

剥卦提醒人们认识到自己的过失，而紧随其后的复卦，就让人们看到改正过失的希望，然而目前寄托着希望的阳爻，力量还十分微弱，人们应该怎么做，才能正确利用这点微弱的力量，达到复兴的目的呢？

复卦的彖传说：*复，亨。刚反，动而以顺行。是以出入无疾，朋来无咎。七日来复，天行也。利有攸往，刚长也。复，其见天地之心乎*。

复为什么会亨呢？一阳不过初现，立刻就亨了？它如此的微弱，就好像初升的太阳，没有什么力道。虽然如此，可我们知道，既然太阳已经出来了，今天必是晴天无疑。这就是希望所在。所以，阳气上升，刚健的元

第五十三集　剥极而复

气恢复到本位，即初九在位。这就叫一阳来复。一阳来复之后，很快就是三阳开泰了。就那么一刹那的工夫，形势就完全不同了。中国人为什么很喜欢说一阳来复？就是因为它昭示着光明在望了。就像一个从外地归来的人，走了一天一夜，筋疲力尽，全身的力气都没有了。这说明他剥极了。但突然之间，再有五十米就到家了。这时阳气又开始上升了，他又会觉得浑身有劲，脚下有力，所以利有攸往。

刚反，动而以顺行。复卦的下卦是震，震代表动；上卦是坤，坤就是顺。如果上面不是坤卦，下面这个震一动就会受到限制；而现在上面是坤顺的，所以震动就没有阻碍，极易受到上面坤卦的接受。什么叫行？行就是顺理而行，要顺着自然的道理。同时，动的时候要看时机，伺机而动，趁机而动，趁势而行，最主要就是行的合理、合时，而不是说想什么时候动就什么时候动，想怎么动就怎么动。

是以出入无疾，朋来无咎。既然顺着自然的规律来动，所以无论怎么进进出出，都不会有什么毛病。这个时候，我们交到越多的朋友，就越高兴，因为时机恰当。大家可以想一下：是不是朋友一来拜访，我们就会感到高兴呢？也不尽然。如果恰巧你正要急着写报告，忙得要命，这时有个朋友来访，你会高兴吗？其实这个时候我们很容易得罪朋友。你正忙着，他来跟你聊天，最后你一定忍不住要发脾气。

所以我们无论做什么，心中都应该有一阴一阳的思想。"朋来无咎"就是说正当我们力量微弱，需要朋友帮助的时候，或者我们的资源慢慢地增加，可以跟朋友分享的时候，恰好朋友来访，这叫来得正是时候。既然来得正当时，就是无咎了。如果不是恰逢其时，那是不可能无咎的。

反复其道，就是一个周期一个周期循环往复，一来一往，一往一来，这是自然的道理。这个道就是七日来复。

复卦坤上震下的卦象，就是告诫人们，看到复兴的希望时，不能急于求成，而要把握时机，顺势而行，如此经过一定周期后，自然便会改过迁善。然而，古人为什么认为这个周期与"七"相关呢？"七"有什么特殊

含义吗？

我们看到，一个卦有六个爻，一、二、三、四、五、六，到了七就开始重新来过。而且，中国人很喜欢讲一句话，叫作"六六大顺，逢七必变"。这个"七"，其实全世界都搞不清楚，因为它非常奥妙。西方人有一句话叫作"lucky seven"，由此可见他们也是把七当作是很好的事情，很好的数字。尽管如此，我们身处21世纪，一定要格外小心。因为二十一就是三个七。有时候，一个七就让人对变化茫然失措了；第二个七会变得更加厉害；第三个七更不得了，因为"三"代表多，代表什么都要变革。所以，21世纪是一个异常变革的时期。

我们不能以20世纪的思维来思考本世纪的事情。为什么？答案很简单，就是因为"天行也"。这说明一切是老天爷在主宰，这不是迷信的说法。对于我们来说，老天爷就是自然。自然规律不会因人而改变，这就叫作天行。这个世界的一切都是按照自然的规律运行的，我们之所以对此感到陌生，只是因为人生苦短，人们不能充分感受到时空的沧桑变化。七百年一次盛衰交替，但是一个人，谁能活七百年呢？所以，天行并不稀奇。

利有攸往，刚长也。利有攸往是有条件的，如果按照自然规律去走，就是有利的。如果违背自然的意志，逆向操作，那就糟糕了。现在全世界都在刮所谓的中国风，都在学习中国的传统文化，吸收中国的古老智慧。只有我们中国人自己还蒙在鼓里，盲目地学习西方，我觉得是很奇怪的。我们年轻的时候，很喜欢西方的文化和技术，但那是不得已，因为那时候如果不懂就没有饭吃。可现在全世界都在向中国学习，向中华文化看齐，你还偏偏去执迷于西方的东西，我觉得是不恰当的。那为什么这个时候会"利有攸往"呢？因为刚长也，阳气已经逐渐地增长了。

复，其见天地之心乎。这句话很重要。从复卦所表现的状况，从复卦讲述的这些道理中，我们可以体会到天地的良心。为什么说天地有好生之德？我们举个例子：为什么树木一到秋天就落叶？正是因为减少能量的消耗，保存自己的生命力以求安然度过寒冬。春天一到，万物复苏，树木枝

第五十三集　剥极而复

繁叶茂，才有利于茁壮成长。这一切无不说明，天地之心就是保护万物的生存，促进万物的成长。我们要悉心去体会这个道理，就像树木一样，因一年四季的变化而得以保存并生长。人类也是随着一年四季的变化，而及时地调整自己的身体。春生，就是一阳来复；夏长，就是蓄养元气；秋收，就启发我们收敛；冬藏，就意味着要知道保存。如此周而复始，人们才会长寿，才会保健。

天地之心其实是在人的内心，不是在外面。所以人只要有良心，就能感觉到天地生人实在是很了不起，就不会有所谓的天地反扑的观念。

天地之心其实是在人的内心，不是在外面。人只要有良心，就能感觉到天地生人实在是很了不起。
——《易经》的智慧

自然界中四季的变化，正顺应了剥极而复、物极必反的道理，而古人则从中吸取经验，总结出春生夏长、秋收冬藏的养生法则，那么，除此之外，还有哪些自然现象与复卦的道理相合？古人又是如何应用这些智慧，指导生活生产的呢？

我们来看复卦的《大象传》，它说：**雷在地中，复。先王以至日闭关，商旅不行，后不省方**。初生的唯一一阳，很微弱，不容易保存，所以要好好珍惜它。我们回想一下：剥卦五阴逼迫一阳，这个阳是抵挡不住的。既然如此，在这么困苦的环境中要保存硕果、精华，唯一的办法就是从上九的最高位置收敛到初九的最低位置，这样才有机会重生。这就像蒲公英的种子，一有机会，就会随风而散。只要碰到土地，就会扎根发芽，又从土地里面钻出来。这就叫作复。

"雷在地中"，寓意尚未打响的雷，它只是作为一股能量蜷缩在地下。老实讲，如果有一点能量就爆发出来，那能量就很不容易聚合。为什么妈妈刚刚怀胎的时候，要叫她安静，不要动了胎气？就是因为刚刚形成

的一阳很微弱，一旦乱动，就很容易流产。

"先王以至日闭关"，"先王"就是古代的那些主政的人。"至日"就是冬至日。他明白，冬至这一天就是一阳来复，因此要闭关。闭关就是全民都休养，不要工作。"商旅不行"，所有经商之人，也不能开门营业。"后不省方"，意即所有的地方首长都不能去省察，不要去扰民。之所以这样，就是因为主政者深知，微弱的一阳要加倍呵护，要爱护处于最柔弱状态的百姓，才会有来年美好的春天。其实现在我们的农历春节原本也是这个意思，即让百姓们养精蓄锐，以待来年的春生。可是现在也渐渐地失去了本意，搞太多的花样，最后弄得自己精疲力竭。这就是逆道而行了。

如同刚种下的种子需要精心呵护才能成活一样，复兴过程中，一阳来复的微弱能量，也需要珍惜。然而现实中的种种诱惑，会不断消耗恢复所需的能量，那么，人们应该如何抵抗诱惑，把握恢复之机呢？复卦的道理，对于现代生活，又会有哪些启示呢？

万物之所以生生不息，在于阴阳两气的交替，并且天地知道保护微弱的希望和弱小的力量。但是我们人类因为世俗的诱惑，很容易弄得自己无路可走。复卦一阳承五阴，是非常困难的。

复卦也告诉我们，一个人可以好学，但不能乱看书。不然的话脑子里装的都是些乱七八糟的东西，这种人就叫不知耻。因为他不知道自己读这种书会给别人留下特别坏的印象。人，不但要好学，而且一定要知耻。要知道顺行，顺而不行，终是无用；要知道顺时以动，就是说要合理地行动。当我们培养心中正气的时候，一定要为所当为。这八个字非常重要。虽说星星之火可以燎原，但它毕竟是星星之火，所以要加倍呵护。如果此时盲目乱动，为所不当为，就糟糕了。三国时代的孔明说：如果一个人病得很衰弱，就只能给他喝稀饭汤。不是舍不得给病人吃鱼肉，而是这个时候吃这些东西，反而会害了他。只能随着病人的病情慢慢好转，才可

第五十三集　剥极而复

以用鱼肉给予滋补。再者，当一个人工作了一天，回到家后非常累，虽然如此，可不可能一到家倒头就睡？这个时候是睡不着的。现在很多夫妻吵架，就是因为先生一回来虽然疲惫不堪，可还是看电视。太太一看就很生气，你不是很累吗，干吗还看电视？先生真是有苦说不出，为什么？因为他这个时候脑筋乱得不得了，你叫他去睡，他根本不能睡着。他看电视其实是醉翁之意不在酒，他只是想借着看电视把所有的烦恼都忘掉，然后静下心来再去睡觉。就像喝醉酒的人，第二天会再喝一口酒，这不是贪杯，而是解酒的方法，这叫以酒解酒。

　　复有复的道理，有它的过程。不是说复就复。我们把这个过程叫作伟大的复兴，接下来我们要分析复卦的爻辞，看看它是怎么从初九一直恢复起来的，所以下一集就讲：复兴之路。

易经的智慧・第五十四集

复兴之路

改过自新的机会，无论对于一个人，还是一个企业来说，都弥足珍贵。而《易经》中的复卦则向人们阐释了，正确利用改过之机的方法。那么，根据《易经》的道理，人们应该怎样做才能彻底根绝过去的错误呢？企业中处于不同职位的人，又该各自秉持什么态度，如何行事，才能使企业复兴起来呢？

第五十四集　复兴之路

我们先请大家思考一个问题：在复卦中，其卦主是哪一爻？一般人可能马上会想到六五爻，因为它是君位。但据我们上集的分析，不难判断，其实复卦的卦主是初九爻。因为此卦的所有希望系于它一身，复卦的整个力道都是由它逐渐展开并表现出来的。如果没有初九爻，它就不叫复卦了。那么，初九的爻辞（图54-1）是怎么说的呢？它说：**不远复，无祗悔。元吉。**

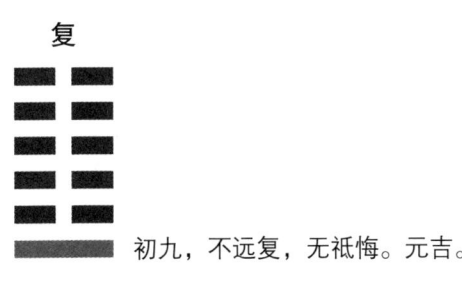

初九，不远复，无祗悔。元吉。

图54-1

这就是说不能偏离正道太远，如果偏离太远了，那么恢复的机会都没有了。太久不复，则恢复的能力就慢慢地失去了。就像我们学习一种知识，如果没有后续的复习过程，过不了多久就会遗忘。那怎么复习才有效果呢？就是要趁热打铁。学习了新东西之后，趁着在忘记之前就好好复习，才能记得牢固。一个人，做错了事情，若不能及时反省，就会一错到底。到最后，就错成习惯了。即使得到别人的提醒，能够猛然惊醒，此时再改也是很困难的。就像一个人开车，一看觉得方向不对，心里就疑虑，是不是走错路了？虽有疑问，可仍旧按照错误的路线一直开下去，最后越错越远。既然一看方向不对，就要马上停车，问问别人怎么走，这不丢

脸。所以，无论做任何事情，只要发现有什么不对，有什么风吹草动，就立马先停下来，等到搞清楚了再走。

所谓"不远复"，就是说犯错之后能够及时反省，或者经别人指点，能够及时地意识到错误。这样，就会"无祗悔"。就是说不至于日后后悔。如果一个人身体不好，可是也不去看医生，一直拖着，等拖到所有元气都耗尽了，再着急着想寻求医治，已然是来不及了。这个时候一定是追悔莫及。所以初九爻告诉我们，既然一阳来复，就要牢牢抓住机会，把握恢复的时机，这样才会大吉。元吉就是大吉的意思。

俗话说"人非圣贤，孰能无过"，而复卦的初九爻，正是劝诫人们要时常反省自己的错误，并及时改正。将错就错，只能令自己丧失改正错误的良机，最终酿成不可修复的恶果。那么，在及时改正错误之时，又应当注意哪些问题呢？

初九虽是当位，但是我们要联系乾卦的初九爻来理解复卦的初九爻。乾卦的初九爻辞是潜龙勿用。所以身为初九，不能认为自己当位，又是阳刚之爻，而不把上面五阴爻放在眼里，就肆无忌惮地乱动。因为一个人尚缺少别人与之配合的时候，就莽莽撞撞地乱动，迟早会后悔莫及的。初九初生不久，人地生疏，在此情景之下就想大刀阔斧地做一些事情，迟早会遇到阻碍。

> 一个人尚缺少别人与之配合的时候，就莽莽撞撞地乱动，迟早会后悔莫及的。
> ——《易经》的智慧

我们举个例子来说，一个武艺很高超的人，他初到一个陌生的地方，准备敲锣打鼓，表演一番。但他会不会马上这么做呢？如果马上做，那就说明他不懂得复卦初九的道理。中国人绝不会这么莽撞。他初到此地不会马上表演,而是先打听一下这里谁的武功最好,平常有什么人在此做武艺表演。然后他会去拜访这个人,说能不能给自己一个机会,跟他学习学习。因为先来者常常是地头蛇,但是既然初来乍到者对他这么有礼貌,地头蛇不但不会打击他,反而会照顾他。他会跟他说,有什么问题尽管找他。但是如果这个初到此地的武师不去拜访这里的地头蛇,就毫无顾忌地表演起来了,地头蛇就会找几个人给他难堪。所以,我们要做一件事情的时候,一定要先看一看整个的环境。大环境允许自己做到什么地步,就做到什么地步,不要一下子就把所有力气都发出来,这样对自己是很不利的。

  初九是有潜力的,只是它刚刚起步,所处的环境对它不利,因为此卦其他五爻都是阴爻,只有它自己是阳爻。所以它必须慢慢跟别人磨合。但是它有一个有利的条件,就是它跟六四爻是相应的(图54-2)。大家想想看,如果把复卦的六四爻变成九四爻,那原先的上地下雷就变成上雷下雷。上下都是雷,就会动个不停(图54-2),这样一来,修复的方向就乱掉了,就不叫修复。修复是必须有方向的,叫作什么?叫作正向,意思就是要恢复到原来正常的状况。而不是说爱怎么修复就怎么修复。如果这样,就不叫复原了。既然初九跟六四相应,受到上面的牵引力,它会很快地往上走。但是身为初九,同时也要记住,自己是潜龙勿用。所以,一方面不要拖,才能及时修复;另一方面不能急躁,要把方向弄清楚,把方法搞清楚,然后循序渐进,只有两边兼顾,才不至于出现差错。

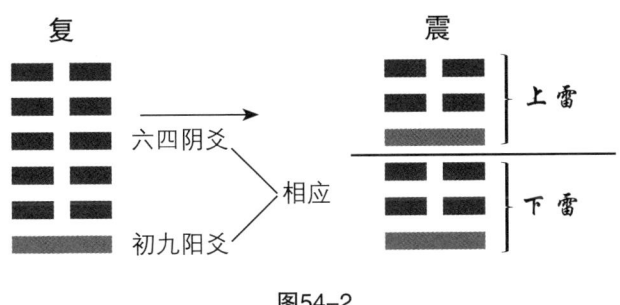

图54-2

  复卦初九爻的小象说:**不远之复,以修身也**。宇宙万物都有一种自我

修复能力。自我修复的意思就是说，阴阳调和是最好的现象，但是阴阳调和这种绝对理想的状况永远不能出现。其实我们中国的中医理论就是建立在这个理论基础之上的。如果身体阴阳调和，那么人就保持健康。但是这是很不容易的，因为实际的状况，不是阳盛就是阴盛。说得再具体一点：阴阳完全调和是非常状态，而阴阳不调和是经常的正常的状态。所以我们才常常要调，时时刻刻要调。举个例子说，你的行为很端正，这是非常状态。如果有人在暗中观察你，或者上级在考察你，你自然而然就想到要好好表现一下，这就是非常状态；只要你一松懈下来，就丑态百出。所以一个人要时时刻刻反省，要时时刻刻修治自己，随时随地把自己的歪念头、邪念头压制、消除掉，不要让它引着你跑得太远，这就叫不远复。只有不远复，你才可以修治你的身体，修治你的念头，让你做一个堂堂正正的人。所以在日常生活中，凡事要注意度，要注意阴阳调和，就像喝茶，不能牛饮；就像吃饭，不能忍饥挨饿，也不能暴饮暴食。凡事适可而止，这就叫修身。

复卦不仅向人们阐释了时刻反省，在正确把握方向方法后，循序渐进的自我修身法则，而且揭示了一个企业在复兴过程中，处于不同职位的不同角色，对于复兴所起的不同作用。其中初九爻作为复卦中唯一的阳爻，自然寄托着企业复兴的希望。那么，代表基层主管的第二爻，在看到复兴的机会时，又该如何行事呢？

复卦六二爻辞（图54-3）很简单，只有三个字：**休复，吉**。

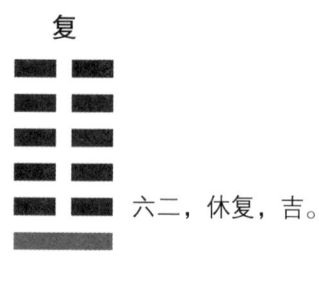

图54-3

第五十四集　复兴之路

"休"有两个解释，一个是休息的意思，它为什么要休息呢？六二本来想把初九唯一一阳干掉的。但是，六二本身与六五不相应，不会受到来自上面的压迫，所以它会暂时停摆一下，考虑一下自己下一步该怎么走。第二个是美善的意思，"休"其实就是美的意思，好好地恢复。虽然六二跟初九一阴一阳，可是它们并不同道，如果初九是君子，那么六二很可能是小人。但是若所有的小人都团结一致，那初九根本就没有用武之地了。幸好六二当位，又身居中位，才会与其他阴爻有所区别。因为居中位的爻多半会找寻合理的途径解决所面临的问题。此时，一方面六二和六四没有应，六四不会强拉它上去；另一方面它又感觉到初九也没有咄咄逼人，表现得很好，那六二就先照顾它，亲近它，所以会吉祥。

从这里我们也可以了解到，好几个卦里面，阳都代表君子。但是君子多了以后里面难免会出现一两个小人。阴一般代表小人，但是小人多了以后里面难免会出现一两个希望之所在的君子。这样才是阴阳互动。不然的话怎么动？如果阴永远是小人，阳永远是君子，那么阴和阳、君子和小人，就截然分离，永远都不配合，永远都不会互动了。我们可以看到复卦这几个阴爻，它们之中有些也不完全是小人，不完全是反制君子的，就像六二。六二的位阶虽然比初九高，但是它发现初九合宜的作风会给大家带来新的气象，所以就亲近它。现在它自己委屈自己，俯身照顾初九，跟初九配合，所以它就吉祥。

六二的小象说：*休复之吉，以下仁也*。六二位居初九之上，它本来是阴凌阳，这对整体来说不是很吉顺，但是六二此时非但没有压制初九的上升，反而有意无意地帮助它，给以足够的空间让这唯一的一阳继续生长，这是很合乎复卦的要求的，这就叫"刚长"。就像一个基层主管，他本来老喜欢拿回扣，老喜欢做一些乱七八糟的事情。可是现在看到一个新进的人员，表现得有板有眼，一切行为都奉公守法，大家对他也很赞美，他就开始反省自己，这就叫复自道。所以复是大情境，每一爻都不断地在反省，才叫复。就像这个基层主管，他一看这个年轻人不错，就自觉地跟他学习，慢慢地改变自己的毛病，并给这个年轻人以充足的发展空间，那以后日子不是更好吗？他有这样的一种起心动念，而且在实际上真正地、恰当地表现出来，所以他就吉顺。

当企业处于复兴时期，每个人都应该不断改正自己的过失，努力使企业恢复积极良好的状态。然而位于第三爻的中层领导，由于与带来复兴希望的新进人员，关系相对疏远，在改正过失时便会遇到很多问题，那么他们怎样才能克服困难，帮助企业更快复兴呢？

六三，是下卦震的最上一爻。此时震的力量就比较小了，因为它离初九又比较远一点，所以其爻辞（图54-4）是：**频复，厉，无咎**。

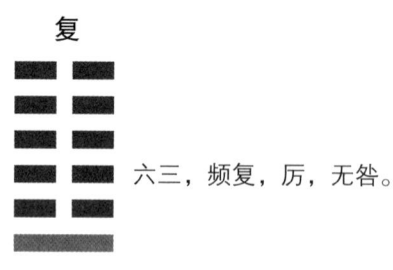

图54-4

"厉"就是有危险，但还是无咎的，这不是矛盾吗？"频"就是眉毛皱起来的样子。有些人就是这样，你还没有跟他讲话，刚想开口，他眉毛就皱起来，这时你是什么感觉？所以，六三是不好相处的，因为大家讲了话，它不一定听；即使听了，也不知有何反应。因此，它身居此位，是很危险的，是"厉"。换句话说，它跟六二不同，六二是很自然地亲近初九，很自然地配合此卦整体恢复的力道。但六三不是，它焦虑不堪，不知如何自处，所以始终皱着眉头。既然这样，为什么会无咎呢？就是因为它后来很快就想通了：我要勉强我自己，既然六二都顺时应势地往前走，主动配合初九了，那我也这样做吧。所以六三的小象说：**频复之厉，义无咎也**。因为六三最终的行为"义"，义就是合乎义理，合乎义理就是合乎自然的道理，所以无咎。

其实这种情况下，很多人会编织很多理由给自己开脱，为自己的行为搪塞。既然和初九不同道，那六二跟它这么亲近就是不对的，但它心里还是很忧虑，老是担心自己迟疑一步，未来的好处会不会全被六二给占了？由此我们可以了解一般人的心理。有很多人看到好的榜样，想学又有所担心：是不是我晚了一点，好处都被人家占掉了？如果是这样，那我还学他干吗？他会犹疑，一犹疑就有危险，幸好他最后会想通：好了好了，既然大势如此了，我就跟着走吧。他是带有一些勉强的。虽然危险，但是如果能够及时醒过来的话，还是可以无咎的。

我们看完复卦的整个下卦，大家应该有一种感觉：叫作震中有顺。初九虽然在震的当中，但是六二顺它，六三也不得不顺它，虽然勉强，它还是顺的。如果不顺，这个雷永远在底下爆发不出来，"复"也没有用。这叫有心无力，有心无力是不能复兴的。所以，具备了复兴的时机，还要有支持它的顺的一股力量。只有这样才能越来越顺，才能顺利地复兴。

无论自愿还是勉强，企业中的普通员工，乃至基层主管、中层领导，最终都积极参与复兴事业，努力帮助企业重修破旧。然而此外，复卦上卦三个爻所代表的职位分别是什么？他们对于企业的复兴，又各自秉持着什么态度呢？

如果说下卦是动中有顺，那么上卦就是顺中有震。上卦三爻里面唯一跟下卦相应的就是六四爻。它跟初九是相应的。所以，六四反应的因由跟六二、六三不同。六二爻是因为它跟初九很接近，看得很清楚，所以赶快抓住机会顺着它动；六三爻虽然搞不清楚，但是它会觉得好像大势所趋，所以勉强接受。可是六四不一样，六四和初九是有感应的，它知道自己要主动，而不是勉强。所以六四的爻辞（图54-5）说：**中行独复。**

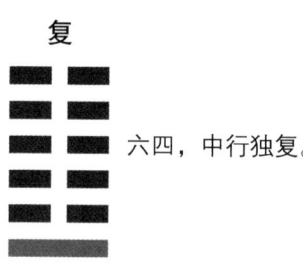

图54-5

中行独复,复卦整个卦一共有五个阴爻,而六四阴爻正好在五个阴爻中间,所以虽然群阴都在动,但是六四因其特殊的位置,从而秉中道而行,但它之所以叫"中行",是因为六四有自己的一套合理的标准,同时坚持走自己认为正确的道路,最终走向"复"的正道。

其实,它这样反而很自由,因为它的情况跟其他四个阴爻不一样。大家看,一个公司里面,身为六四的部门经理如果发现基层员工有新气象,它会很高兴。如果基层员工有好建议的话,它也会很快接受。所以,六四阴爻的小象说:*中行独复,以从道也*。

我们在复卦象辞里面讲"朋来无咎",就是初九阳爻的朋友一起来了,它就没有咎了。可是现在,六四阴爻是"独复"。它既跟上面两爻不同道,也跟下面两爻不是朋友,它只是坚定地走自己的路。所以,我们可以看到,六四爻辞既没有说吉,也没有说凶。这种情况,就是要你自己看着办:路你要自己选,责任也要自己来负。

我们刚才分析过,一个经理听到基层员工有好的建议,他马上采取。至于能不能得到总经理的支持,不知道;下面的部属会不会支持他,也不知道。由此可见,他这么做是冒了极大的风险的。因为身为一个经理,竟然把上司和下属撇在一边,能够容忍一个基层员工提建议,甚至还马上采用,这样做会让身为上司的总经理和自己手下的部属都没有面子。这就是以从道也,意思就是说你是按照正确的道理去走,是不可能凶的,所以这句爻辞里没有凶。但是也不能保证你就一定得到上下同人的支持,所以也不

第五十四集 复兴之路

能说吉。你自己只要按照你认为正确的去做，其他的就不必顾忌了。

六五的爻辞（图54-6）说：**敦复，无悔。**

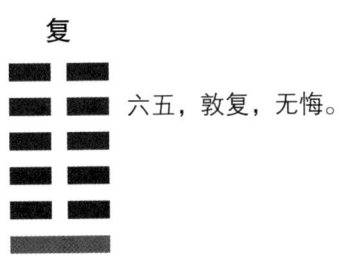

图54-6

"敦"就是敦厚的意思。为什么说敦厚就会无悔呢？一个公司的老板，当"复"的时机到来的时候，你应该带头让大家快速地复兴，结果你没有，因为你很软弱。但是你也很敦厚，你心里想：我虽不能带头，但也不会反对自己的下属做"复"的努力。既然没有尽到责任，当然就不会"吉"。但同时你又很敦厚，并没有反对甚至阻挡复兴的势力，所以虽没有"吉"但也"无悔"。

六五的小象说是很清楚：**敦复无悔，中以自考也。**六五处于上卦之中，但它自我反省，觉得自己的力量不足，认知也不足。由自己来做领导也不知道会产生什么效果。这种情况下，遇到要"复"的情景，自己只好采取观望的态度。既然如此，整个卦复兴的力道是不够的。但是六五自己很敦厚，它允许大家去恢复正道，一点也不去阻挠，这就很了不起，所以它最终是无悔的。

复卦中六四和六五两个爻，虽然代表的职位不同，但二者都因为秉持中道，而选择了支持复兴或者允许复兴的做法，那么企业的复兴是不是马上就要成功了呢？为了最终达到复兴的目的，作为复兴事业最后一环的上六爻，又该避免怎样的错误做法呢？

上六的爻辞（图54-7）是：迷复，凶，有灾眚。用行师，终有大败。以其国君凶，至于十年不克征。

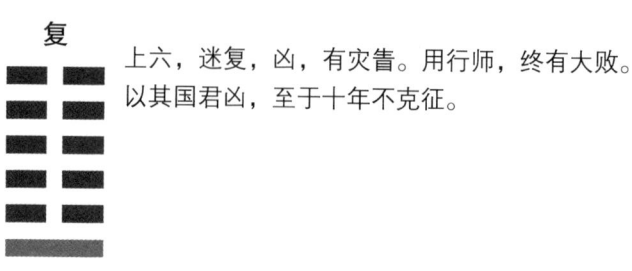

图54-7

你看整个卦爻辞就数上六这个爻最长，就表示它非常有问题。为什么"迷复"呢？"迷复"有两个意思：第一种是认为复兴是件好事，样样要复兴，没有一样不复兴，以至于太迷于复兴，这当然是凶；第二种是说上六完全活在过去，对下面复兴的趋势毫无所知，这可能是因为上六自己人也老了，气力也衰竭了，或者它离初九太远了的缘故。所以，它总觉得这也不对，那也不对。这就是迷复。不管是哪种情况，都会有灾眚。天然的灾难叫灾，人为的灾难叫眚，有灾眚就是上六这种态度，要么执迷于复兴，要么昏庸到什么都不知道，迟早会遇到天灾人祸，结果一定是凶了。

在这种情况之下，你还用来行师，想要用武力改变现况，你必然是失败的。而且是大败，不是小败。以其国君凶是什么意思？就是说这种行为可能甚至于会把六五都拖下水，都受到连累。因为六五不知道要怎么做，如果你强大到要用武力，要兴师动众来改变现在的状况，六五也会受你的影响，最后脱不了干系。后面还有一句更严重的，叫作至于十年不克征。不克就是不能，十年就是长期。你这种情形会一拖拖到十年，都没有办法得到解决。

上六的小象说：迷复之凶，反君道也。为什么迷复会有这么大的凶祸呢？因为你违反了为君之道。因为为君之道是要顺应民意，是要顺应大众的需求的，只有这样你才能领导他们走上正道。如果大家都感觉到身体不

第五十四集 复兴之路

好,都需要恢复,你就给他们一点时间,让他们多休息,去恢复。而你这个时候要把他们征召起来,要他们做大的工程,或者其他什么繁重的劳作,那最后不是累死,就是官逼民反。历史给予我们的教训,叫作使民以时。你要求老百姓来做什么事情,这个"时"很重要。因为有"时"才能复。做君王的人也一定要有"复"的观念。我们把上六小象跟复卦的大象呼应起来,就可以看得很清楚。为什么大家在冬至这一天都要休息,连商旅都不行,连做首长的都不能下乡去考察民情?就是因为你会烦劳大家。其实凡遇宇宙人间发生大变动之时,大家应该尽量地保持安静,不要乱动会比较好。现在过年过节,每个人暴饮暴食,寻欢作乐,搞得自己精疲力竭,其实都是不合适的。适可而止才是正道。

恢复元气也要慢慢来,不要急,知道毛病所在你就心安了。然后一步一步去改,一步一步去调整,就比较容易走上恢复的大道。越急反而越达不到好效果,你看有很多人身体不好就想尽办法,吃药、保养,甚至于过度锻炼,结果表面看一时好起来了,实际上会更糟糕。我们可以举个例子,人会累是正常的,但一累就吃那种提神的东西,迫使自己重新振作起来,当时看起来挺好,实际上最后只能是猝死。现在猝死的人越来越多,实际上就是过劳死。

要循序渐进地恢复正道,但是也不是样样都恢复。因为有很多事情跟时代已经脱节了,你不能再盲目地全盘恢复。大家都知道全盘复古不行,全盘否定也不行,我们从复卦可以体会到这一点。因此我们要恢复正道,唯一的办法就是用至"诚"来感化,而不是用强制的手段,不然的话只能是适得其反。下一集我们来谈无妄卦,很多人对无妄卦是有误解的,认为是无妄之灾。其实无妄是告诉我们至诚感化的道理,所以下一集我们来谈:无妄而正。

易经的智慧・第五十五集

无妄而正

自然界的万事万物，人世间的各种矛盾，都是发展变化着的，稍不注意，人们就可能遭受意想不到的祸患。这正是《易经》中无妄卦给我们的警示：人要摒除妄念，坚持正道，加强自身修养，这样才可能避免无妄之灾。那么，到底什么是无妄？我们又当怎样运用无妄卦的道理，从而实现无妄之后的大畜境界呢？

第五十五集　无妄而正

一个人白天工作，晚上就要休息。因为白天把精力都花光了，晚上就必须补充。其实，人的生命就是消耗能量的过程。为什么我们在讲复卦的时候，不断地说要正，要恢复正道？因为同样在消耗能量，如果你的所作所为是合乎正道的，那当然是有利于社会人群；如果你的所作所为是不好的，是邪道，那还不如不消耗的好。我们可以考虑一下：孔子的学生，贤者七十二，为什么会单独地把颜回尊称为复圣？颜回不可能不犯过错，可是他能"不远复"，只要犯了错，他马上就意识到了，并且马上采取行动加以修正。为什么同样犯错，颜回就能马上知道呢？就是因为他能不断地反省。不断地反省，不断地改善，不断地走正道，结果会怎么样？结果很自然地就走上无妄卦（图55-1）。无妄是什么意思？人们一听到无妄，都是有点皱眉头的。因为大家想到无妄之灾，本来不是自己的过错，结果惩罚降临到自己的身上，这算怎么回事呢？其实不是这样，无妄卦告诉我们：要避免遭受无妄之灾，这才是此卦的本意，这才是正道。

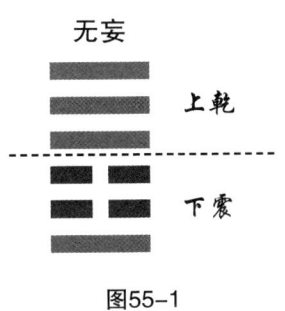

图55-1

我们怎么才能避免无妄之灾呢？唯一的办法就是无妄。只有无妄才能避免无妄之灾。那"无妄"是什么意思？无妄就是没有妄念，没有妄行，而最要紧的是修口德，不妄语。人最大的毛病就是喜欢乱讲话，乱讲话就叫妄语。我们常看到，有些人不说则已，一说话就把人呛得够呛，因为他说出来的话实在太难听了。一句坏话一旦说出来，人家就会传来传去，之后大家都会看你不顺眼，就会骂你。大家骂来骂去，迟早会产生讼。但是如果我们要想自我提高，培养良好的品德，就应该把讼的方向调整一下。自讼，就是自己讼自己。

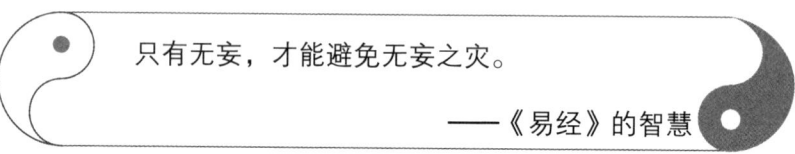

只有无妄，才能避免无妄之灾。
——《易经》的智慧

曾国藩最大的成就，就是他不断地自己跟自己打官司，而很少跟别人打官司。他老是觉得自己这样不对，那样也不对，所以不停地修正自己，培养自己的品德。他的一生都是在实践无妄卦。他天天跟自己过不去，但这个过不去是好意的，这意味着他能不断地修身，不断地积德，最后一点没有妄念。他其实有足够的实力可以把皇帝推翻掉。但是他没有动这个妄念。即使大家怂恿他，说曾公你很了不起，完全可以再登高一步。他却有自知之明，说：你们少来这一套，少来害死我，我压根就没有这种念头，这就叫作无妄。

俗话说：天有不测风云，人有旦夕祸福。无妄卦正是在告诫人们，做人要坚守正道，不能有过分的念头，更不能不修口德，以免遭受无妄之灾。要想避免无妄之灾，那就需要做到无妄。那么我们应当怎样做，才能达到无妄的境界呢？

无妄卦的卦辞说（图55-2）：*无妄，元亨，利贞。其匪正有眚，不利有攸往。*

第五十五集　无妄而正

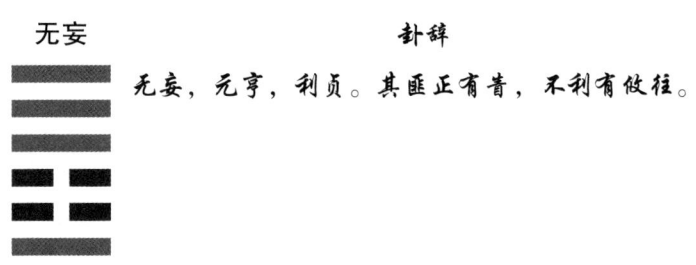

图55-2

我们看到此卦一开始就列出四大美德。跟乾卦一样。元亨，利贞，一开始就很亨通，同时又很守正，所以就没有什么不利。那么，下面还有必要讲吗？在我们看来已经没有必要了，因为现在的处境已经很美满了。可是，不行，下面还是要讲，因为它毕竟不是乾卦。乾卦的元亨利贞是没有条件的，而无妄的元亨利贞是有条件的。它的条件是什么？"其匪正有眚，不利有攸往"，既然是元亨利贞，为什么还不利有攸往？这不是很矛盾吗？没有。关键就在于"其匪正有眚"，眚就是眼睛有毛病，可以扩而大之，理解为有祸患。

我们在讲复卦的时候，已经介绍过：天灾叫作灾，人患叫作眚。"匪"是什么意思？匪就是"非"的意思。匪正，就是说一个人如果不正的话，就会有祸患。

虽然是无妄，但是，免不了会犯些无心之过。但无心之过也是过错。所以，一个人有时候不守正道，其实自己是没有意识到的。这就叫不知不觉做坏事。这种情况是很糟糕的。

更糟糕的是，很多人是好心做坏事。他原本是好意，可是一出口就惹是非，做坏事。可见，没有坏心尚且如此，只要有一点点不正当的想法，他就走上歪门邪道了，就一定离祸患不远了。所以在这种情况之下，是不利有攸往。

所以，人在福中要知福，在无妄的环境里面，要少动歪念头。一动妄念，处境就会不利的。就像我们一天吃三餐，平平淡淡，身体就很健康，

如果这样一直走下去，就会元亨利贞。但是，现在吃三餐还不够，还要吃夜宵；吃粗茶淡饭还不满意，非得搞些山珍海味，这就说明，你已经"匪正有眚"。如果这个时候妄言乱动，都是不利的。可见，无妄卦不是很容易就能做到的。

生活中的很多小事，稍不注意就会变成祸患，因此，我们需要时刻践行无妄卦。无妄卦的卦辞告诉我们：要想一开始就很亨通，就要坚守正道，不能有妄念，否则就可能招致不利的结果。然而要做到无妄，避免无妄之灾，也并非那么容易。那么，无妄卦的象辞又是教我们怎样做的呢？

无妄的象辞说：*无妄，刚自外来，而为主于内。动而健，刚中而应，大亨以正，天之命也。"其匪正有眚，不利有攸往"，无妄之往，何之矣？天命不佑，行矣哉？*

"刚自外来"，就是说有外部力量约束着自己。我们看整个卦象，可以想象成它原本是否卦（图55-3）。否卦为上乾下坤，上天下地。现在下卦的地来了一个阳刚之爻，就开始把否消掉了。所以，一个人非常倒霉的时候，不妨多想想无妄卦。即使现在一直否塞不通，也不必灰心丧气，而是要赶快想办法，让一阳复来，把初六爻变成初九。如果你能够做到这点，那就转变成无妄了。刚从外来，为主于内，为什么这么说呢？就是因为下卦震是内卦，上卦乾是外卦。雷震卦的初九爻是卦主，因为物以稀为贵，两阴一阳，阳为主。这样一来，就很容易理解了：作为阳刚的一阳爻从外而来，变成了内卦的主爻。此象看起来就是动而健。动而健的"动"是什么意思？就是不为所动。人家装扮时髦是人家的事，人家追逐流行是人家的事，我坚持自己的选择，走自己的路。其实现在很多人，自己明明过的是好日子，非得追风扮俗，非要模仿人家，最后搞得自己乌烟瘴气。这就不是动而健了。"动"就是不为所动，而且能够持久，自安于现在的处境，才能妄念不生。

第五十五集　无妄而正

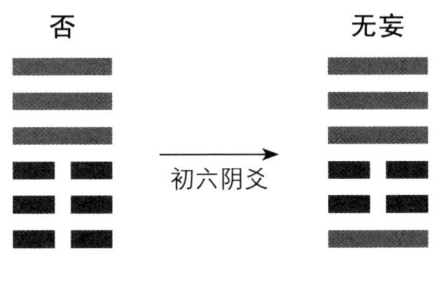

图55-3

"刚中而应",无妄卦的六二跟九五两爻,它们是一阴一阳,是相应的。所以上卦的刚中九五,相应于下卦的柔中六二,就叫刚中而应。

"大亨以正",只要你走正道,你就会亨通,这就是天之命也。天是自然,这是自然的道理。世界万事万物不能盲目乱动,万事万物也无不中道以行才得善果。西瓜生育正常的话本来是椭圆形,如果突然之间长成长条形,你会不会觉得有点害怕,有些不可思议?柚子原本长得圆圆的,突然之间长成乒乓球大小;稻穗本来是垂首向下的,可是现在不停地往上窜长;蚂蚁成群结队地搬家;蚯蚓统统钻出土地。一句话,所有原本正常的事情一下变得不正常了,我们就知道天灾来了。只要自然界脱离中道,都会使人们惊恐不已。

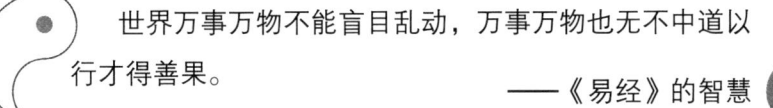

世界万事万物不能盲目乱动,万事万物也无不中道以行才得善果。
——《易经》的智慧

现在很多人无论做什么都喜欢与众不同。其实与众不同并不是不好,如果一个人立志培养高尚的品德,精进自己的学问,力图在这方面出类拔萃,这没什么不好的。相反,会大亨。可是现在,人们舍本逐末,反而从太疯狂的发型、奇装异服上显示自己的特立独行,甚至于以狂言乱语博得人们的注目。这是狂妄之至。这根本就不是无妄,而是狂妄,是迷妄,当

然不会大亨。因为大亨有一个前提条件,就是"大亨以正",这才是天之命也,这就叫天命。

"其匪正有眚,不利有攸往",如果我们不守正,乱作主张,我们就要小心了,这样下去任何的动作最后都是不利的。我们这样说并没有否定创新,我们的意思是,在一切都上轨道之后,你还要乱动,就会出问题。

"无妄之往,何之矣","之"就是到的意思,既然一切都很合理,一切都很正常,自己没有妄念的时候,你还要跑来跑去,你要到哪里去呢?

"天命不佑,行矣哉","天命"是什么?天命就是先天带来的人生规划。老天不保佑你的时候,你行得通吗?当然不能。就这么简单。所以大家可以想想,如果人的计划很顺利,最终很成功,那就是符合你的天命,就是先后天相配合。虽然每个人的先后天都不一样,每个人的生活规划都不一样。但是无妄是一样的,因为无妄代表一个人很挚诚、很虔诚地把事情做好。他很守本分,自己不会乱来,别人怎么乱动是别人的事情。再者,对于别人的事情,我们不一定搞得清楚,没法做出判断,我们只要能把握住自己、自己做好自己的事情就了不起了。同时,我们也需要小心陷入另一个极端。社会有社会的规律,一个时代有一个时代的风俗。不要别人说非要打破这个风俗,采取创新,而自己偏偏反其道而行之,偏要保守可能过时了的东西。这也是一种狂妄。

我们常常讲:"人自有天命。"无妄卦告诉我们,人的一生,要想顺乎天命,就需要有很好的自我约束,不能因盲从他人而迷失了自己,更不能违背规律。那么从无妄卦天上雷下的卦象来看,我们又需要注意些什么呢?

无妄卦的大象说:*天下雷行,物与无妄。先王以茂对时,育万物。*

"天下雷行"是什么意思?就是雷不停地在天下运动。我们可以把它倒过来念:叫作雷行天下。这里打雷,那边也打雷,到处都是雷声隆隆的。所以,天下的万事万物都很害怕,很惊惧,都不敢妄为。到处布满了

第五十五集 无妄而正

雷,谁敢乱动呢?就像一个军事禁区,外围布满了地雷,你敢到处乱闯吗?这种卦象告诉我们:此时此地都是危机,做什么都得小心翼翼才行。

"物与无妄",处此情景,万物都不约而同地说,在这种雷声隆隆,到处都潜藏着危机,我们应该反省自己,应该安分守己,应该按照规律去办,不要妄动。所有的物都是这种惊惧的心理,何况人呢?因此接下来就讲:"先王以茂对时,育万物。""茂"就是茂盛的意思。什么时候茂盛才合适?就得看天时的情况。天时适合茂盛的时候,我们就茂盛;天时不适合茂盛,天时要我们收敛的时候,我们就要收敛。一年有四季,天时变化无穷,所以必须参天时以行。

大家现在可以看到,很多植物,都感觉不到天时是怎么运转的了。因为天时也乱了。我们生活的时代,已经不是无妄的时代了。我们什么时候能够恢复到无妄的时代,就什么时候才有大畜的希望。不然大的储蓄是不会出现的。现在人们了不起就是有点小的积蓄。随着信用卡的流行,人还有什么储蓄呢?在把钱赚到之前就已经花掉了,根本没有储蓄。出现这种情况就是妄念太多。所以,没有无妄是不可能有大畜的。

现在我们再回头看一下序卦传。它说:**复则不妄矣,故受之以无妄**。一个人真正懂得了复卦的道理,他就知道了克己,复礼,归仁。他就晓得了自己要不断地、好好地反省自己,恢复正当的道路,然后大家才能天下归仁。你以仁对我,我以仁对你,你把我当人看,我也把你当人看,这样大家就不会动歪脑筋,然后就无妄。无妄以后才有可能大畜。这是一步一步演化、循序渐进的过程。既然无妄卦出现了,你就要好好去守住这个无妄的形势,就要好好地去培育万物。意思就是说,无妄的时候,正好是培育人才的时候。只有在无妄的时候把人才培育好,将来大畜出现的时候,才自然有人才可用。

《易经》告诉我们,无妄卦是实现从复卦到大畜卦的必要条件,即恢复正道以后,需要杜绝妄念、积蓄力量、培育人才,从而实现大畜的盛况。然而要做到无妄念,并不是一蹴而就的事情。那么,我们应当怎样从

生活的细节当中,去培养无妄的习惯呢?

人有脑筋,可以随时产生各种不同的念头。所以无妄是非常难得的。那么,人们应该怎么做才能达到并保持无妄呢?就是要有敬畏之心,这敬畏之心就是外力,就是老天。所以,为什么无妄卦是天雷之象?用天雷就是告诉你,无妄之路是步步维艰,到处都是艰难险阻,一不小心就会出问题,然后你自然知道要敬畏天命,要敬畏圣人之言。这种敬畏之心、谨慎之心慢慢变成了习惯之后,你就对那些偏离正道的东西避而远之,对不正当的念头有所提防,这样日复一日,最后就可以达到无妄的状态。

我们今天常常讲,提高自己的修养,其实最高的修养就是无妄了。无妄就像头脑的开关,能够凭此控制自己的行为。我们可以看到小孩的自控能力是很弱的。刚开始还笑眯眯地跟父母要糖吃,一旦父母没有满足他的要求,立马大哭起来。这就是不能自控。大人有时候也控制不了自己。譬如说,一个人通常十二点钟吃午饭,如果哪天到了这个时间竟然没有吃的,他就会乱发脾气:为什么不给我准备饭菜?这种人就是没有修养。你想要什么就能立马得到满足吗?这是不可能的。这种人也不懂需卦。"需"就是要你等待呀。你不能想要什么就有什么,想什么时候要就什么时候要。这就说明,你的妄念,你自己也控制不了。所以我们说:人要含蓄,不要一有什么欲念就马上表现出来,这是很幼稚的,这跟小孩有什么区别?就像有些人,想到什么就说什么,实话实说,有话直说,这叫口无遮拦。一个口无遮拦的人,人人都会敬而远之。

人要提高自己的修养,而最高的修养就是无妄。
——《易经》的智慧

我们再举一个例子:现在很多高楼都配有电梯。你可以观察一下,只要电梯的门一开,等在外面的人还没等里面的人出来,就不顾一切地往里

第五十五集 无妄而正

冲。这种人就是没有修养。你急什么呢？要先出后进才对嘛。有些人喜欢大声讲话，我就奇怪，他以为别人都是聋子吗？只有自己听不到自己声音的人，才会这么高声讲话。有些人在接电话的时候也喜欢高谈阔论，完全不顾及旁边人的感受。他也不想想，一旦旁边有不怀好意的人窃取你的信息，这就坏了。人不但要讲话文明些，而且要时刻保持一种警觉性。

比如，一个人坐车无聊，正好看到一个小女孩，就拼命逗她，拼命跟她开玩笑。想不到后来她会跟你一起下车，这时你也没有太在意。再以后，你发现她竟然是你正要去拜访的一个重要客人的孙女，这时你会不会后悔？你不后悔才怪呢！因为你走了以后，他们一家人就会讲，你在车上怎么开玩笑，怎么耍宝。年纪那么大，还不知轻重。最终，你这次算是白跑一趟，什么事情也没办成。可是事后你也会辩解，说自己怎么会想到这么多。

随时随地都是天下雷行的状况，你怎么不提高警惕呢？天下事都是无巧不成书。你可能会问怎么这种事情刚好被我碰上了？因为天时、地利、人和你都齐备了，本来可以元亨利贞的，但是你偏偏不利有攸往，只能怪你自己了。所以，我们千万记住：人是自然的一部分，我们的所作所为一定要符合自然的规律，不是说自己想怎么样就怎么样。

无妄卦天下雷行的卦象在警示我们：在生活当中，我们需要时时刻刻自我约束，不能有虚妄的想法和歪门邪道的念头。那么，在当今科技发展日新月异的网络时代，我们又需要注意些什么？实现无妄卦的最好办法又是什么呢？

我们现在所处的时代是网络时代，网络时代的无妄卦代表什么呢？其实网络时代的无妄卦，就是为官之道。我们发现，一个官员有任何轻举妄动，很快就会疯传网上，你也不知道是谁干的，等你反应过来想采取措施减小影响时已经来不及了。因为大家都知道了。为什么网络的普及会使得那么多人害怕？就是因为你的所作所为随时都可能在网上被曝光，你想躲也躲不掉。这就叫万人所视，万人所指。所以我们生在网络时代，就是一种天下雷行的状态。大家都知道，现在马路上到处都是摄像孔，到处都是录音机，让你无处躲藏，迟早原形毕露。这就告诉我们，科技越发达，人类越没有隐私，无论何时何地，一定要谨慎。在天下雷行的社会里，到处都是隐而不显的制衡力量。

我们读《易经》，千万不要死守成文。如果只知道背诵，即使天天学习，也是没有用的。我们要好好从这个卦象去想一想。无妄卦象，初九爻是阳，上九爻也是阳，上下阳爻把中间两阴爻包了起来。所以，如果把阳爻看成人的理智，那么阴爻就是人的感情。无妄卦就是告诉我们：人要用理智来克制自己的感情（图55-4）。不能被自己的情欲、想象、妄念所击倒、打败。一旦妄行，到头来一定无路可走。所以此时此刻，最好的办法还是反求诸己，自己使自己达到无妄的状态。但是人不能完全达到无妄，因为人只要一眨眼，念头就成百上千。所以，我们退一步讲，只好用自己的理性来指导自己的感情。让自己的所作所为都能够顺其自然，养成良好的习惯。这就叫无妄了。

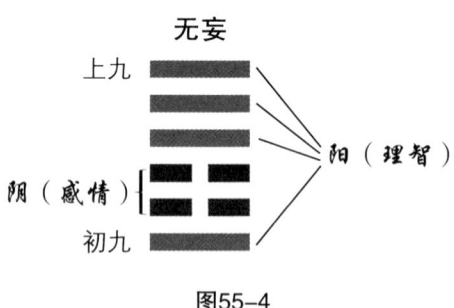

图55-4

接下来，我们就来分析无妄卦的六爻，看看它们是怎么演变的。所以下一集就讲：避祸成事。

易经的智慧・第五十六集　避祸成事

任何事情的变化发展都不可能是一帆风顺的，而《易经》中的无妄卦，则向我们阐述了如何成就事业、避免灾祸的方法：那就是要坚守正道、摒除妄念。然而要做到无妄念，也并非那么容易，还需要从无妄卦六个爻的细节出发。那么，无妄卦的六个爻，又各自代表了什么？我们应该怎样运用其中的道理去修炼自身，从而顺利地达成心愿呢？

第五十六集　避祸成事

在无妄的大情境当中，我们必须要做到没有妄念，这是相当困难的事情，为什么？因为懂得这个道理的人不多，懂得了又能够真正实践的人就更少了。有人把无妄当成了无望，理解成没有希望，其实两者之间是不一样的。后者实际上是自己放弃自己，是消极的；但是前者则很积极，它告诉我们：既然好不容易有修炼成无妄状态的机会，就要好好珍惜，以期自己能真正达到这种情景。其实，世界上有太多的人，终其一生都在努力地修行，培育自己无妄的品德，可是很少有人能真正达到无妄的境界。所以，我们需要好好探讨一下无妄卦的六爻，看看它们是怎么发展演变的，能够给我们什么有益的启示。

无妄卦的初九爻辞（图56-1）很简单，它说：**无妄，往吉。**

初九，无妄，往吉。

图56-1

初九怎么会"往吉"呢？无妄卦的彖辞不是说"不利有攸往"吗？它不是告诉我们不要轻举妄动吗？其实，初九的往吉，有一个前提条件，就是人的心中要没有妄念，能中正平和，很真挚、很诚恳，然后再往前走，才不会出错。初九这一爻，一者它当位，二者它是阳刚之爻。所以只要你

实而不妄,很实在,很守本分,一切照规矩办,一步一步往前走,就不会有错误。所以它就告诉你:"无妄,往吉。"这个情景用今天的话讲叫作心想事成。

我们可以多想一下这个问题:为什么人们有时讲心想事成,有时却讲事与愿违?刚刚规划好事情,然后马上行动,一鼓作气就做成了,这就是心想事成。可是大多数情况下,还是事与愿违的。我们一旦有什么愿望,不但实现不了,而且把自己推向了相反的境地,使自己蒙受截然相反的后果。其实,我们懂得了无妄卦之后,就明白为什么会出现这种情况。只要一个人的心意、心愿不是虚妄的,而是很真诚的,最后大致会成功;可是当一个人心头起妄念,处事的动机里面包含太多自私的欲望,太多邪念时,那么到头来总会遭受失败的后果。所以,要想往吉,就必须首先保证自己的心态端正,心意纯正。只要内心纯阳不杂,无论怎么行动都是极其顺畅的。

> 要想往吉,就必须首先保证自己的心态端正,心意纯正。
> ——《易经》的智慧

初九小象说:**无妄之往,得志也**。得什么志?就是按照自己的志愿,以无妄的心态和精神去行动,当然会得到很好的结果。这就是我们所期待的。

无妄卦的初九爻告诉我们:只要我们怀着刚正的信念去行动,多半会心想事成。然而在现代社会,却有很多人,在行动之前就开始过分地关心事情的结果,反而经常事与愿违。孔子曰:"尽人事而听天命。"这也正是六二爻对我们提出的基本要求。那么在六二爻当中,这些要求具体又是如何呈现的呢?

六二爻辞(图56-2)提出了更加具体的办法,教导我们怎么才能做到

第五十六集 避祸成事

无妄。它说：**不耕获，不菑畲，则利有攸往**。

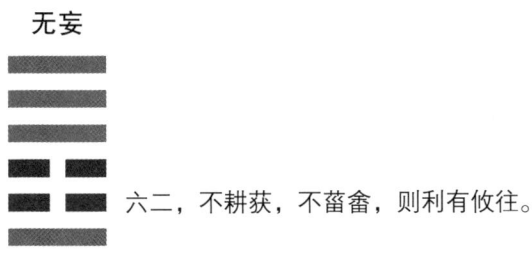

六二，不耕获，不菑畲，则利有攸往。

图56-2

"不耕获"就是说，当你耕种的时候，就专心致志于耕种，不要去想能收获什么东西、收获多少。我们今天常常讲一句：只问耕耘不问收获，这其实就是"不耕获"。该播种的时候就播种，而不刻意盘算收成。其实现在很多人，做一件事情之前，通常考虑的是能从中得到多少好处，能赢利多少，能获得什么名誉，而不是想这件事是不是义不容辞，当为则为。其实这都是空想，都是妄念。就算考虑这么多，就算盘算来盘算去，就一定算得准吗？就算事前知道结果，那么对事情又有何助益？假定盘算之后，觉得无利可图，就不去做了吗？因此一句话，人最终还是尽人事而听天命。所以，我们当耕种则耕种，义所当为则必为。就像公司的基层员工，先好好把事情做好，不要整天老担心老板会不会按时发工资，整天担心物价，老是这么想，非但无用，迟早会遭受无妄之灾。

"不菑畲"，这就说得更形象了。它是说，一块刚刚开垦完的土地，它非常贫瘠，不太可能长出什么好的作物。但即使如此，也要下种。然后施肥浇水，好好耕作一年，这块土地就会慢慢变得肥沃了，这是需要时间的。可是，现在人们并不这么想。他们寄望很高，渴望今天下种，明天丰收。这是不可能办到的。一个人把刚刚开垦出来的贫瘠土地当成了良田，希望能获得可媲美良田一般的收成，到头来只能是自寻烦恼。所以，"不耕获，不菑畲"，用现在的话来讲，就叫作急功近利了。利有攸往，或者不利有攸往，完全决定于我们自己。如果凡事只问耕耘不问收获，就利有

攸往；如果总是想不劳而获，过分看重结果，就是不利有攸往。就像这块土地，只要根据地利劳作，不要抱持太高的希望，就是利有攸往；如果期盼可以不施肥不浇水而大获丰收的好事发生，就是不利有攸往了。这里面存在着一种因果关系。

现代人不相信因果循环，把它当成了一种宿命论，才把自己搞得疲惫不堪。孔子曾经说过：尽人事而听天命，就是不耕获，不菑畲。只要尽自己所能即可，把结果当成一种自然而然演化的成果就可以了。可是，现在很多人偏偏把这个因果关系搞反了，总是单凭结果来断定一个人的努力程度。那是非常不正确的观念。我们要记住，都是先耕耘才有收获，一分耕耘未必有一分收获，我们要以平和的心态接受这个事实。

六二的小象说：**不耕获，未富也**。一个人没有虚幻的、不恰当的想法，只立志去做自己该做的事情，而且能够无怨无悔地把它做好，就对了。如果说一个人总是怀着一种虚妄的目的去做一些事情，其结果一定是妄念丛生。这就不是无妄了。

举个例子：如果一个人怀着一种平和的心态去买股票，赚多赚少无所谓，那他就没有什么压力；如果怀着非常强烈的逐利心理，过分使用杠杆效用，甚至于本钱都是由银行、朋友处借来，那这个赌注就下大了。你就会渴望股票一直涨下去，因为不涨，甚或一跌，你就完蛋了。这种心态，这种心思就是妄念，就是妄想。所以，使用多余的钱去投资，不在乎股票的涨跌，就会利有攸往；但如果是借款投资，甚至投机，渴望一夜暴富，渴望在最短的时间内得到第一桶金，那就不是无妄了。

无妄卦的六二爻告诉我们：一分耕耘才会有一分收获，急功近利只会招致不好的结果，这也就是六三爻所讲的"无妄之灾"。那么，究竟什么是无妄之灾？我们怎么做，才能避免遭受无妄之灾呢？

无妄卦六三爻辞（图56-3）说：**无妄之灾，或系之牛，行人之得，邑人之灾**。

第五十六集　避祸成事

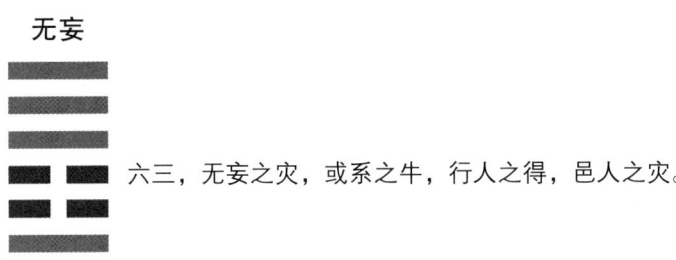

图56-3

六三直截了当地告诉我们，会遭受无妄之灾。为什么？就是因为"或系之牛，行人之得，邑人之灾"。这三句话很简单，但里面有一个很丰富的故事：一天，有一个人把自己的牛拴在马路旁边，然后去买东西。就在这么短暂的空歇，又来了一个人，他看到路边的牛无人看管，同时拴牛的绳子松松的，他就顺手把牛牵走了。我们有个成语叫顺手牵羊，这次是顺手牵牛。牛的主人买完东西之后出来一看，牛已经不在了。他马上就意识到：一定是住在附近的人把自己的牛给偷走了。其实牛不是被当地人偷走的，而是被外来人顺走的。"邑人"是当地人，"行人"就是外来的人，可是这个外来人到底是谁，谁也不知道。但是因为牛的主人是在当地丢失了自己的牛，所以当地的人就很容易蒙受不白之冤。这真是百口莫辩的事情。

所以，虽然当地的人没有妄为，没有做什么错事，可是突然遭遇飞来横祸，这就叫无妄之灾。你会觉得自己很倒霉，本不是自己的过错，非得算到自己的头上。可是你能够埋怨偷牛的"行人"吗？这个"行人"会想：白捡的便宜，不偷白不偷，而且此地的风气一向很差，即使自己偷了，最后也算不到自己的头上。他多半是这么想的，所以"邑人"实在是没有办法。

六三的小象说：**行人得牛，邑人灾也**。途经此地的外来人，平白无故地得了一头牛。而牛的主人却因为一时的疏忽大意，就丢掉了自己的一份很大的资产。而整件事情，最倒霉的却是当地人。什么事情都没有做，可是就是被人家误会，蒙受不应有的冤屈，甚至会败坏当地人的名誉，让别

人以为这个地方的人很差劲,这不是飞来横祸吗!

一个人没有犯什么过错,结果却遭受灾难,蒙受不白之冤,实在是太冤枉了。但是,我们学习了《易经》,你还会觉得冤枉吗?其实没什么好冤枉的。如果当地人有守望相助的好习惯,怎么会让这件事情发生,怎么会让人家误解?当地人应该想到:牛的主人可能因为太相信我们,可能因为一时的疏忽大意,将牛轻轻一拴就去办事了。如果当地人有警惕心,那就应该帮着他把牛看好了,一旦看到陌生人想偷牛,就加以制止。可是现在你什么也不管,凡事一推,说这不关我的事,和我没有关系,这怎么行呢?孔子曾经告诫过我们:凡事要多反求诸己。就是说,我一定还有什么没有顾虑周到的,我一定还有什么没有设想周全的,结果才发生了这种事情,要反躬自省。

大家可以看看,当你骑着一个脚踏车去买东西,东西买完了,结果脚踏车不见了。你会问是谁偷走的?所有的人都会说是"行人"偷的,"行人"就是现在所说的外乡人。大家都是这样,一旦发生事故,都把责任推得一干二净,这样就永远不会长进。作为本地人,你应该告诉他:你太大意,但是我们也不够小心,我们共同来努力,找出这个脚踏车到底到哪去了。你这样一说大家都心平气和。如果只是推来推去,到头来没有一个是好人。所以我们懂得了无妄卦,就应该记住:推来推去就表示每一个人都有过错。但如果有一个人首先站出来承认说,这是我的过错,立马就会有人站出来跟你说,不是你的错,这是我的错。只要大家都觉得自己有责任,每个人就都没有责任了,事情也会很愉快地得到解决。

只要大家相互承认都有过错,每个人都分担一点责任,就会防患于未萌,即使发生了某些事情,也会很快得到解决,这就不会有无妄之灾了。六三,位居下卦震的最上面一爻,叫作震之极。我们读《易经》也会看到,有的地方叫震之末。看起来奇怪,其实都很合理。如果卦象是上地下雷,那么,我们可以解释六三跟初九相距太远,而上面又是顺坤,最终震动的力量变得很小了。可是现在无妄卦是天下雷行,其上卦是天。天是很刚健的,越震越厉害。所以,在《易经》中,同样一件事,可能有截然不

第五十六集 避祸成事

同的解释，就是因为外部的大环境不一样了。在这里，我们要推己及人，要多替这个行人想一想，为什么他会埋怨我们，是不是我们哪些地方做得不尽如人意？

我们再举一个例子：一个人发现自己的佩玉丢了。这时，他看到一个人无缘无故蹲下去绑鞋带。于是就怀疑是那个系鞋带的人捡的，而且大家都一致认为是他捡到了，但实际上他只是蹲下去系鞋带呀。这就是不白之冤。所以，以后大家要注意，不要随便蹲下系鞋带，那太危险了。你要系你的鞋带，最好喊几个人。你说："哎，你们等一等，我鞋带松了。"找几个见证人再系嘛。如果没有别人的话，那你就勉强一点，走到合适的地方，再去系。

我们有一个成语叫作瓜田李下。如果你经过人家的一片西瓜田，而且敢蹲下去绑鞋带，那就很容易被人怀疑你是在偷瓜。你站在一棵李子树下乘凉，不一会儿人家就会怀疑你是在偷李子。这有什么办法呢？谁让你不知道避嫌呢？所以不该站的地方不要站，不该蹲的地方就不要蹲。否则就很容易招惹无妄之灾。这就是六三爻给我们的最大教训。

无论是顺手牵牛的故事，还是瓜田李下的传说，都是在告诫我们：无妄之灾往往会发生在一些特定的环境当中，这使得我们很难防范。然而读了《易经》，我们都会知道，凡事总会有解决的办法。那么接下来的九四爻，又是如何给我们指点迷津的呢？

看完下卦以后，我们紧接着来看上卦。一般来讲，下卦是一个人内在的修养，而上卦是外在的环境。大家现在看到九四爻，它是不当位的。因为第四爻是阴位，它现在是阳居阴位，而且它跟初九又不相应。可是九四的爻辞（图56-4）很好，说：可贞，无咎。

九四,可贞,无咎。

图56-4

这是什么意思?就是在无妄的大环境里面,只要你能够很正固,并没有虚妄的念头,不管你当位不当位,最终会无咎。可见一切都是靠自己,不管别人怎么样,也不管相应不相应,只要一个人只问耕耘不问收获,该做的就去做,不该做的绝不做,绝不过分地思前想后,自然就是无咎的结果。

九四小象说:**可贞,无咎,固有之也**。

可贞,为什么无咎呢?因为固有之也,就是说原本天生就有的。人的本性本来就是有良好的德行。你看小孩子,他会吵吵闹闹,但是他很少动歪脑筋。你不会去想象一个小孩子会去偷人家东西,因为他不会。天地良心这种固有的本性,我们叫作:人之初,性本善。只是后来受到不恰当的启蒙,受到太多的诱惑,才养成很多歪念头。很多恶毒的邪念,都是慢慢养成的。

因此我们要记住,做事要凭良心。一切只问应该不应该,而不是随自己的心意喜欢不喜欢。现代人最大的危机,就是只问喜欢不喜欢,不问应该不应该。如果一个人只凭着自己的兴趣、凭着自己的喜欢,爱怎么做就怎么做,任意妄为,迟早会受因果报应的,这不是迷信,而是自己逼着自己走投无路。因为一旦像这样的人一多,你不让他,他不让你,最终会两败俱伤,没有良性解决之道了。

> 我们做事要凭良心。一切只问应该不应该,而不是随自己的心意喜欢不喜欢。
> ——《易经》的智慧

第五十六集 避祸成事

无妄卦的九四爻，向我们展示了哲学上内因和外因的关系。也就是当我们身处不好的外在环境，只有加强内心的修养，根固自身无妄的信念，才有可能化险为夷、躲过无妄之灾。那么对此，无妄卦的九五爻，又是如何进一步解释的呢？

无妄卦的九五爻辞（图56-5）说：**无妄之疾，勿药有喜。**

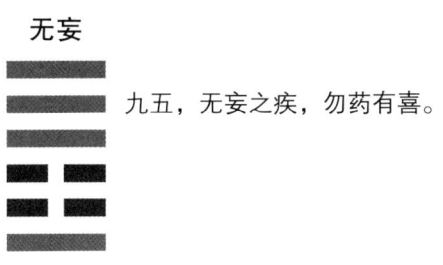

图56-5

一个人只要没有坏念头，就算有什么小毛病，也没有必要去吃药，自然会好。这是什么意思？就是说如果没有存心不良，如果动机很纯正，就算有一些小偏差、小过失，也没关系。别人也不会怀疑我，也会相信我。然后我很快就会恢复正道，这个就叫作勿药有喜。勿药有喜就是说，不要很着急地去跟人家道歉，到处向别人解释：我这是无心的。其实你越紧张，大家会越怀疑。别人会想：如果你真的没有这个动机，你又何必这么紧张兮兮的？你看很多人，老是跟人家道歉：我真的没有坏心，你不要怀疑我。最后没有人会相信他。

一个人内心越充实，他的语言越少。因为他认为我本来就没有什么过失或者不当之处，如果你执意要误会我，那就随便你好了，反正我自己也没有什么好损失的。但是有很多人喜欢小题大做，一而再、再而三向人家解释，以表自己的清白，最后反而适得其反。这就叫作礼多必诈。这就表示此人心里很空虚，不然为什么要这样呢？凡是过分强调自己有信用的人，就表示他常常在骗人；凡是一再强调自己做事情很细心的人，就说明

他很粗心，他是大而化之的人。

 凡是过分强调自己有信用的人，就表示他常常在骗人；凡是一再强调自己做事情很细心的人，就说明他很粗心。　　——《易经》的智慧

无妄之疾，不是真的生病，而是说即使我很诚挚，用心纯正，也免不了会有点小偏差，小过失，就算别人会误会自己，也不必太多解释，我好好去调整就好了。用实际的行为来修正自己的过失，比用言辞去解释，要好得多。

九五的小象说得很清楚：**无妄之药，不可试也**。因为小毛病会不治自愈，根本无须用药。人的身体是有复原，有自我修复的能力的，这一点我们在复卦里面已经讲过了。小小的毛病，我们就让它自己恢复，这样身体的抵抗力会增加，免疫力会提高，最后你可以迎接更大的挑战。比如，我们现在都知道，小感冒是不用吃药的。可是你忍不住，不但吃药，而且赶紧去打针，用药物去抵抗体内的病体。最后弄得自己的身体一点抵抗力都没有，身体每况愈下，这样是不对的。复卦讲七日来复。修复需要一个周期，不必着急。你所需要做的就是多休息、多喝水就行了。

无妄卦的九五爻告诉我们：当我们的内心世界很纯正、很清静了，大多数的小问题小毛病都会自然地恢复正常，我们没有必要去小题大做。这样也就会更加接近无妄的境界。那么当我们真的无欲无求了，是不是一切都会一帆风顺了呢？无妄卦的上九爻，又让我们注意些什么呢？

无妄卦的上九爻辞（图56-6）说：**无妄，行有眚，无攸利**。

第五十六集　避祸成事

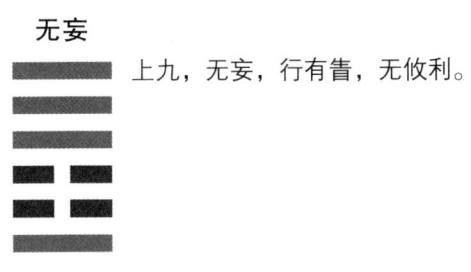

图56-6

此卦的卦辞说"匪正有眚",就是不走正道才有灾难,现在已经表现在行动上了,所以叫作行有眚。这句话告诉我们,物极必反的现象是很普遍的。无妄之极虽然是"无妄",但是也是错误。所以上九小象说:**无妄之行,穷之灾也**。即是说一个人沿无妄之道走到穷途末路了,最后当然只能是灾难。

就像有些人,谦虚之极。钱财等身外之物,我不与人争,一遇不同的意见,我不与人多讲,这样下去,该争取的不争取,该发表自己意见的时候不发表,可谓是无妄之极了。可如此下去,你自己还有存在的价值吗?最后还有饭吃吗?所以,无妄也不全然是好。你要很谨慎,要很冷静,要判断无妄到什么地步才合适。因为人毕竟要生存、要生活,就要有各种正当的欲望得到满足,不然连自己的生命都保不住,还怎么无妄呢?

耕作的时候,一方面我们要只问耕耘不问收获;另一方面也要慎选种子,使用适应的方法进行深耕细作。这两方面都是需要注意的。但是,现在很多人都以享乐为最高的人生目的与追求。可是,这些人根本不懂得什么叫快乐。人生至乐,人生大乐,就是大畜卦。大有储蓄,大有人脉,大有资源。所以,人应该先做到无妄,然后自然会走向一个人生大有的境界。所以,下一集我们就讲:大畜德行。

易经的智慧·第五十七集　大畜德行

经济的发展，社会的安定，家庭的祥和，是我们实现美好生活的重要前提。而这些方面，也恰恰反映了《易经》中大畜卦所展现的境界。那么，究竟什么是大畜，它与小畜的区别在哪里？为什么在发展事业的过程中要随时注意适可而止？我们又怎样正确运用大畜卦的道理，从而达到人生至乐的大畜境界呢？

第五十七集　大畜德行

我们现在最热门的争论焦点，就是要不要发展经济，答案是当然要。可是经济的发展，似乎一定会破坏自然环境。所以大家就感到既疑惑又为难：到底是环保重要，还是经济重要？其实这是一个如何在两者之间取得平衡的问题。我们可以认为，无妄卦就是环保，大畜卦就是经济发展。无妄卦和大畜卦这两个卦，它们是相综的（图57-1）。从这边看，是大畜卦，它代表需要发展经济；从另一边看，它是无妄卦，代表环境保护。我们看到《序卦传》里面就讲得很清楚：**有无妄，然后可畜，故受之以大畜**。如果没有无妄，你根本就蓄积不了。我们看当下，就会发现现在社会没有什么大的积蓄可言。地球上物种大量地消失掉；越来越多原先可供食用的东西，现在都不敢吃，这都是事实。为什么？因为我们没有无妄。我们都是妄想、都是狂妄，所以就进不了大畜卦。有无妄，然后可畜，而且这个畜，是大畜，不是小畜。我们看到大畜卦，就马上想到：《易经》里面有大畜，也有小畜，但是哪个排在前面呢？当然是小畜在先。只有先有了小小的储蓄，你才可能有大储蓄。一般情况下是不可能一下子就变得富有，变得大畜的。由此可见，《易经》中的卦名也不是随便取的。

图57-1

大畜卦的下面是天，天就是乾。一讲到乾，我们会马上想到一句话：君子以自强不息。自强不息就不停地运转、行动。老实讲，一个人要有大的储蓄，要靠谁啊？如果靠天，恐怕很难。因为天只是给我们时机而已。它只给我们机会，只有我们自己充分利用这个机会，才可以发展出大畜。所以君子要自强不息。你要不断地去实践、去实行，要真正一步一步走出来。可是，《易经》告诉我们，做一件事情，要考虑一个大的原则，就是应当不应当。

> 《易经》告诉我们，做一件事情，要考虑一个大的原则，就是应当不应当。
> ——《易经》的智慧

我们看到山天大畜，就要马上意识到下面的天，其寓意就是，行所当行。万一走错了，还是不能大畜；走得太快了，也很危险。而上面的山则告诉我们，要止所当止。所以当我们经济大发展的时候，应该谨记这两句话。行所当行，就是不管从事哪行哪业，你都要走正常的道路，你都要保持正当性；应该止的时候，要适可而止。只有这样，我们才能够长保富贵，这才是人生的至乐。

大畜卦山上天下的卦象启示我们：在经济迅猛发展的今天，人既要有自强不息的进取精神，又要能够做到适可而止。人们必须遵守自然规律和社会规律，摒弃人定胜天的妄念，这样社会才会安定，生活才会吉祥。大畜卦的卦辞，正是告诉人们如何去营造一个安定、有序、和谐的大环境。那么它具体是如何阐述的呢？

大畜的卦辞（图57-2）说：**利贞，不家食，吉，利涉大川。**

第五十七集　大畜德行

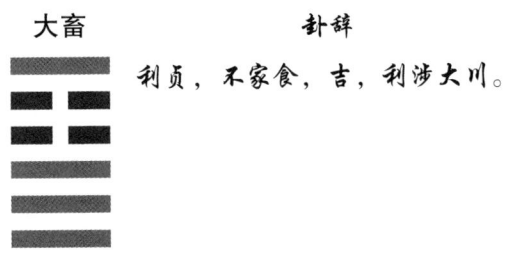

图57-2

这里讲得非常清楚，它没有讲元亨，只讲利贞。因为元亨这种状态，不是单凭人力就能够创造出来的。小的积蓄是靠人，而大的积蓄是靠天。这并非迷信。如果一个人想成为百万富翁，那他根本不必问天，他只要好好努力就行了；但一个人要变成亿万富翁，那他就要问问老天了，不是说努力就能成功。所以，元亨是上天赐予的，而不是单靠人力决定的。

这里的"不家食"是什么意思呢？如果从字面上解释，就是不要在家里吃饭。那么一个人不在家里吃饭，就是经常在外面吃了，那就糟糕了。那是不是意味着去揩别人的油呢？是不是意味着到处去奉承别人呢？

有很多小孩子，曾经一度地、一再地希望说：爸爸回家吃晚饭。为什么？因为爸爸早出晚归，小孩整天看不到他，虽然他有爸爸，就好像没有爸爸一样；虽然他有一个完整的家庭，但他觉得好像是破碎的。这对于小孩子比较单纯的思想来说，有爸爸跟没爸爸，感觉是没什么不一样的。而且爸爸常常在外面吃晚饭，花天酒地，败坏社会风气，造成很多社会问题。如果爸爸回家吃晚饭，社会自然和谐，家庭自然祥和。那为什么《易经》告诉我们"不家食"？可见"不家食"不能解释成不在家里吃饭。"不家食"的意思就是，不要让任何有才能的人在家里吃闲饭，这样解释就对了。如果你没有才能，那没有办法；如果你有才能，你就要出来做事。但是有一个前提条件，就是整个社会要有一个很和谐、很安定、很有秩序的大环境。

只要大家都有正当的工作，都能得到工作机会，都能够把自己的才能

充分地表现出来,这个社会的经济发展必然是蓬勃的、正常的、正当的。这里"正当"跟"正常"还是不太一样,它含有"吉祥"之意。如果每个人都处于失业状态,都只能待在家里游手好闲,那这个社会怎么能持续发展呢?所以,不家食,就是让有才能的人都有工作的机会。用经济学的词语说,就叫作降低失业率,只有这样我们的社会才会吉祥。

"利涉大川"的意思就是说,每个人都能找到工作,都能充分发挥自己的才能,在这种状况之下,是有利于自己和社会的发展的。在这里,"利涉大川"的"大川"可以代表国内贸易,可以代表国际贸易,也可以代表其他生意,它无所不包。

经济发展,社会和谐,是我们每个人所希望的,同时也是大畜卦在现实生活中的体现。降低失业率有利于实现社会的吉祥,然而,要真正达到大畜的境界还远不止如此,我们还需要从大畜卦的象辞中领悟更为具体的细节。那么,象辞又告诉我们哪些道理呢?

大畜卦的《象传》说:大畜,刚健、笃实、辉光。日新其德。刚上而尚贤,能止健,大正也。"不家食吉",养贤也。"利涉大川",应乎天也。

"刚健""笃实""辉光",是三样不同的东西。

"刚健"讲的是下乾。大畜卦的下卦是天,天就是乾,乾就是刚。"刚健"表示什么?表示它的原动力是很强健的,其基础非常稳固。

"笃实"是指上卦。大畜的上卦是山,是艮。艮代表的含义是适可而止。因为能够适可而止,所以它很充实,很实在,而不是盲目地扩张。盲目扩张的后果是很不好的,因为搞到最后,很可能人才缺乏,资金也周转不灵,最后一塌糊涂。今天我们做什么都讲求速度,都想快、更快地向前推进工作。对此我也没有全盘反对。但是我们要分清楚,有些事情要快,有些事情则不妨从容一些。如果是高端科技的发展,就必须讲求速度,这种事业非快不可,因为一慢就可能被淘汰了。但是不能以这种特殊事情的标准作为普遍的要求,有些不适合快速工作、快速完成的事情,按部就班

第五十七集　大畜德行

地进行就可以了。可是现在很多人，老是以自己局部的、很专业的、很偏狭的经验，施之于其他的性质不同的工作。你是好意没有错，但是这样做会害死多少人？分析任何事情，我们都不能以偏概全。

一个人基础很稳固，又很有冲劲，同时知道适可而止，而不盲目扩张，就容易获得很大的荣耀和成就，这就叫"辉光"。

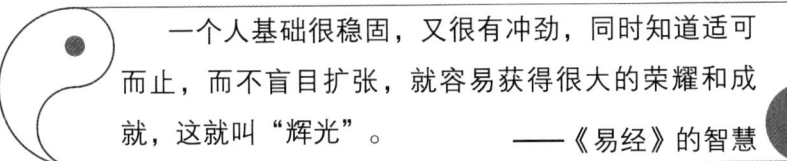

一个人基础很稳固，又很有冲劲，同时知道适可而止，而不盲目扩张，就容易获得很大的荣耀和成就，这就叫"辉光"。
——《易经》的智慧

"辉光"这两个字从哪里来？我们知道，"刚健"有下乾做基础，"笃实"有上艮做基础，那么，"辉光"是不是也有一定的依据呢？答案是肯定的。如果把大畜的初九爻放到此卦最上面（图57-3），就可以看到，整个卦象上面两个阳爻，下面两个阳爻，中间两个阴爻。如果在上中下各去掉一个爻，就变成了上面一个阳爻，下面一个阳爻，当中一个阴爻。此卦就变成离卦了，离卦就代表光辉。

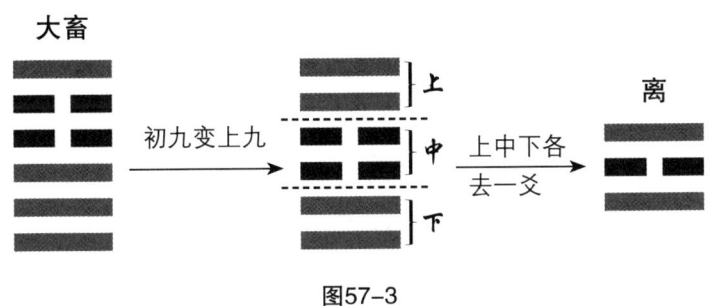

图57-3

"日新其德"，老实讲，我每次看到"新"，都会心惊胆跳。因为现在，我们有一个很不好的习惯：凡事求新求变。这种担心是合理的，因为我们现在已经自食其果了。为什么现在食品也乱，休闲生活也乱，凡事都

有一种乱的感觉？就是过分追逐求新求变，新到最后、变到最后，变成四不像，谁都不知道那是什么东西。

中国人通常讲"新"，不仅有新旧之意，还有改善图新之意。所以，凡是讲"新"，一定要跟"旧"联系在一起，这样才安全。这就叫一阴一阳之谓道。如果没有把旧有的东西抓住，就盲目地去创新，迟早会吃亏的。老实讲，创新的过程可能是一分钟的事情，但是一旦产生某种恶果，要收拾起来就不是一日之功那么简单了。有时候，创新的结果并不是显而易见的，这需要时间。万一几年之后，其恶劣的结果才显现出来，那大家都跟着倒霉。

"日新其德"就是要与时俱进，使旧有之事物不断地得到改善，使之越来越合理，这就叫"德"，这才叫德。

"刚上而尚贤"，"刚"怎么会在上面呢，刚不是在下吗？此卦山天大畜，天明明是在下面。但大家不要忘记了，上面的艮山也代表"刚"。上面的艮山，它是两个阴一个阳，是阳卦，阳卦就代表"刚"。所以，"刚健"和"刚上"是两回事：刚健是指乾卦，刚上是指艮卦，指山。"刚上"的意思是说，一个人觉得自己很了不起，谁都不放在眼里，那就糟糕了。"尚贤"就是崇尚贤能。江山代有才人出，各领风骚数百年。人才是一波一波地成长起来的，如果后来者没有真才实学，社会也不会进步，个人的努力之功也微乎其微。所以，我们的希望寄托于未来的年轻人身上，所以要尚贤。

现在有很多人，稍微有一点成绩，就自以为了不起。总是夸夸其谈地说：对于这件事情我最内行了。如果大家又捧他一下，他就开始目中无人，开始不尚贤了。有很多人，觉得自己赚的钱多，别人都比不过，最后因骄傲自大，很快就垮了下来。所以，一个人"刚上"，还要能够尚贤。

"能止健"就是说，一个人能干是不错的，但也要具有"止所当止"的智慧，把自己的功业推到合适的地步。现在的情况是"老子创业儿败家"。为什么会这样？就是因为，做父母的把事情推过头了，搞得子孙没有事情做，饭来张口衣来伸手，变成不知奋斗为何物的享乐族。再者，为

第五十七集　大畜德行

什么现在很多年轻人很早就泄气，变得不思进取？就是因为他们的长辈过度开拓，把资源花光了，把机会占尽了，把好处都拿走了，那年轻人努力还有什么用呢？所以"止健"是什么？"止健"就是知足、守分。一个人知道"守分"才能"大正"。"大正"就是至大的正道。只有走至大的"正道"，才能够得到人生最大的快乐。

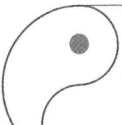
一个人知道"守分"才能"大正"。"大正"就是至大的正道。只有走至大的"正道"，才能够得到人生最大的快乐。
——《易经》的智慧

一个人享受过多的美食佳肴，肠胃会不适，撑得难受。如果把剩下的好饭好菜放进冰箱，其营养就会慢慢地流失。那应该怎么办呢？最好的办法就是拿出来跟大家分享。所以，既然中年人已经得到了很多机会，创造了很大的事业，接下来，就要给年轻人机会，多多照顾他们。这就叫回馈社会。为什么叫"不家食，吉"？就是说，如果给贤能的人机会，自己本身就会吉利。

既能厚养又能大用才叫大畜。如果只知道厚养自己，那就不叫大畜了。因为就算家财万贯，万一碰到一个败家子，财产很快就败光了，这是不可避免的因果。

"利涉大川"，为什么会利涉大川呢？因为应乎天也，就是合乎天道。自然的道理本来就是这个样子，日中则昃、月盈则亏，就像一口缸，如果积满了水，它自然会溢出来。所以大家可以想象得到，为什么原本很有钱的人，朝夕之间一下子就垮掉了？从穷光蛋变成富翁比较难，要是从有钱人变成穷光蛋，只需要弹指之间，这是很快的事情。所以，一定要顺从天道。"利涉大川"，就是应乎天，顺乎自然。你按照正道去走，它一定会帮助你很顺利地、没有后遗症地开展你的事业。这样一来，我们就可以知道：环境保护跟经济发展，有一个平衡点。我们要把无妄卦跟大畜卦

连起来看一下，思考一下：它们两个之所以会相综，一定有其道理。

《易经》中的大畜卦告诉我们：盲目地创新、盲目地求快，只会事与愿违，甚至造成严重的后果；而崇尚贤能、安守本分，懂得适可而止，才会有助于成就事业。然而在现代社会，越来越多的人，开始变得紧张、忙碌、自私自利，这究竟是为什么？面对这样的现象，大畜卦的大象又是教我们怎么做的呢？

大畜卦的《大象传》说：**天在山中，大畜。君子以多识前言往行，以畜其德。**

大家可以想象一下，天空是非常大的。山虽然也很大，但是跟天比，它毕竟是微不足道的。山再高再大，也有一定的范围和界限，可是天却无边无际。辽阔无垠的天空竟然藏在比其小得多的大山之中，可见这是不可能的事情。但是《大象》之所以说天在山中，即是说，天好像装在山中，你朝这个角度去想就能得到启发：你的气量有多大，你就可以拥有多大的事业；你的气量有多小，就表示你的格局始终不可能大。一切都是决定于你自己。

> 你的气量有多大，你就可以拥有多大的事业；你的气量有多小，就表示你的格局始终不可能大。一切都是决定于你自己。
> ——《易经》的智慧

"君子以多识前言往行"，什么叫多识？就是说要多有见识，但从哪里得到见识？所谓的"前言往行"就是说前人的言论，过去的行为，就是历史。所以，要有见识，就必须多读历史。中华民族最了不起的地方，就是非常重视历史。我们每个人都知道，老祖宗的所作所为，是值得我们去好好欣赏的。记住，是欣赏，不是评鉴。现在人们动不动就评判对错，这

第五十七集　大畜德行

是不恰当的。你自以为比古人强,自以为了不起。这是你的幻想,只是事后诸葛亮,而且以一斑之见评价全豹,难免不失其真。我们读历史,不是为了妄加评论古人的言行,不是去记忆死人的名字,不是记忆已经变迁了几十次的地名,这都是无用之功。我们读历史,是要读出其中的道理,所以叫"多识"。

"以畜其德",如果能通过读历史达到多识的效果,最终会提高自己的品德。所以大家现在慢慢清楚了:小畜是储蓄财物,而大畜是储蓄德行的。那为什么小畜在前面,大畜在后面?老实讲,一个人,如果连饭都吃不饱,肚子饿得咕咕叫,让他去修养自己的德行,是不大可能的。一定要衣食足,然后才能知礼仪,这才是自然的道理。

我坐飞机,有时候因为方便,有时候为了赶时间,也会坐头等舱。可是我坐头等舱的时候,有一种感觉,就是坐头等舱的人,其行为是非常奇怪的。有的人一登机,二话不说,蒙头大睡。一直睡到飞机下降,这就表示他太辛苦了,肯定是没日没夜地连轴转,所以只能趁着坐飞机的一点时间休息一下,不然实在是支持不了了。他们做人做得非常辛苦。这是第一种人。

第二种人一登机就开始说话,他们虽然一路讲个不停,但讲来讲去都讲钱。都是有能力坐头等舱的人了,还是一天到晚,口不离钱,这说明这个人一辈子只能小畜,他根本不可能大畜。但是他不了解这一点,他也根本不了解自己。所以,人最要紧的是了解自己。《易经》就是帮助我们了解自己的。现代人的毛病是什么?就是心理失衡,就是肤浅、紧张、忙碌、急功近利。就是因为有了这四个毛病,人们分析事情时就很肤浅,没有一点深度。还有的人喜欢道听途说,觉得哪个人讲的都对,根本没有自己的定见,这是可以预料到的。没有根基的人,怎么会有定见呢?

很多人整天忙忙碌碌,总是忙得不可开交,他们总是不能静下心来思考事情。因为脑筋根本就不够用。最后忙到身体负荷不堪,以至于生病,直到此时,才在那里叫苦连天。他们之所以有此苦恼,患此病恙,统统是因为四个字:急功近利。这种修养不够深厚的人,应该多看看大畜卦。大

畜卦给我们的启示有四个字：高、深、远、久。只有格调高一点，站得高一点，你才能看得远。不然你怎么看得远呢？站得高，你自然看得远。可是如果只是看得远，但却很肤浅，不够深刻，这也是不够的。所以一个人的思想要深刻。只有这样才能达到看得久的程度。其实这个"久"是最难得的。可长可久才是真正的快乐。现在很多人，只是快乐一时。就像有些人，他只有打球的时候快乐，一不打球就不乐了；有些喜欢跳舞的人，一跳舞就精神百倍，好像一下子年轻了20岁，可跳完了就不快乐了。这就是离卦给我们的启示，你的快乐是附着在有形的东西上面的，所以一旦离开，就没有快乐可言了。真正的快乐，是发自内心的。

懂得大畜卦的人绝对不会自私自利，不会只顾自己。所以有一句话很能体现大畜卦的这种思想境界：得天下英才而育之。就像孔子授徒，虽然弟子三千，但从没想过从中得到什么好处。孔子之所以值得我们钦佩，就是因为他真正做到了大公无私。他培养弟子就是为社会大畜英才。

在快节奏的现代生活中，很多人开始变得急功近利，盲目自私。在这样的心态下，他们不可能得到真正的快乐，只会落得疲惫不堪的后果。之所以会这样，是因为他们还没有真正领会大畜的意义。那么，大畜究竟有着怎样的意义？所谓大畜的境界，在现实生活中，又是怎么具体展现的呢？

大畜最起码有两层意义，大家一定要好好去揣摩揣摩。

第一层意义叫作大畜积。它就像水库。水库的目的当然是蓄水，当在必要的时候，也能够及时地把水排泄掉。

第二层意义叫作大畜止。你能够大储蓄，你可以有很好的行动和作为，但是同时你知道适可而止。如果水库只能积水，不能排水，最后我们只能把它炸掉。因为不如此，就不能保证安全。一个丧失了泄洪功能的水库就像一个定时炸弹，是一个潜在的危险。万一什么时候发生灾难，住在水库下游的人都要倒霉。实施爆破，则控制权操之在我，水往哪个方向流都可以预料；但若它自己崩溃，灾难是不能预料的。

第五十七集　大畜德行

我们一定要有这样的意识：事物的发展过程当中，一定要尽量地去蓄积。不管人才也好，不管资金也好，凡有用的东西都要蓄积，因为你没有蓄积到相当的分量，是做不了什么事的。现在大家一想到做事情，就提出资金一定要到位。其实这谁都知道。一个人有一百万，基本上做不了多少事情；有两个亿，也只能做到一定分量的事情。为什么越有钱的人，负债越多？今天，如果一个人自己没有钱，但是他能够向银行贷最多的钱，我们就觉得这个人有本事。银行都是很势利的，对于那些可靠的、需要钱应急的人，它往往不借；可对那些不甚可靠，同时腰缠万贯不急需用钱的人，银行反而跪着求着让他们借钱。这就说明，天时在那些人身上，不在穷人身上。

大畜就是要自己培养自己，培养到银行派人来跟你商量，跟他多借一点钱的时候，就算大畜了。一个人很刚健，基本的条件就是他的身体硬朗，他的人脉广泛，他的各种资源还不错。这还不够，他还要有一种可靠的信用。别人借钱给他，不用担心他会跑掉，也不用担心他会垮掉。要不然谁敢把钱贷给他呢？所以，一个人要时刻修养自己的品德，要坚守自己的信用。

一个人光是储蓄一些财务，其实没有什么了不起。你要储蓄的就是你的信任度，让人家感觉到，跟你这个人打交道不会吃亏，然后你才可长可久。因此，真正懂得大畜卦的人就明白：我们一生一世最值得努力的追求，就是把自己变成一个德高望重的人。但是，作为至今还籍籍无名的小辈，也不要自卑，一定要奋起直追，争取达到大畜的境地。所以，下一集我们就讲，人怎样才能一步一步达到大畜的状态，叫作：慎始敬终。

易经的智慧 · 第五十八集

慎始敬终

《易经》中的大畜卦告诉我们，要想成就事业、实现人生大乐，不仅需要积累足够的财富，更需要修炼良好的德行；而修炼德行，并不是一蹴而就的事情，还需要我们认真学习大畜卦的每一爻。那么，大畜卦的六个爻，又给我们哪些具体的启示？我们又该怎样运用其中的道理，赢得事业的发展、求得内心的安宁，从而享受到真正的大畜之乐呢？

第五十八集　慎始敬终

我们把大畜和小畜两个卦（图58-1），仔细比较一下。为什么风天只是小畜，而山天就是大畜呢？我们可以从卦形中去体会。风天小畜，它全卦只有一个阴爻，这就表示它所能储蓄的东西、赖以储蓄的空间并不大。而山天大畜，它全卦有两个阴爻，就表示它能够储蓄的空间比小畜卦大得多。我们从这里可以受到启发：一个人的肚量有多大，他的事业就有多大。

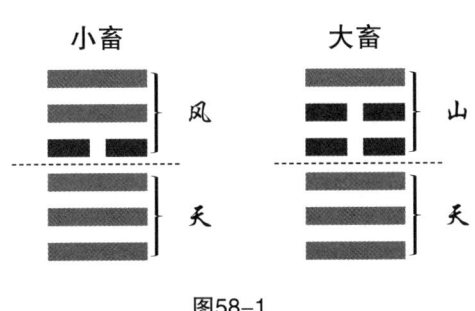

图58-1

当年，刘备辛辛苦苦地三顾茅庐请孔明出山的时候，是有点担心的。他心里想，曹兵来势凶猛，而孔明又年纪轻轻，没有作战的经验，到底靠不靠得住呢？此时，孔明只跟刘备讲了一句话：你给我多大的信任度，我就给你多大的表现。孔明讲了以后，刘备没觉得他夸大其词，相反立刻把代表权力的印信跟剑拿出来，用行动来告诉孔明，我百分之百相信你。你就大胆地做主，大胆地当家好了。孔明一旦获得了刘备的信任，就把他平生所学，从小到27岁所储蓄的本领，一下子都展现出来了，这就叫大畜。

但是，如果你没有那个分量，没有那个能耐，没有那个财力，也没有足够的资源，即使获得了别人的信任，也不能有什么大作为。大畜，是要靠一步一步蓄积起来的。我们可以把大畜的上卦跟下卦分开来看，它的上卦是山，山的作用是什么？是能储，山最起码有很大的空间，可以储蓄东西。而天，是所储，山所储蓄的东西，像天那么大，当然算是大畜。所以下卦的特性告诉我们：就算你能储能冲，但是也要自己节制自己，不要冲过头了。万一冲过头了，可能连山都被冲破了。

现在很多很能干的干部，表现得非常优异，但到最后却得不到老板的称赞和好感，那就冲过头了！已经冲到山外去发展了！所以，作为干部，你要表现得恰如其分，只有上面那个山容纳得了你，你才能持久；如果一下把山都冲破了，太能干了，会不见容于老板。因为老板会想：我这个庙太小，容不了你，请你另谋高就吧！那就不叫大畜了。可是有很多人最终就是这样的结局。

大畜的初九爻辞（图58-2）说：**有厉，利己**。

图58-2

初九一开始就说"有厉"，"有厉"就是有危险，厉就是危险。"利己"，《易经》里面很少要求人们"利己"，那不是教人自私吗？不是，因为初九是整个下乾的一个推动力。老实讲，三个阳爻在一起，它是从下面一爻开始动的，是靠底下的爻不断向上运动，然后带动整体往前冲，所以我们讲复卦的时候强调说，一阳来复是非常重要的。

一阳来复就是大畜卦的初九爻，这是很好的。它既当位，又阳刚，同时也适合目前的需要。但是如果盲目乱冲，其后果不堪设想。仅凭老板的信任，仅凭企业的如日中天和市场的广大，以及资金的充足，就无所顾忌

第五十八集　慎始敬终

地往前冲,迟早会出乱子。所以才要知止。整个大畜卦告诉我们,要当止则止。每一个干劲十足,铆足了劲往前冲的人,一定要懂得自己约束自己。当看到大畜初九,最好能够想到潜龙勿用,就对了。

为什么讲大畜初九的时候要始终联系乾卦的初九爻辞潜龙勿用呢?一个人,很有冲劲,很有实力,同时又得到上级的充分信任,当然要好好表现一下。可是你表现得太过火了,表现得大家都害怕,都担心你这个人控制不住了,就不得了了。你要知道,就算你什么条件都有,但是你的地位是很危险的。所以此卦一开始告诉你有厉,有厉就是警告你,在这个情况下,要保持冷静,要想到潜龙勿用,先把自己的德行蓄积好,这才对。所以一个人,不管有多大的才干,不管有多丰富的经验,刚刚开始处在初九爻的时候,要多听、多问、多想,第一步小心谨慎,然后慢慢去发展,才能达到大畜。

初九的小象说:**有厉,利己,不犯灾也**。为什么一个品行好的人,处于这么优势的地位,又有良好的环境,他会"有厉",而且要"利己"?"利己"可以解释成对你自己很有利,因为本来就是一切都符合至正之道!只要努力、认真地做,当然会有利。但为什么又告诉我们有危险呢?就是说如果你不利己,就会有危险。初九的可贵,就在于知道自己人微言轻,因此懂得不要冒昧,不要冲动,不要唐突,不要让人家感觉到自己很幼稚。不管做什么,只要在行动之前先如此问一问,就不会犯灾,就是"不犯灾也"。

初九爻告诉我们:一个人要慎始,还要自重。你要看得重你自己,意思就是说你不能盲目乱动。一个厨师,刚刚就职于一家餐厅。他肯定会先问一问:我们这个餐厅经营的是什么特色菜品?平常客人的胃口怎么样?如果盲目下厨,按照自己的心意做出一些不同于以往的菜品,很快就会把老客户得罪光了。这种厨师哪怕手艺再高,对这个餐厅来说也是个破坏者。所以当一个人所处的环境很好,他本人条件也很不错,就越要小心谨慎。因为这是大畜的开始,其基础一定要先稳固。所以,初九爻辞就是告诉我们,做人要慎始,要自重。既然别人那么看得起自己,就不要跟自己

开玩笑,这样就对了。

一个人要慎始,还要自重。
——《易经》的智慧

《左传》曰:"慎始而敬终,终以不困。"大畜卦的初九爻告诉我们,作为单位职员,一定要认清自己的能力和地位,注意审时度势,凡事小心谨慎,这样才会使事情变得对自己有利。而大畜卦的九二爻,对此又进行了进一步的阐释,那么这一爻,又蕴含着哪些值得我们借鉴的人生智慧呢?

九二的爻辞(图58-3)很简单:**舆说輹**。

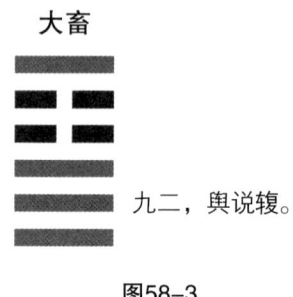

图58-3

"舆",就是车子。《易经》里边的"说",经常是念tuō,因为它本来就是脱离的意思。"輹"是什么?"輹"就是车子的转轴。每一部车子都有一根转轴使车体跟轮子相连,车子才能动。如果转轴脱落了,车上的人应该怎么办呢?应该赶快跳车逃走。其实,有时候下车逃难也不是那么容易。试想,当你开车下到一个很陡的斜坡,万一刹车失灵了,这时候你能跳得下来吗?因为重力加速度的原因,车子的速度会越来越快。这个时候,真是停又停不住,走又很危险,逃又逃不掉,深陷艰难的境地。

第五十八集　慎始敬终

老实讲，当环境并不乐观的时候，你才会碰到这个问题。如果一个人没有车，当然不用担心这种问题。可是有车子的人如果碰到这种情况，该做何处理呢？那就只能慢慢地往路边的护坡栏上撞，而且要轻轻地撞，只有这样才会降低车速。但是在这个过程中，还是要不停地动，不能停下来。所以，一个人，到了此一阶段的时候，千万要记住，可进则进，不可进就要退。你要自己懂得控制自己。

九二跟上面的爻有没有相应？有的，它跟六五一阳一阴，是相应的。由此可见，当有上司赏识你，领导提拔你，当你获得了支持放心大胆地去做时，你更容易出差错，出问题。为什么老板的儿子做事时很容易出事？就是他胆大妄为的缘故。就是因为他认为自己的爸爸是老板，即使出事了又能怎么样？一个人，没有什么靠山，没有跟老板攀亲沾故，反而会小心翼翼，反而不会出现什么大的纰漏。

九二的小象说：*舆说輹，中无尤也*。既然是舆说輹，为什么会中无尤呢？这得益于它的位置。九二爻正好位居下卦的中间位置，是三爻中间一爻。《易经》里面凡是居中之爻，多半是好的，没有错。可是它也需要注意，不应该冲得太快。因为有很多事情是预料不到的。如果老板交代你一件事情，你一有问题就汇报，他就觉得很烦。他会想：这么小的事情都解决不了，都来烦我，那你还做什么事呢？老板不知道，很多事情虽然交代下去了，但是中途会有很多的变数。作为执行者，干部只有自己想办法去克服难题，即使艰苦也要独自面对，这是没有办法的事情。

所以，干部合适的态度，就是不完全听老板的安排，也不完全不听他的。而是我可以听他的，但是自己也会面对现实，做出合理的调整，采取适宜的措施，这样才能无悔无尤。如果老板问你事情办得怎么样，这时你只需说还好还好就可以了，这样说他就会明白进展还不错。如果你讲了一大堆困难，他就会不以为然。所以，有时候该讲的话一句不可少，不该讲的话一句不可多，这也是高难度的。但是如果要大畜，就不能不面面都顾到。

大畜卦的九二爻，用车子与轮轴的关系做隐喻，告诉我们：人要懂得控制自己，当进则进，当退则退，不能胆大妄为。并且还要敢于面对困难，勇于承担责任，能够根据现实做出合理的调整，这样才不至于事后怨悔。那么接下来，大畜卦的九三爻，又将带给我们哪些启示呢？

九三爻的状况可能就更糟糕了，因为本来就是三多凶。乾卦里面的九三也是终日乾乾，整天都是紧张兮兮的。因为身处其位，责任非常重大。所以，九三的爻辞（图58-4）是：良马逐，利艰贞。曰闲舆卫，利有攸往。

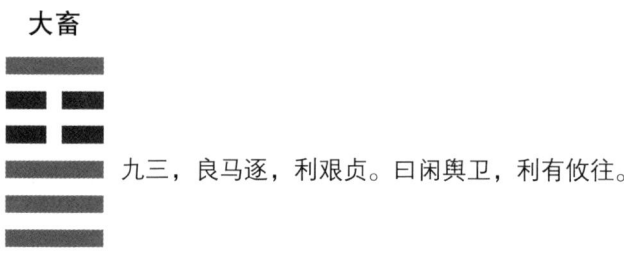

九三，良马逐，利艰贞。曰闲舆卫，利有攸往。

图58-4

"良马逐"，就像一匹良马一样，自然会跑得很快。可是它马上提醒你：利艰贞。"利艰贞"就是说，你不要认为自己跑得很快，现在很顺手，经过几次的检验，知道自己车子的刹车系统是灵敏的，就觉得自己非常有把握了。"曰闲舆卫"，"曰"就是"叫作"的意思，"闲"是闲悉，就是很熟悉地来环卫自己、保卫自己。一个人自以为对处境越熟悉，就越容易生出事端。生手会小心谨慎得多，但是自以为轻车熟路的人，很容易大意地说：自己做了很多次，不会错的。结果却大意失荆州，阴沟里翻船。这都是老手才会犯的错误，就是因为路数太熟了，警惕性下降了，也就不太注意保护自己。但是，此爻辞为什么又接着说"利有攸往"呢？它的意思就是告诉你，你现在有经验了，能力也充实了，可以好好放手去做。可是你要记住，你是艰贞，虽然有利，但可能困难也不小。此时的处境，一方面是很好的机会，另一方面又是很大的挑战。但只要好好利用，肯定会增加经验、熟悉业务。只要坚守正道，不受外界任何的威胁利诱，就能不断地改善自己以前的缺失，那当然利有攸往了，可见这个"利有攸往"，是有一大堆条件的。

九三的小象说：**利有攸往，上合志也**。就是说九三跟上面的上九是志同道合的。九三跟上九都是阳爻，是不相应的，怎么能志同道合呢？就是因为在德行方面，它们是同道的，都是走着阳关大道。由此可见，有时候阴阳相应比较好；有时候两爻同阴，它反而是同道的，两爻同阳，它反而是同道的，这是因具体情况而变化的。一个人，我跟他格格不入，只是因为我的谨慎，所以我尽量体谅他的心意。"上合志"，就是我把他当作同志。就算他对我不屑一顾，我也要让他看得顺眼；就算他整我，我也当作没有这回事一样。本来他对我不好，我要变得让他对我好，这就叫上合志。志同道合，是九三爻给我们的启示。

古语道："善游者溺，善骑者堕。"人们往往因熟悉而大意，往往因开始顺利而容易失去警惕，这也往往会招致本不该有的灾祸。而我们如果能谨言慎行、修炼德行，反而会实现志同道合的大好局面。要形成这样的局面，对于一个单位来说，就需要留住人才，促进新人的成长。那么，大畜卦的六四爻，又给了我们怎样的建议呢？

六四爻的爻辞（图58-5）说：**童牛之牿，元吉**。

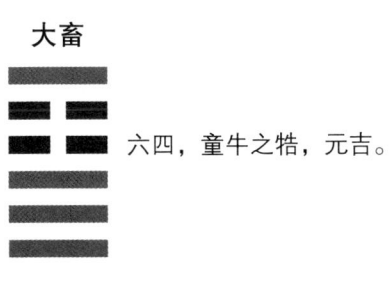

图58-5

"童牛之牿"是什么？"牿"就是加在牛角上面以防止它伤人的横木头。初生牛犊，不太知道自己的角会伤害人，它的莽撞、它的横冲直撞其实是很危险的。而成年的牛却知道这点，所以它不会轻易冲撞人。因为童牛的鲁莽本性，我们应该在其牛角上绑一根横木头。这样，就算它再怎么撞，它的角也不会撞到人，不会伤害到别的东西，这就是六四给我们的启示。六四，一般在公司里边，他就已经是部门经理了。部门经理对新来的人，要给以必要的辅导。就算他再能干，也要花一点时间去了解事情和熟悉环境：我们这家公司的状况怎么样？只有适当地表现，他才会走得长久，这是部门经理的责任。新进员工就像初生牛犊，在其会乱撞的时候，给它适当地加上一根保护它和保护别人的横木，这样就能够大吉大利，所以是元吉。

六四的小象说：六四元吉，有喜也。既然元吉了，则必然有喜。是什么喜呢？就是说能够把人才好好留住。但是，如果好不容易把人才留住，过不了多久，因为公司不能用才或者其他原因，很快又辞职了，那么对公司来说损失就大了。这也不算是大畜。大畜不但要储才，而且要储人。因为你事情做得越大的时候，你越需要很好的人才。经理必须担负起这个重责大任。经理的职责，就是对公司千辛万苦引进的人才进行职前辅导。职前辅导就是为了让他充分了解，他应该怎么做？教导他一开始要跟大家好好相处，这叫作慎始自重，那他往后日子就比较好过，这样对他本人好，对公司日后的发展也是有帮助的，对社会也是有利益的，这才叫大畜。

作为单位的基层领导，需要随时注意对新人的照顾和培养。而作为单位的高层，则应该注重对手下干部们的合理调教，这样才可能既留住真正的人才，又不至于使集体的利益受到损害。那么大畜卦的六五爻，对此又做出了怎样的暗示呢？

六五的爻辞（图58-6）说：豮豕之牙，吉。

第五十八集　慎始敬终

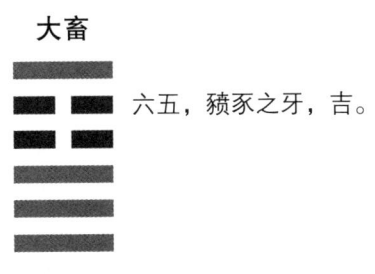

图58-6

六五是用猪来做比喻。"豮豕之牙"中的"豕"就是猪。"豮豕"是什么？是阉割过的公猪，那么为什么公猪要被阉割？因为公猪比较凶猛，它会闯祸，会伤害人及其他的东西。把它阉割掉，才能使它不凶猛，它才不会用牙去攻击别人，它才比较驯服，这才是吉祥。六五在一个组织里代表什么？代表总经理，六五在公司里面就是总经理。他知道自己的干部里边，特别是班组长，非常莽撞非常凶猛，就跟没有阉割的公猪一样，到处闯祸。虽然他是好意，但造成的后果非常严重。所以，如果总经理不能把他"驯化"的话，公司的后果实在堪忧。所以他只能想办法，把其凶猛的本性慢慢地除掉。最终，就算它还是有牙，它不能闯祸，大家也不至于怕它。

大家知道，越好的弓，越是不容易拉动。如果一把弓能够轻而易举地被拉开，就不算什么好弓，也一定射不远。只有那种沉重的弓，拉不动的弓，才多半是好弓。

老板，甚至部门的主管，一定要有这个意识：越是真正的人才，越是不好用。因为但凡大才都是很有个性的。为什么他的个性如此强烈？就是因为他有卓绝的才能。有才能没个性的人更可怕，因为这种人将来多半掉转枪头来对付你。所以，经过很多事情的磨难，你就知道，一个大才者的个性如何。而且你要平心静气地接受，甚至欣赏他的个性。其实，作为老板和主管，也不必太嫉妒，正是因为自己没有那种锋芒毕露的个性，自己才能唯才是用，这是自己强于那些干才的地方。这样一想，自己心里就平衡了。能用难用之人，才能成难成之事。如果你的部下都很温顺，很听

话,每件事都等待你的命令,你迟早被他拖垮的。所以,公猪虽然凶猛,但我们也不会把它杀掉,我们会把它阉割,使其凶猛的个性不会造成难以弥补的灾难。这样,它也会跟大家相处得比较融洽。

能用难用之人,才能成难成之事。
——《易经》的智慧

六五小象说:**六五之吉,有庆也**。"有庆"就是说,作为公司的领导,能够有办法把真正好的人才留下来,又能防患于未然,对于公司来说是可喜可贺的事情。

大畜卦的六五爻以形象的比喻,告诉我们如何对待手下个性十足的干部,从而使其发挥出应有的长处。那么,当人才留住了,事业蓬勃发展了,作为单位领导,又当以怎样的心态去追求更高层次的大畜之乐呢?大畜卦的上九爻,又提醒我们注意些什么呢?

上九的爻辞(图58-7)说:**何天之衢,亨**。

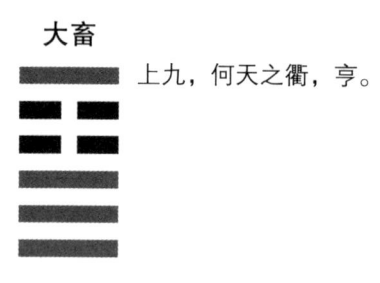

图58-7

"何天之衢","何"就是附和,你要附和某种重任。因为上九作为大畜卦的最上之爻,是大佬。其责任就是把路整通畅了,并且使它四通八

第五十八集 慎始敬终

达,这就叫作衢。这个"衢"就是大路。而"何天"就是"通天","通天"就是四通八达。所以,"何天之衢",意即四通八达的大路。每一个人在我这里,都可以走得通,没有人受到压制,没有人受到委屈。但是每个人都要自己管好自己,要自重。只要这样,很快就能达到大畜。

一个人,最要紧的就是把自己的品德一步一步地培养、蓄积起来,最重要的是内心要安宁。安是人生共同的需求,但是很多人没有注意到它。这就好像空气,是每个人都需要的,可是没有人注意到它很重要。同样,品德修养是每个人共同的需要,因为它会使我们心中安定。一个内心不安的人,就叫作忐忑不安。忐忑不安就是因为做了坏事,因为偷了人家东西,以及其他一些原因,使得自己心中不踏实。内心不安是人生最大的惩罚。这比受到法律严惩更严重。所以,在这种情况之下,我们可以从大畜卦感觉出来,唯一能够让你可长可久的就是一个人的道德修养。如果一个人,能够做到问心无愧,同时能够得到别人的充分信任,他就算是大畜了。就像孔子,他一辈子没有当过大官,从来没有觉得有梦最美,一生也没有发过大财,他的学生比他有钱,他也不嫉妒。孔子只问耕耘,从来不问收获。他做到了无妄,就达到了大畜。

所以一个人要从无妄卦扎根,才有可能大畜。否则只能水中捞月,一场空。如果你一下子就垮了,最难受的不是别人,因为别人老早就已经把你忘记了,最难受的是你自己。因为老天创造大畜卦之情境的目的,就是让我们一步一步地了解伦理道德才是最长久,才是最可靠的,让我们好好从这方面充实起来,就会快乐一辈子。

但是一个人要培养自己的品德,最要紧的是把身体这个臭皮囊照顾好。如果连臭皮囊都没有,怎么能培养品德呢?就像颜回早死,非常可惜,不然其品德修养是不可估量的。所以《易经》大畜卦后面,就是颐卦,就是养生之道。所以,下一集我们讲:颐养之道。

易经的智慧・第五十九集　颐养之道

俗话说"民以食为天"，吃饭是人们生活中的头等大事，然而现代人真的认真对待吃饭这件事了吗？我国的传统文化，其实十分注重饮食，《易经》中的颐卦就代表了人类通过吃东西，来颐养身体的情境。那么，古人都总结了哪些值得现代人学习的饮食礼节和饮食习惯呢？现代人又该摒弃哪些饮食以及养生方面的恶习呢？

第五十九集　颐养之道

《序卦传》说：*物畜然后可养*。我们把动物蓄积起来，然后就可以驯养它们，把它们养大，这就叫畜养。一个人蓄积了一些财富，然后就想好好地享受一番，要保养一下自己的身体，这也是养。*故受之以颐*。"颐"卦代表的含义就是用嘴巴吃东西，所以养身也叫颐养。

我们来看这个颐卦（图59-1），是初九爻跟上九爻构成一个口的形状。而且它的上卦是艮，艮就是止；下卦是震，震就是动，一动就多半会发出一些声音来。这种卦形和上下卦的布置，跟我们吃东西时嘴巴的样子，是非常吻合的。我们可以看一下自己的脸，脸上的山在哪里？脸上的山就是我们的鼻子。山下有嘴，吃东西的时候会发出声音，就像打雷一样。所以，山下有雷就代表吃东西，此卦叫作颐。如果再观察得细致一点，我们吃东西的时候，是上嘴唇不动，下嘴唇拼命地动，这样才有办法咀嚼食物。所以上卦为山，下卦为雷，叫作山雷颐。

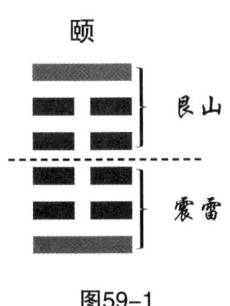

图59-1

为什么吃饭这么重要？因为人要生存，就必须吃东西。所以，我们有句话叫作：民以食为天。"天"就是天大的事。任何人吃饭都是天大的事，所以当老板的人一定要记住：用餐的时间，你是最小的，是仆从；员工是最大的，是皇帝。平常有事情的时候，老板可以随意安排，喜欢让谁去办都可以。但在员工用餐的时候，无论有什么事情，老板最好自己解决。俗语讲得好：皇帝不差饿兵。什么叫饿兵？就是吃不饱饭的士兵。士兵连饭都吃不饱，派他上阵打仗，肯定是稳输的。兵法上讲得很清楚：大军未动，粮草先行。为什么？一个将领，要派几万士兵去打仗，肯定要事先盘点这几万士兵一天要吃多少粮食。士兵出发以前，粮车就得先动。这种状况，都是跟颐卦有关。吃东西是我们保存生命的基本条件，所以颐卦对我们来讲，是非常重要的。

但是，《杂卦传》讲得很清楚，它说：**颐，养正也**。即是要用正当的方式，用正常的方法，以正确的途径，来颐养自己。所以颐卦的卦辞（图59-2）是：**贞吉。观颐，自求口实**。它一开始告诉我们会贞吉，就是说只有走正道，才会吉祥。你稍微走旁门左道，那非但不会吉祥，而且还会出现很多毛病。

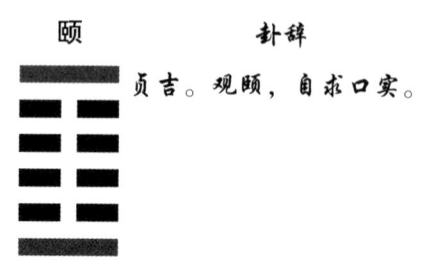

图59-2

日常生活中，吃饭的重要性，往往只在人们饥肠辘辘时，才被体会到。然而颐卦特意提醒人们：吃饭，不仅是填饱肚子就了事的，还要注意正确的饮食方式和饮食礼节，否则便会招致病痛或者祸端。那么，人们在吃饭时应该尽量避免哪些不当行为呢？

颐卦卦辞在"贞吉"之后，接着说"观颐，自求口实"。"观颐"是

第五十九集　颐养之道

什么意思？我们学习过观卦，观卦告诉我们：一方面要观察别人，一方面要受别人观察。所以，如果要了解一个人，其实观察一下他吃饭的样子，就知道他是怎么一个人了。饮食最容易暴露一个人的修养。有的人吃饭的时候，从头到尾讲个不停，搞得口沫横飞，你有什么感觉？有的人吃饭的时候用筷子东戳一下西戳一下，汤一端上来就好像要在里面洗筷子一样，跟这种人一起吃饭，你还能吃得下吗？有的人吃饭的时候弄得前面一塌糊涂，嘴上也一塌糊涂。其实一个人一天，甚或一生最难看的时间点，就是吃饭时的那十五分钟。所以，中国人吃完饭通常要午休，这是非常有道理的。一方面是让肠胃好好地消化消化。这时你要是剧烈运动，肠胃供血不足，就不容易消化。所以你躺下来或者静一静，是有助于消化的。另一方面就是避免别人看到自己吃饭和吃完饭过后一段时间的丑态。一个人吃完饭以后，就开始打哈欠了，就开始没精打采了。跟别人说话的时候也是饱嗝连连，这种形象是非常不雅观的。所以，饮食自有一套重要的礼仪，自有一套约定俗成的习惯。这种礼仪是经过历朝历代，长久地演化才慢慢形成的。我们要重视它。

> 饮食自有一套重要的礼仪，自有一套约定俗成的习惯。
> ——《易经》的智慧

可是，这句卦辞最要紧的，还是后面四个字：自求口实。意思就是凭借自己的能力获得的食物才是最甜美的。虽然吃饭很重要，但是中国人绝不吃那种嗟来之食。意思就是说别人给你饭吃，并不是出自对你的同情，而是你凭借自己的才能、自己的劳作得到了这份应有的饮食。只有这样，你才能吃得心安理得。如果别人是怜悯你，或者是别人拿原本要丢掉的东西抛给你，觉得丢进你肚子里总比丢在垃圾堆里强，那你跟狗有什么区别？

所以，孔子认为那些只知道为父母提供可口饮食，而不顾及父母心情的儿女不孝。这种儿女应该反思一下：他们把父母当成了什么？老实讲，如果觉得只为父母填饱肚子就算尽到孝道了，这本身就是不孝。孝敬孝

敬,孝要跟敬联系起来才算真正的孝道。如果你出去用餐,把剩余饭菜打包,回家跟父母讲:这是我们吃剩的,丢掉也是可惜了,所以我带回来给你们,你们觉得还能吃,就吃。这不是活脱脱一副不孝子的嘴脸吗!再怎么样你也要跟妈妈说:"中午我们没有办法回来吃饭,可是我看着这个东西实在是很好吃,所以我就不敢多吃,我就留下来,把它包回来,趁现在还热着,您品尝品尝。"她就吃了。给中国人吃东西,要让他吃得很有面子才叫尊敬。很多人不懂,以为这是客套,是虚伪。其实我们讲的是礼节,而不是客套。

颐卦的象辞说:"颐,贞吉",养正则吉也。"观颐",观其所养也。"自求口实",观其自养也。天地养万物,圣人养贤以及万民。颐之时大矣哉!

颐为什么会贞吉?因为养正则吉。一个人如果好好吃饭,好好养生,好好地管理自己的嘴巴,那自然一切顺利,身体也不会有什么毛病。所以,这里的颐有两个意思:一方面讲口养,一方面讲深养。深养就是要养自己的内涵。就像我们去吃自助餐的时候,看到服务员端着菜品走过来,一般是不能说话的,以防止口水溅到菜盘里。你如果一开口:哎,这是什么?口水都喷进去了,那人家怎么吃?有的人,还习惯直接用手去抓,抓出来以后,看看不喜欢吃还放回去。请问你,如果让别人看到该做何感想?老实讲,太多人是不会吃自助餐的。不仅不知道尊重别人,而且把自己的肠胃当作垃圾桶,每样东西丢一点进去,整个胃口都破坏了。自助餐的原则是各色各样的料理都有,每个人都各取所需。喜欢吃的就多吃一点;不喜欢吃的就不要动它。这样才对。

但是,身处一个浮薄的时代,人们只会看表面,完全没有深度。大家可能想,既然人们连基本的自助餐的准则都不知道,为什么还要发展自助餐呢?就是因为大家聚在一起,东南西北口味都不一样。那怎么办?只好凭人们自助。你喜欢吃这种东西,你就选这种;他喜欢吃海鲜,就吃海鲜;如果什么都不喜欢吃,就啃面包了。啃面包也可以过日子,大家各取所需,但是不要去干扰别人。"养正"就是要懂得深养自己的饮食之道。

第五十九集　颐养之道

饮食是个"道"，不是每一个人都懂得饮食的道理的。

颐卦向我们阐释了颐养自己的正道，在于自食其力的道理，并且告诫人们，从吃饭这件平常事中，更能看出一个人的品德修养，因此在吃饭时，要遵循饮食礼仪，注意照顾他人的感受。然而，在餐桌上照顾他人，其实也是一门学问。那么，人们怎样做才是真正替他人考虑呢？

什么叫"观颐"？"观颐"一方面是观其所养。"观其所养"就是说别人会观察你是只顾自己，还是会照顾别人？现在很多人去用餐，一坐定，眼睛就扫来扫去：哪个菜比较营养？不等别人下筷，二话不说，就专吃那个。这种人是不大会照顾别人的。一个人只知道照顾自己，他永远是自私自利的。他的事情通常是做不好的，别人也不愿意跟这种人来往。一个人，即使看到自己最喜欢吃的东西，他也会先让别人品尝。他会看看在座的哪一个人喜欢吃或应该先吃，他就让给那个人吃，这个人就了不起。

另一方面，也是观其自养。自养是吃饭的顺序，是自己的吃法。这个吃法很重要，到底先吃水果还是后吃水果；到底是先喝汤，还是饭后才喝汤，都有一套道理。我们不能像美国人似的，吃饭的时候从冰箱里拿一瓶饮料，东喝一口，西喝一口。这是美国人的吃法。美国人根本就没什么文化，其实他们也不懂得怎么吃饭。但我们偏要去学他们。我到餐厅里吃饭时，服务员总是很热情地问我：想喝什么饮料？我都摇头。为什么？因为你吃热菜，同时喝冷饮，根本就是跟自己的肠胃过不去嘛。现在的小孩都这样，赶时髦。那父母都在做什么呢？他们毫无作为。这些小孩子有父母跟没有父母，是完全一样的嘛。吃饭时，一会冷饮一会热菜，牙齿都受不了，更不要说肠胃了。这是非常不懂得饮食之道的。可现在到处都是这样的情况。好像你不这样，就是落伍，就是老古板，就是不懂，其实这是非常可笑的。

"天地养万物"，这个"养万物"主要告诉我们：天地是不求回报的。而圣人也是如此。圣人就要替这个社会培养贤达人士，同时尽其所能

地帮助百姓。如果只知道自私自利，只知道照顾自己，那还算什么圣人呢？所以孔子在阐述颐卦的时候，刻意加了一句：颐之时大矣哉！意思即是：人在吃饭的时候，即使是皇帝的差遣也可以拒绝。"颐"的那种时机是非常重要的。一个人先求自己吃饱了，然后就要照顾别人，关怀别人，要推己及人。一方面颐养自己，一方面还要颐养别人。

> 一个人先求自己吃饱了，然后就要照顾别人，关怀别人，要推己及人。一方面颐养自己，一方面还要颐养别人。
> ——《易经》的智慧

老实说，很多人认为当老板的没有什么了不起，但是老板实在很不简单。为什么？老板除了养饱自己以外，还照顾很多人，解决了很多人的吃饭问题，这就是一件大功劳。不是说因为他懂得管理，懂得经营，也不是因为他白手起家而成大业，我们才认为他了不起。这跟别人一点关系都没有，那是他自己的事。但是最起码，他不仅让自己有饭吃，还提供很多就业机会，供养了这么多人，这是他的贡献。无论如何，大家都不能否认这一点。所以，如果一个老板要显摆自己，要讲东讲西，他只能讲这点，其他的话都没有价值。如果老板讲自己创业时怎么辛苦，这也跟别人没有关系。我们自己怎么样生存，那是我们自己的事。老实讲，每个人都各有一套，就像动植物各有自己一套生存的法则，没有说谁比谁更高明。你说一只大象就一定比一只蚂蚁聪明吗？不见得。我们想，恐龙体型那么大，最后死得连一只都没剩；蟑螂那么小，生命力却非常顽强，一直延绵繁殖到现在。这就说明大家各显神通，各有一套。但是我们奉劝所有的人，要永远心怀感恩之心。因为没有天地，你有天大的本领也无处施展；没有父母，你有天大的本领也没用；没有老板，你有天大的本领，也没有工作机会。

其实颐卦中的初九爻，正如复卦的初九爻一样，象征着大地回春，生

第五十九集　颐养之道

机勃发；颐卦的上九爻，则象征着天空中的太阳，阳光普照，给予万物生长的动力。古人根据这种天地依时养育万物的卦象，推演出人们也应该在自给自足之后，推己及人懂得关怀供养他人的道理。那么除此之外，人们还能从颐卦中领悟到哪些生活智慧呢？

颐卦的大象传说：**山下有雷，颐。君子以慎言语，节饮食**。颐卦的卦象上卦是艮山，下卦是震雷，所以说山下有雷。这个雷，是轰隆隆地震动的，但是它能够把整座山震倒吗？大概不会。因为这个山太大了，它经得住震动。这说明，上面的山警告下面的雷，由我来镇着呢，你不要动得太过分。所以，虽然我们吃饭时不能不发出声音，但是不要发出太大的声音，这是给我们的第一个启示。

如果一个人在吃饭的时候，一点声音都没有，人家对他的印象大概不会太好，因为他太拘谨了。吃饭的时候还拘谨什么呢？任何事情都要恰如其分。你要咀嚼东西，难免会发出声音。如果毫无顾忌，发出的声音特别大，别人就会觉得你这个人太没有修养了。再者，也不要边说话边吃东西，因为这样会造成消化不良。因为我们消化食物不仅仅只依靠肠胃，否则肠胃会很抱怨："啊，你统统堆给我。"我们咀嚼的时候，还靠口水。大家会发现，以前人们都讲快食，就是快餐，快吃啊。但现在正好反过来，都讲慢食，要慢慢地吃，不要着急。一个人，一生连吃饭的时间都没有，那不是自己跟自己过不去，自己糟蹋自己嘛。快食的后果就是吃到最后，大家都不知道吃的是什么味道。有些有钱人，想吃什么就吃什么，当把天下的美食都吃遍了的时候，就会得一种病，这种病叫作失味症。症状就是吃什么都感觉没有味道。这种人是最凄惨的。

吃饭的时候，要像颐卦的雷一样，动静有节，不能连续不停地打来打去。所以，圣人就悟出其中的道理来了，叫作：君子以慎言语，节饮食。什么是"慎言语"？就是讲话要谨慎。大家一起吃饭，一句话相激，饭菜的味道就全变了，最后搞得别人非常生气。我当总务督管，前后当过八年。我的切身体会就是请客吃饭是高度困难的事情，要考虑很多的因素，

诸如：能不能跟被请的人谈得来？有没有什么特别口味要求？不一而足。通常，我们怀着好意，把相关人请在一起吃饭，如果他们当场就搞不愉快，骂到最后竟然打起来，或者掀桌子，那还不如不请。祸是从口出的，病是从口入的，这就是所谓的进出口，是事关利害的一个港口，要好好把守才是。"节饮食"，这个"节"就是要节制，对我们身体危害最大的就是暴饮暴食。其实吃饭最要紧的原则就是定时定量。不要随便吃零食，不要随便吃夜宵。这看似容易，很多人根本就做不到。

肠胃有它的规律性，就像排泄最好是在每天的早上七点一样。可是很多人会说：我做不到，因为我七点钟还没有起来；我七点钟已经在挤地铁了。那有什么办法，这就是现代人自己找自己的麻烦。定时定量，按照用饭的规律进食，肠胃就和你配合，不然的话它就造反。我们常常逼得我们的五脏六腑造反，就是自己的饮食出了问题，叫作饮食失调。

遵循身体规律，并且有节制地饮食，是健康饮食非常重要的因素，然而要想避免饮食失调，仅做到这两点还远远不够。那么，人们在饮食方面还要注意哪些问题呢？除了饮食之外，颐养身体还应重视哪些方面呢？

大家想一下，为什么每种植物的颜色各不相同？即使同样的菜，有的是红色的，有的是绿色的，有的是白色的，有的是黄色的，为什么？这就是告诉你，应该把几样颜色调和一下，每一样菜都要吃一点。但是，现在很多人都偏食，要么只吃绿色青菜，要么只吃肉，最后导致营养不良。所以，不能够偏食，不能专吃少数几样东西。人的身体里需要营养均衡，所以饮食就要均衡。不同的营养要通过不同的菜品来汲取。吃鱼有鱼的营养，吃肉有肉的营养，吃菜有菜的营养。老实讲，现在很多人不吃早饭，那必需的营养就吸收不了。有时候即使吃了饭，营养也统统流失掉了。所以说，现代人不养则已，越养越糟。以前的人，很少有什么三高的毛病，也没有哪个男人年纪轻轻就中风的。可是现在不得了，什么病都来了。这都是吃出来的毛病。我们吃得太多了，尤其是很多保健品不吃还好，越吃越糟。因为很多保健品是虚有其名。它虽有保健之名,但是里面所含有的东西都是不健康的,你要特别小心。

现在很多人都很重视养生。养生最重要的事情是什么?阳光,空气,水,食物。第一个因素是阳光。身体健康与否与阳光的接触多少是有关系的。有些人现在的皮肤很白,有的甚至以不恰当的方式追求美白,其实过度白皙是病态的。外国人,皮肤很白的,都很自觉地晒太阳,一定要晒得黄黄黑黑的,才健康。白是病态的,白只有一个好处而已,就是一白遮百丑。

第二个因素是空气。我觉得空气污染是我们当前最严重的问题,我们一天大多数时间都是生活在不良空气当中。你看以前我们住的房子多好,早上一起床把窗子一打开,空气就流通。房子一定能够通气才好。空气就是饮食,是我们主要的粮食。我们现在明明是可以通气的,可却用现代化的建筑物、现代化的材料把它隔绝了,那我们再怎么养生,也是没有用的。

第三个因素是水。我感觉到我们在保健的时候,最不重视的就是水。很多罐装的水、塑胶瓶装的水,都是很不健康的,里面有很多有毒的物质。如果有人说喝这种水会健康,我不相信。

其实一个人,只要在饭桌前坐下来拿起筷子,别人就对他了解了一大半。如果一个人吃饭的时候,筷子拿得高高的,挑来拣去,人都要趴在饭桌上了,这种人是没修养的。若是官员,肯定是个贪官。而一般人也不会到看到什么都觉得口中乏味,没有胃口的地步。其实,在饭桌上照顾别人,也不是那么容易。我就最怕人家给我夹菜,尤其是夹鱼的时候。因为我是南方人,对吃鱼比较讲究;若是北方人,多半不会吃鱼。但他又很客气地给我夹,竟把鱼背最难吃的部分夹给我,这不是照顾我,明明是虐待我,虽然他绝对没有这个意思。既然不是内行,就不要装嘛。但这就是现状,就是整个时代的浮华作风。

所以,我们读了颐卦以后,要懂得只有自己才能照顾自己,别人是帮不了忙的。那么,怎么才能很好地做到养生呢?那就要对颐卦的每一个爻进行分析。所以,下一集我们就讲:自作自受。

易经的智慧・第六十集 自作自受

《易经》中的颐卦不仅重视人们对自我身心的颐养，还认为人们在自我满足后，应该照顾供养他人。那么，按照《易经》的道理，人们应该遵循哪些养生法则呢？在现代生活中，又有哪些不良品德以及恶习需要摒弃呢？此外，供养他人有什么好处？为什么《易经》对此会特别强调呢？

第六十集　自作自受

养生，到底是自己的事情，还是可以通过别人的帮忙、专家的指导才能做到的？颐卦告诉我们，养生只能靠自己，别人是帮不上忙的。如果你到医院里去找医生，对他说：我的身体就拜托你了，你一定要替我调理好。医生敢答应吗？不敢。为什么？同样一个医生，对待不同的病人，他同样都是很用心地照顾，同样都是用那些他自认为最好的药材来调理。但是，通常是张三康复得比较快，而李四可能完全没有效，这是事实。每个人体质不一样，每个人生活习惯不一样，每个人从小到大的生长环境和过程也不一样。这里面有很多的因素，不完全是靠吃药就能治好的。

至于你的身体出了什么状况，医生是没有办法马上给你答案的。任何的侦测都有一定的局限，任何的仪器都有一定的限度。有时候，我们有这种感觉：自己的身体本来好好的，没有什么病。可是到医院一检查，所有的问题一下子都冒出来了。有时候，我们觉得自己不舒服，可是到医院用仪器一检测，反而什么问题都没有。这就说明，任何仪器都有其限度。就算你的病已经达到了危险的临界状态，只要是没有达到仪器的检测标准，它就是测不出来。等到发现了，再精明的会诊都解决不了问题了。

一个人的身体状况怎么样，只有自己才清楚。我们看看《易经》颐卦的初九爻是怎么说的。

初九爻辞（图60-1）说：舍尔灵龟，观我朵颐，凶。

图60-1

什么叫"舍"？舍就是舍弃。如果你本来一无所有，舍弃也就无从谈起了。可见此处的"舍"就是舍弃你本来拥有的。"尔"指什么？就指初九。"舍尔灵龟"的意思就是：你本来有灵龟，但是你把它舍弃掉了。什么是灵龟？就是那种特别有灵性，能够活得很长久的龟。它完全靠自己生存，它可以跟外界断掉联系，还可以把头缩进龟壳里，一年都不动。很多人经常问我：你们家有没有龙穴啊？我说如果想有，那很好办。你买一只龟带回家，让它在你的家里随便爬，当它停下来、卧着不动的地方，就是你们家地气最旺的地方。动物为什么会比人类灵光呢？就是人类不相信自己能这么灵光。老实讲，老天生一只蚂蚁，都会同时赐给它一些生存的技能。老天生人，而且人是万物之灵，怎么会不配备很齐全的生存技能呢？这种配备一定是很齐全的，可是我们从一出生就开始养成坏习惯。把自己的宝贝丢掉，然后去找一些乱七八糟的东西，反而把它们当珍宝。这就叫舍本逐末。

"观我朵颐"，"观"什么呢？就是观六四。我们可以看到，初九是当位的，阳居阳位。就整个下卦来讲，初九就是主爻。可是它放弃了自己，把自己看成无能为力的人。它看着六四那么享受，心生羡慕，然后就跟着六四学。这就是什么？这就是失正，就是没有自知之明，就是自暴自弃。

所以初九的小象讲得很清楚：**观我朵颐，亦不足贵也**。你本来是很富贵的，现在把自己弄得穷兮兮的。这怪不得别人，是你自己把自己弄成这个样子的。我想大家可以从这里得到很多启示。就像小孩子原本自己会生活，最后被大人弄得他不会生活。我们这样说有没有证据？当然有。譬如，小孩会不会跟妈妈讲，我要一个玩具？大概不会。因为他没有玩具的概念。玩具都是爸爸妈妈自己从外面买回来的。小孩原本对此没有兴趣，你拿玩具逗他，小孩不想玩，你非让他玩，然后让他对玩具有兴趣了。也许你会说，我爱我的小孩，我给他玩具玩有错吗？你当然爱你的小孩，但你爱得不正当，爱得没有道理。小孩长大一些以后，他可能会受到其他人不正当的诱惑。这时你才可以教他，有些玩具是可以玩的，有些玩具是不

第六十集 自作自受

能玩的。这就对了!不要把小孩教坏了,然后再来骂他。小孩本来是很灵光的,做父母的要顺着他的灵性去培养他,这才叫作教育,才叫作蒙以养正。这样,他一生才会很健康很快乐,而且不至于奢侈过度。我们现在都认为不花钱就是抠门,花钱才会赚钱,这是不正确的观念。你看空气很贵重吗?水很贵重吗?越贵的东西吃起来越没好处。吃惯了山珍海味,你就知道,还是家常便饭最可口,最营养,最保健。

颐卦初九爻强调,其实每个人都有管理自身健康状况,以及自食其力的能力,然而人们往往会因为经受不住诱惑,贪图口腹之欲,而招致疾病;或者因为贪图享乐,而期望依赖他人的颐养,这些都是人类需要克服的弱点!那么接下来,颐卦六二爻中又蕴含着哪些值得人们借鉴的生活启示呢?

六二的爻辞(图60-2)说得很妙:**颠颐,拂经于丘颐,征凶。**

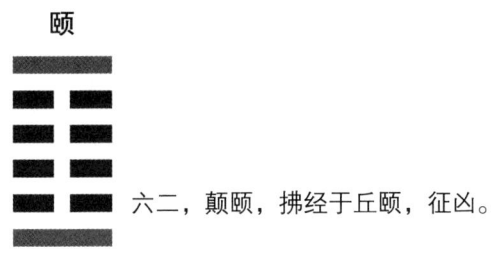

图60-2

"颠"就是颠倒,六二和六四是不相应的。它不会关注到上九,因为上九跟六二中间相隔三个阴爻,太遥远了。所以它很自然地会去跟初九爻扯来扯去,因为异性相吸。本来应该向上发展的势头,现在反而转头向下,这就叫颠倒。"拂经于丘颐",颐卦的上卦是艮山,山就是丘。丘颐,就是颐丘养上。现在有些人常常说,养小孩不是来防老的。我不知道这种歪道理是从什么时候开始流行的。如果不防老,那你养小孩干什么?

现在很多年轻人越来越多地成为"丁克"一族,连小孩子都不想生了。为什么会这样?因为他首先要自己顾自己啊!你看,现在养人跟自养也开始有隔阂了。

像我们父母那一代,可以完全不顾虑地、尽其所能来照顾我们。因为他们有信心,等到自己老了,儿女们一定会颐养他们。可现在风俗全都变了。父母们觉得自己应该开明,认为儿女长大后,他有他的自由,他有他的自主,他有他的苦衷,所以父母不要寄望于他。既然这么想,那么父母们就开始为自己打算了。只有先把自己照顾好,把自己的老本储得很充足,才来考虑子女的事情。这样一来,这个家就不和谐了,父子也不会一条心了。大家生活各自自理,谁都想自顾自,那就跟陌生人一样了。所以一个错误的观念会造成很多的后遗症。

我们看到,六二很快乐、很轻松。因为六二知道,父母不用自己操心,他们怎么生活是他们自己的事,而我还要照顾自己的小孩,也顾不了这么多。到最后,自己的小孩也不会孝顺,也会和你当初对待你的父母那样来对待你,这是很痛心的事情。这个卦象就是这样。整个社会的风俗都把"孝"颠倒过来了,孝顺孝顺,是孝顺自己的下一代,这是很可笑的事情。你本来应该奉养年老的父母,结果你完全不管他们。现在反而丘养于下,你是最没有出息的,所以会征凶。你只要有所动,只要往前走,一定会碰到凶。

我讲一个故事:一个做了妈妈的女人看到自己的妈妈年纪大了,拿碗拿不稳,常常会打破,所以她就去买了一个木头的碗。因为木头的碗怎么打也打不破。想不到她的儿子马上就拿一把小刀,在摆弄一块木头。妈妈就问他在干什么?他说我要刻一个木头碗。妈妈又问:你刻木头碗干什么?小孩子说:妈妈,将来你老了,我可以装东西给你吃。这就叫现世报。你怎么对待你的父母,你的小孩一定用同样的方法来对待你,这几乎是必然的。

六二的小象说得很清楚:*六二,征凶,行失类也*。六二之所以会征凶,就是因为"行失类"。"类"就是类比的意思,大家走同样的路,奉

第六十集　自作自受

行同样的行事方式,这就叫作类比。现在你失类就表示:同样是阴,你跟其他的阴做法不一样。你违反了常道,违反常道一定凶。

俗话说"家有一老,如有一宝",但是许多子女却将父母视为拖累,不愿尽孝道,反而将所有精力放到培养下一代上,以为这样便能在垂暮之年,得到儿女更好的照顾,然而这种错误的观念只能带来凶祸,这也正是颐卦六二爻给人们的警示。那么接下来,颐卦的六三爻又会劝诫人们,避免哪些错误行为呢?

六三爻的爻辞(图60-3)说:**拂颐,贞凶。十年勿用,无攸利。**

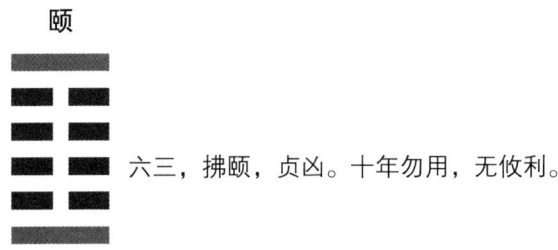

六三,拂颐,贞凶。十年勿用,无攸利。

图60-3

六三也是违反颐道的。"拂颐",就是不遵循正常的饮食之道,会贞凶。它告诉我们:只有守正才可以防凶。"十年勿用",你很长一段时间都不可以轻举妄动,因为你已经走错方向了。老实讲,三岁看大,六岁看老。在饮食方面更是要小心。在我们小的时候,除了三餐以外是不吃点心的,因为我们那时就没有吃点心的观念。所以,平常看到别人吃点心,我们也不会动心;看到别人吃零食,我们也不会苦恼。但是,我们的妈妈在正式吃晚饭之前,总是习惯于拿一个面包,或者别的零食。这就是不好的饮食习惯。其实,做父母的要多替小孩着想,替他安排好生活的节奏。因为他不懂,如果在这个时候没有养成好习惯,就等于害他一辈子。

> 只有守正才可以防凶。
> ——《易经》的智慧

现在很多年轻人,边走路边吃东西,嘴巴里永远含着一块口香糖。如果你是一个老板,这样的一个人来你的公司应聘,你喜欢不喜欢?只要人把基本的常理颠倒过来,就违背了自然的规律,就算用十年的时间都不一定能改过来。无攸利,亦无好处。

六三的小象说:**十年勿用,道大悖也**。我们把自然的道理扭曲颠倒,把对的说成错的,把错的说成对的。其实,人应该坐有坐相,站有站相,吃饭有吃饭的相。你却说都什么时候了,还讲究这些?但是,养生最基本是养什么地方?养你的脊椎骨,脊椎骨要正。如果脊椎骨弯曲了,就叫作脊柱侧弯。人只有站得直,才能行得正。只有规规矩矩的像个人样,才会气通。如果你偏要跷个二郎腿,贪图一时舒服,那身体迟早会抗议的。凡是你觉得舒服的动作,都对你的身体不好,一旦养成了习惯,后患更是无穷。

由此可见,养生,其实就是与习惯作斗争的过程:人们需要养成一些顺应规律的好习惯,同时摒弃一些违背常理的坏习惯。那么,在现代生活中,还有哪些习惯,是与自然规律相悖的呢?多年形成的坏习惯,又该如何彻底戒除呢?

我有个朋友从商30年,他给我讲的一番话,大家可以听听,权作参考。他说:我以前做生意,总觉得如果不吃喝玩乐,这个生意是做不成的。如果和商业伙伴大吃大喝,攀交情,拉关系,这个生意就做得很好。后来当他最疼爱的女儿死的时候,他还在外面吃吃喝喝。他奔回家后,全家人对他非常不谅解。所以他就下定决心痛改前非了,每天一下班就回家。最后他发现,即使不应酬,生意也很好做。其实,你喜欢吃喝玩乐的

第六十集 自作自受

时候,自己就会编造理由,说没有吃喝玩乐,生意做不成啊!当你不喜欢吃喝玩乐的时候,你也会编一套理论,说只要生意正当,只要求合理的利润,即使不吃喝玩乐,生意也很好做。由此可见,人是最善于为自己的行为寻找理由的动物,人都善于为自己的行为寻找口实。

我们可以看到,下卦的初九到六三三个爻正好构成一个下嘴巴,至于这个下嘴巴要怎么动,大家自己去好好斟酌斟酌。如果把东西夹进嘴巴里面去,还没有放好就开始讲话,一旦掉下来那就很难看了。你放进去还没有放稳就咬了,会咬到筷子。还有的人甚至咬到自己的舌头。器官是有感觉的,所以大家少跟它们开玩笑。你看现在有多少人会刷牙呢?为什么现在牙科医生的生意那么好呢?刷牙不是那么简单的。什么时候刷?怎么刷?尤其还要考虑用什么牙膏。很多牙膏不用还好,一用对牙齿伤害更大,因为那都是毒品。自从人类有了化学以后就不得安宁了,现在所有灾难的罪魁祸首都是人类滥用化学。因为空气质量不好,食物被污染,很多有毒的细菌附着在上面。即使放在电冰箱里也不安全。现在很多人习惯把所有的东西,生的、熟的、洗过的、没有洗过的,统统塞进冰箱。这里面会产生多少细菌,谁也不知道。

其实,中华民族本来是一个很懂得饮食的民族。现在,却"舍我灵龟,观其朵颐"。就像现在的小孩子宁可吃意大利面,也不吃中国特有的炒面;宁可吃比萨,也不愿吃包子。其实,比萨原本是从中国传到意大利的。当年,马可·波罗从意大利来到北京,尝到我们做的饼,觉得很好吃,就自己试验,做出了一种馅附在表面的饼。由此可见,比萨就是由饼演变而来的。生为中国人,这一辈子连吃饭都不会吃。这是谁的过错?是父母的过错。但这也不能全怪父母。现在,我们所能接触的东西,书籍也好,美剧也罢,都在想尽办法告诉大家:中国人很丢脸,样样不如人,外国人的东西就是好东西。最后,弄得我们的小孩不会吃东西,不知道如何保养自己的肠胃。

颐卦下卦三个爻的爻辞中,都透露着凶祸,意在告诫人们把自己养

好，其实是一件需要费心对待的事情，必须抵御欲望的诱惑，摒弃错误观念，并且戒除不良习惯，才可能吉祥顺意。那么颐卦上卦三爻，又包含着哪些寓意呢？难道人们还会遇到更多凶险吗？

颐卦的下卦震卦，是要求养己，把自己养好。到了上面的艮卦就开始讲，在养好自己的同时要照顾别人，要重视养人。

六四爻跟六二爻是很相像的，它的爻辞（图60-4）说：**颠颐，吉。虎视眈眈，其欲逐逐，无咎。**

图60-4

"颠颐"，是凶才对，为什么会吉呢？"虎视眈眈，其欲逐逐"，一般人听到"虎视眈眈"这个词就觉得好可怕，觉得是老虎瞪着眼睛要吃他，其实不是的。虎视眈眈的含义是威而不猛。只要看到老虎虎视眈眈，你大概就知道它不想吃你，它吃饱了。"其欲逐逐"，就是你的各种不好的习惯，会逐渐消失掉。为什么？就是因为初九跟六四的关系，是调和相应的。六四虎视眈眈，看着初九，初九就来奉养六四，那六四得到满足以后就其欲逐逐了，这是一种解释。另外一种解释是：初九虎视眈眈，然后六四满足它的欲望，做得既合理又大方。最后，也会使其减少不少的欲望。上对下，下对上，这就叫颠颐。就是颠过来，倒过去，但为什么会无咎呢？它的意思就是说，只要一个人是贤能，我就来供养他，他不一定为我做事情，只要对人群社会有贡献就好了。六四也是这样想，初九也是这样想，他们的目的都是为大家好，而不是为了自己的一己私利。所以，才

第六十集　自作自受

会无咎。六四的小象说：**颠颐之吉，上施光也**。六四居上位，可它能够向下施以光明。

六五的爻辞（图60-5）是：**拂经，居贞吉，不可涉大川**。

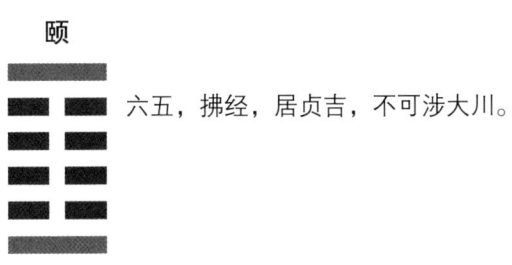

六五，拂经，居贞吉，不可涉大川。

图60-5

"拂经"，是违反常道的。"居贞吉"，只要你走正道就会吉。但是"不可涉大川"。你不要一下子冲过头跑太远，只要适当才可以，这里面包含了很重要的信息。"拂"有两种：一种是离经叛道差得太远，那是不可原谅的；一种是通权达变，随机应变。如果借用颐卦来分析，三国时期的阿斗就是六五，当年的孔明就是上九。六五有绝对权，它有权势，它那个位子叫作君位。但是它知道自己比较软弱，所以阿斗有什么事情都去请教孔明。孔明也是一心为公，很忠诚地来辅助他。只要是为公，我们都可以接受这个变通。上九辅助六五，六五就顺从上九，所以六五的小象说：**居贞之吉，顺以从上也**。虽然我是国君，他只是宰相，但是他是开国的元老，办事又公平合理。所以我委屈一点自己，竭诚地请他帮忙，这是正确的做法。

颐卦六四、六五两爻的做法，虽然与六二、六三一样有违常则，却能获得吉顺。这说明同样一件事，为公或为私，目的不同，得到的结果也会不同，提醒人们在照顾好自己之后，便要想到颐养他人，为社会做出更多贡献。然而有时，全心为他人着想，也会遭到一些误解，此时该怎么办呢？对此，颐卦上九爻又会给人们提供什么建议呢？

上九的爻辞（图60-6）说：**由颐，厉吉。利涉大川。**

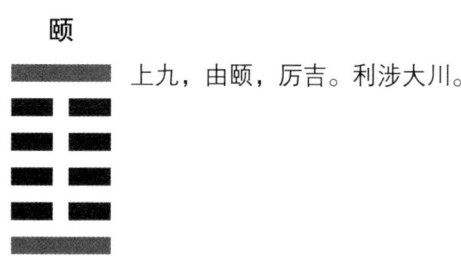

图60-6

"由颐"就是说你懂得颐养之道，同时能够照顾到所有各爻，让大家都能够好好地来享受饮食。由此可见，整个的颐卦大概就是上爻功劳最大，这是颐卦很特别的地方。"厉"，它一方面告诉你，你照顾了群体，功劳很大；但同时又说，你的处境是很危险的。三国的孔明到最后也是很多人都怀疑他。你再怎么做，再怎么努力，最终都有人会怀疑你：是不是想侵权？是不是想当老板？是不是想找机会就把阿斗干掉？这也没有办法。虽然违反常则，使得自身处境很危险，但是由于你的贡献，你会得到吉利。"利涉大川"，六五说，不可涉大川，它没有说不利涉大川。因为以你这么弱的体质，要承担这样大的责任太辛苦，而且也做不到，所以说不可。可是上九可以利涉大川，所以，六五只要好好依靠上九，就能得到很好的结果。

上九的小象说：**由颐，厉吉，大有庆也**。这句话的意思是：一切都是由"颐"而来的。我先把自己养好，然后想办法去养别人，而不是自私自利，只顾自己不顾别人。虽然这样做会引起很多人的议论纷纷，同时会受到猜疑，会增加自己的危险，但是只要自己一心为公，而没有私人的欲望的话，那就大有庆也。因为最后大家总会明白的，明白了以后就觉得幸好当时你不顾一切诽谤，不顾人家的猜疑，坚持自己的原则，才有了这种善果。

这一卦的结论很简单，人在饮食的时候要注意修炼功德。一方面，要

第六十集　自作自受

懂得节约，吃饭时各取所需，而不要浪费。另一方面，你要知道己所不欲勿施于人，不要勉强别人，不要强迫人家吃那些他们本不想吃的东西。每一个人都有他独特的饮食之道，叫作饮食习惯，我们要尊重他。尤其每个年龄段的人有不同的保健方式，我们要好好去体会。这样一来，我们就可以达到营养均衡。那么在这种情况之下，我们要做一些什么？就要做一些非常的行动，那就叫作大过卦。我们下一集就来讲：大过大悟。

易经的智慧・第六十一集　大过大悟

人的一生很难不犯过错，《易经》中的第二十八卦叫大过卦。顾名思义，这个大过卦，是不是大过错的意思呢？有人解释说大过卦的卦象，是中间四个阳爻，上下两个阴爻，就像四个钉子钉住一个棺材，实为大凶之象，但是大过卦的卦辞为什么是"利有攸往，亨"呢？我们究竟应该如何来解读大过卦？通过学习大过卦，又能得到哪些生活的智慧和启示呢？

第六十一集　大过大悟

现在，学校里的老师们，动辄就给那些犯错的学生以"大过"的惩罚。这给他们造成一种不好的印象，即一听到"大过"就觉得很紧张，就觉得自己的状态非常糟糕。其实也不见得，因为"大过"的意思是太过分。我们经常听到人们说：你这样做实在是太过分了。可是太过分了一定不好吗？不见得，有时候，刚刚开始时我们认为做得实在太过分了，后来可能会觉得自己简直太伟大了，这当中会有一些变化。所以，对于大过卦我们应该好好来认识。

首先，我们看大过的卦形（图61-1）：它有四个阳爻、两个阴爻，其阳爻比阴爻多。

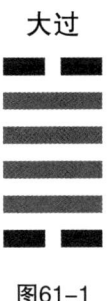

图61-1

在《易经》里面，一般是阳为大，且阳比阴多，所以叫作大过。可能现在大家一定怀疑了：既然如此，为什么不把六个阳爻叫大过呢？这是因为，虽然表现上是六个阳爻，但是它内中包含着阴爻，只不过它是隐而不现罢了。通过不现而很容易与其他阳爻调和，所以不算大过。乾卦能把它改成大过吗？很多人都是不可能接受的。那五阳一阴呢？五个阳不是比四个阳更多吗？五个阳也不可能变成大过，为什么？因为到了五个阳以后，阳多于阴，多到阴只剩下一个。这一个阴就很宝贵了，因为物以稀为贵。此时，五个阳反而要联合起来去保护唯一的一个阴，它们不会一下子把这唯一一阴干掉。可见，所谓的"过分"并不是大大的"过分"，而只是在三阴三阳调和对等的基础之上，阳比阴多那么一点点，就叫过分。

　　三阳三阴，就叫作阴阳调和了。当然，三阴三阳的学问也很多。比如，三个阳是挤在一起的，还是分开的？三个阴是合在一起的，还是分散的？每种状况都是不一样的。但是不管怎么样，三阴三阳总是比较容易协调，比较容易彼此沟通，可是四阳两阴就不一样了。何况大过这个卦，它的四个阳在一起很团结，而且把中间的位置占据了。它的势力强大到把两个弱小的阴爻挤到两边去，这种情况是非常特别的。所以才把这个卦命名为大过。

　　大过的卦辞（图61-2）是怎么说的呢？它说：大过，栋桡，利有攸往，亨。

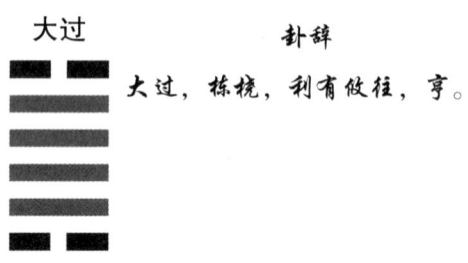

图61-2

　　"大过"即是卦名。"栋桡"是什么意思？其实这是一个形象的比喻。当我们要建一所大房子的时候，会非常注意此房的横梁。需要关注一下此横梁有没有问题，能不能支撑起足够的重量。此卦的卦辞就是用这个栋梁来帮助我们了解什么叫"大过"。"栋"，即是栋梁。"桡"是什么意思？"桡"就是曲折了。如果栋梁是直直的，支撑力很强，我们就很放心。可是现在它已经弯曲了，向哪个方向弯曲的呢？向上弯还是向下弯？

第六十一集　大过大悟

这是不一样的。如果向左右弯,我们也许还看不出来,因为我们看不很清楚。可是如果它是向下弯曲,我们就很紧张,会担心它突然断掉。同时,我们可以通过此卦的卦象想象一下:此栋梁两边的两个榫头特别小,承受力很有限。现在一弯曲,我们就意识到两边的榫头已经松动了,很可能会出现问题。就像一个人,挑了太重的担子,如果他要硬撑下去,总有一天会撑不住,撑不住而垮下来了,就叫大过。所以,《杂卦传》里说:**大过,颠也**。现代人非常喜欢用"颠覆性"一词。动不动就说这是颠覆性的行动,这是颠覆性的观念,其实就跟此卦有密切的关系。我们知道,任何一个团体,任何一个人群社会,一定要有常规才能正常运行,没有常规就不可能有秩序。凡是违反常规的人,我们通常会特别警惕,并适时地加以警告。如果此人非常反叛,其行为造成了严重后果,那么我们只好给他记大过了。所以大有所过,以至于产生颠覆的现象,在这种情况之下,卦辞竟然说"利有攸往",这不是很奇怪吗?应该不利才对啊。

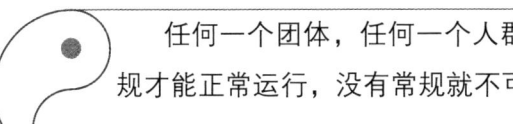

任何一个团体,任何一个人群社会,一定要有常规才能正常运行,没有常规就不可能有秩序。
——《易经》的智慧

《易经》认为只有阴阳协调,才能达到完美和谐的理想状态。一旦阴阳不平衡,往往就会出问题。大过卦阳大于阴,就像房子的栋梁开始弯曲了,但是大过卦的卦辞为什么说"利有攸往,亨"?这是怎么回事?在它的卦辞中又暗藏着什么化险为夷的好方法呢?

《易经》永远会给我们解决困难的方法,这是《易经》弥足珍贵和具有永恒价值之处。如果它只是告诉你,横梁已经弯了,已经快脱落了,彻底没救了。那我们读《易经》还有什么用?同时,《易经》也不是在你发现了问题之后,为你指出解决问题的途径。可是,现代人在这个地方误入

歧途，觉得无论什么问题，都可以找专家解决，都可以达到"利有攸往"的状态。其实不是这样的。"利有攸往"是告诉我们，你的能力在于提前发现问题，而不是寻得解决问题的方法。发现问题和解决问题的能力是不一样的，这并没有引起我们足够的重视。我们非常重视具有解决问题能力的人，但非常不重视发现问题的人，最终导致问题层出不穷，这就违反了大过卦给我们的指示。大过卦说，当你看到房屋的横梁已经弯曲了，就要马上想到它两边的榫头可能已经松动，说不定什么时候不堪负荷以致断掉，那问题就严重了。既然你现在已经发现了这个问题，那就想办法来拯救它，以期防患于未然，把潜在的问题化于无形，这才叫"亨"。要不然怎么可能亨呢？大过卦的"亨"，就表示我们已经发现了问题，已经做到了心中有数。并且在把问题发掘出来之后，想办法一一化解掉，使大家感觉到好像没有问题一样，这才最高明。

大过卦的象辞说：*大过，大者，过也；栋桡，本末弱也，刚过而中，巽而说动；利有攸往，乃亨。大过之时大矣哉！*

"大过"就是阴阳失衡，不仅是阴阳失衡，还是阳刚过剩。老实讲，人，只要阳刚过剩，就很亢奋。亢奋的人即使到了晚上还是安静不下来。一天下来，晚上也不觉得疲倦，这不是好现象。因为他过度消耗自己的体力，迟早会伤及自己的生命，任何人都不可能永远长期地维持这种亢奋的状况。因此，"大者，过也"，就是在提醒我们：大，就是过分的意思。阳刚过分，阳亢过剩，我们会联想到乾卦的亢龙有悔。为什么会亢龙有悔？就是因为它全部都是阳刚到底，没有把柔的一面发扬出来。

大过卦的卦辞说：大过，栋桡。利有攸往，亨。就是告诉我们在生活和工作中要及时发现问题，及时解决问题，这样就能化解危机。那为什么又说：栋桡，其实是一种大彻大悟呢？

一般的人，看到栋桡弯曲了，认为只是一个无伤大雅的问题而已。其至于认为，时间一久，栋梁自然会弯曲，这是不可避免的。还有的人更可

第六十一集　大过大悟

笑，他们说：人会老，梁会弯，这是自然之理。这种人就是没有大彻大悟。

聪明人一看，马上就意识到：这是一个启示，意味着此时是一个非常时期，我必须要采取非常的行动。这种人才算大彻大悟。所以，凡是懂得大过卦的人，碰到太过分的现象时，他就知道，此时就是非常时期，需要非常的人来做非常的事。这样，大过就变成"太伟大了"。从"太过分"变成"太伟大"，就是一个大彻大悟的过程，就是彻悟造成的一个良好的效果。

那栋为什么会桡？因为本末弱也。大家想想看，如果把木头做成栋梁，一定不能随随便便用木头架住，而是一定要把它两头削尖了，变成榫头。如果连这个都做不到，那你根本没有办法完成架构，房子也盖不起来，即使盖起来了，也一定不会牢固。但是，榫头削得太小，或者栋梁用得太久，以至弯曲，如果你对此熟视无睹，弃之不顾，那一定会遭祸，一定是祸害。

既然梁木弯曲了，有没有什么补救措施呢？当然有。彖辞接着说：刚过而中。其意思就是中间四阳虽然过分，但并不是什么大过错。它们集中在此卦的中间位置，这就很好。这也是我们学习《易经》之后应该有的觉悟。同样的状况，你一直往坏的地方去想，它就越来越坏了；你能够往好的地方去想，它可能就越来越好。因为好会变坏，坏会变好，这才是阴阳互变的正常道理。如果你说对此没有办法，可能就真的没有办法；你说幸好幸好，现在中间这段木头还是很实在的，两边松动了，想办法把它补救一下，加强加强，问题就解决了。它们虽然过分刚强，却也恰到好处，刚得合理。所以叫"刚过"。所以，最终会有一个好的结果，叫作巽而说行。你看这个卦，下卦是巽，上卦是悦，就是兑卦，这就意味着下面很顺，上面就很愉快。

在八卦图中，乾坤代表父亲和母亲，震是长子，坎是次子，艮是小儿子，巽是长女，离是次女，兑是小女儿。而在大过卦中，上面是兑，下面是巽，也就是小女在长女的上面。中国传统文化讲究要长幼有序，但是大

过卦中却是幼上长下，这里暗喻着什么道理呢？

大过卦的上卦为兑，就是少女；下卦是巽，就是长女。少女怎么会爬到长女的头上去？其实这是可以理解的。那就表示这个长女的修养很好，既然妹妹比我年轻，比我不懂事，我就不要用自己的标准来要求她。你要我捧她，我就捧她，她要想被捧得多高，我就把她捧多高，所以她就很开心。这就好像一个很有力气的人，把一个小孩子扛在头顶上，那小孩当然高兴。可是，如果大人一不高兴把他甩了，他就糟糕了，他就悦不起来了。因此下面必须很随顺。但这种情况能够长久吗？当然不能。所以，大过卦，故意使少女位居长女之上，本身就是一个不很平常的现象。用今天的话说，这种现象就是异象。

其实，现在很多人都不太懂得大过，也不知道自己就是处于大过卦的状况之中。很多年轻人把自己的头发搞得跟公鸡一样，还自以为很了不起，这就是没有大彻大悟。企图通过穿奇装异服，通过奇异的行动来获得别人的关注，这是下策，是不正常的现象。

顺而悦，但是真的能悦吗？好像不行。但是它偏偏就告诉我们"利有攸往"，这是什么意思？就是说你要出花样，你要装怪模样也没有关系，只要你能够把大家引到正道上面去，也算是对这个时代有贡献，这就叫"利有攸往"。

"乃亨"，就是利有攸往。只要上面提到的条件你能满足，就是亨。如果只是一味地搞怪，只知道求新求变，搞得大家很讨厌，而自己还以为了不起，那真的是犯了大过。这种一常一变两种不同的结果，就叫作一阴一阳之谓道。

大过卦的卦辞告诉我们，虽然有危险，但是只要及时发现问题，进行适当的调整，事情最终还是会向好的方向发展。但是大过卦的象辞却说：泽灭木，大过。也就是泽水会沉没木材，喻示着艰难险阻，危机重重。那么当我们面对现实生活中的种种困难时，究竟应该怎么做才能彻底突破困

第六十一集 大过大悟

境？在《易经》六十四卦中，大过卦是第二十八卦，排在颐卦的后面，这样的排序又有什么特别的含义吗？

我们先看一看《序卦传》：不养则不可动，故受之以大过。颐卦在大过卦的前面。颐就是养的意思，用今天的话来讲，叫作吃饱饭。一个人连饭都吃不饱，还会去搞新花样吗？还会去搞笑吗？这是不可能的。吃饱了饭，同时又忍不住虚荣心的冲动，就开始搞怪、翻花样了。有些人坐飞机，非得坐头等舱，但又没有坐头等舱的人该有的风范。这些人，甚至于穿着背心、短裤，就登机了。这叫relax吗？relax一词的含义是轻松，不要太过紧张。可是大部分人把它玩过头了。飞机是公共场合，不是私人宅邸，要注意个人的形象。老实讲，我们看到外国人好像穿的轻便服，其实他们的轻便服都是经过装饰的；你看外国人头发很乱，都是经过装饰的，不是真的乱。

大过卦告诉我们，人一有钱，就开始乱搞花样了。"不养则不可动"，就是说一养他就乱动，所以颐卦之后，就是大过。有时候我们觉得穷日子不好过，其实有钱之后生活更加乱糟糟。因此象辞才特别讲这句话：大过之时大矣哉。由此可见，大过就是要求人们要有非常的行动。你先要了解，自己是不是个非常的人物，此时是不是非常的时期，你所做的事情是不是非常难得的事情？如果是的话就去做，不要管别人怎么想；如果不是的话，那你还执意去做，就是在扰乱社会的秩序。说句不好听的话，就是在造孽。

大过卦的大象说：泽灭木，大过。君子以独立不惧，遁世无闷。"泽灭木"是什么意思？就是洪水把整个的树木都淹没了，这个常见吗？不常见。大概发生海啸的时候，才会出现这种情况。海啸时，海浪有三四层楼那么高，运动的速度很快，以席卷残云之势把整个树木淹没，这是非常罕见的现象。"大过"描述的就是这种景象。这个卦是上泽下风，上卦是泽水，下卦是巽风，风不可能躲到泽水下面去，所以这个巽风代表的是木。树木长得很好，根扎得很深，风来也不过是随其摇动，并不用太担心。可

是,现在大水确实把整个树木淹没了。这种景象就太"过分"了。一般人见到此情景,也许不过是照照相,在网上曝曝帖子而已。可是真正大彻大悟的人,就会明白:就算把提防修建得再坚固,大浪打过来,人也挡不住。人是有运动极限的,就算你百米跑得再快,也跑不过海浪。所以,君子以独立不惧。"独立不惧"就是说我看到此情景之后,大彻大悟,知道自己不能躲避这种劫难,所以干脆不必畏惧,坦然面对就可以了。我挺身而出,勇敢面对,不是标榜自己的英雄主义,而是要立志整治这种乱象。

那么,"遁世无闷"是什么意思?就是说,即使大家都看不惯我,都排斥我,我也要按照自己的意愿行事。别人对我不认同,我可以隐退,即使隐退我也不会觉得烦闷,不会觉得受到了很大的委屈,不会觉得心理不平衡,也不会觉得自己做出了很大的贡献却受到如此不公的对待。这里顺便提一句:现在很多人说话都喜欢用"即便"一词。我自己真的不懂什么叫作"即便"。平常人讲讲也就算了。但很多有学问的人,一开口也讲"即便"。其实,原本没有"即便"这个词,人怎么能随随便便?我们只讲"即使"。"即使"就是"就算"的意思。就算你们都不理解我,就算你们都看我不顺眼,我也无所谓,因为我问心无愧。

老实讲,真正能够看透世事的人,不是很多。有些人,每次看到大过卦的时候,就觉得它像个棺材,等四个角上的四个钉子钉下去,就一了百了了。有这种想法的人特别多。他们认为,反正人迟早要死,那就趁现在没有死,赶快享乐吧。太多人就是这样子。

很多人把大过卦的卦象,看作是一个棺材,其实这个"过"字可以有许多种解释,而不同的解释,就是人们对事物不同的认知。那么"过"都有哪些解释?我们又该如何正确理解大过卦呢?

"过"这个字,它有三个意思:一个是大家最了解的,叫作过错、过失。另一个,叫过分。任何事情都有个度,一旦超过了这个度,很多事情就适得其反。有些事,即使自己做得对,也不必得理不饶人。第三个意思

第六十一集　大过大悟

是经过。

任何人都会经过一个非常时期。我们通常可以看到，人们吃饱饭之后，就心神放松，毫无顾忌了。其实，人最难看的，就是吃饱饭之后那半个小时。剔牙齿，打哈欠，没精神，什么事情都不在乎——反正我已经吃饱了，我管它那么多。他就不晓得，当人类开始有饭吃的时候，就开始搞怪了，这是个必然的过程。但是我们要记住，有平常就一定有非常。请记住，我没有说反常，我是说非常，非常时期。你看历史上多少非常时期？当我们碰到大灾难的时候，当我们遇到粮荒的时候，当我们受到外敌欺负的时候，当我们内部人彼此非常不谅解，甚至产生很大误会的时候，这都是非常时期。身处非常时期，就要做非常之人，非常之人就要行非常之事。这种人通常是曲高和寡，很难得到众人的理解。不仅难得理解，甚至会遭到误会。因为很多人会认为，事情本没有那么严重，他讲得太过分了。

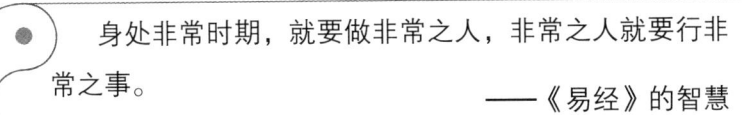
身处非常时期，就要做非常之人，非常之人就要行非常之事。
——《易经》的智慧

一个人，是不能够庸庸碌碌过一生的。我们看，为什么大家总认为生意好了还要更好，钱赚得永远不够多，房子永远少一间，看到新的衣服就想买？就是这个意思而已——你不愿意庸庸碌碌过一生嘛！既然你不愿庸庸碌碌过一生，就必须有长远的眼光，能够看出这是一个不平常的时代。人们总要做些不平常的事情，才算这一辈子没有白过。但是你不要忽略，首先要判断自己是不是一个非常的人，这个先决条件是非常重要的。

"泽灭木"，就是洪水把整个的树木都淹没了。树木一淹没，它就会断。只要根一松动，很快就会拔地而起，漂浮在水面之上。被浸泡的树木，面对如此困厄状况，会随水漂浮，漂到没有水患之处。

所以，只要看到哪个地方遭了水灾，只要那个地方淹没了很多的木头，下游的人就在等着捡便宜。把漂浮的木头带回家，既省力又节约。这

样大家才明白：当一个地方发生灾难的时候，就会有人等着捡便宜。当发生灾难之际，很多人都会蜂拥而至，他们来此一方面是救济，另一方面就是看看有无机会做生意。很多人大发灾难财，那就是大过。所以同样是非常的事情，我们一定要记得，《易经》强调要以正直为前提。

等到我们把大过卦的六爻都分析完了，就会知道：再"大过"的事情，只要你太过正直，自己也很麻烦。可见连"正"都不是固定的，都是变动的。在平常的情况，"正"相应的都是好的，可在大过卦里面，反而是不好的。这就是非常状况。怎么能用平常的状况来处理它呢？此时，你就应该懂得"时"的改变。你知道这是一个非常的时期，不能用平常的观念来看待它，不能用平常的方式来处理它，这样才叫作得时。得时才能得宜。如果不得时，就不能得宜，就叫不合时宜。你看我们把"时"跟"宜"合在一起，就是合理不合理，合时不合时？只要不合时，你就是不合理。当然，每种道理看起来都对，但需要跟大环境因应才成。如果不因应，就不对了。做正当的事情，也要根据时来调整标准，这要求一个人要有高度的修养。

其实，我们总要求新求变并不好。如果什么都要变，那不就乱套了吗？可是，不变也不行，你不变就不合时宜了，所以要持经达变。我们建议大家，从现在开始，当讲到求新求变的时候，最好要小心一点。有时候，即使是无心之过，也会害死很多人。要持经达变，不可以求新求变，有原则地去变，否则的话就是叛道。

你看最近很多新鲜的花样，都是流行一时后就消失了，这叫作经不起时间的考验。为什么大过卦的象辞里面会特别提醒说"大过之时大矣哉"？就是说这是个非常时期，你要有非常的举动。可是同时千万要小心，自己所坚守的基本原则不能改变。如果连基本原则都改变了，那不叫大过了，那叫什么？那叫革命。革命跟大过不一样，大过只是说在非常时期，做非常的动作，还是要挽救当前的局势。革命不是，革命是看到那个栋弯了，干脆放一把火烧光光，还去修它干什么？

泽灭木，是不会长久的。海啸再厉害，过一阵子就退了，来得快，退

第六十一集　大过大悟

得也快。我们还是可以恢复到原来的状况，否则人类怎么办？这里一发生灾难，人就跑光了，烧光了，那你将来住哪里？因此，整个的大过卦，我们可以这样来了解：一个人，当他没有饭吃的时候，会花很多的心神集中在求生上面，这个时候反而不会搞怪。你看没有钱的人搞什么怪？我必须提醒各位，所有的动物大概每一天都要花六个小时的时间来吃饱肚子。老天为什么让动物花那么多时间在找东西吃，在消化？就是因为让它最起码有六个小时不会搞怪，对不对？你说白天有八小时，你已经六小时不搞怪了，那剩下的饭后两小时，要很难看一阵子，也不会搞怪。所以，动物是不太会搞怪的，它们就是世世代代都过同样的日子。但是这样一来，生物就不会进化了，迟早会灭亡的。所以老天就选择人类，让我们不需要这么长的进食时间。有些人，平常吃饭连五分钟都不到。吃饭的时间越少，搞怪的时间就越多。

我们常说：吃饱了撑的。这句话是很难听的，但是太多人就是吃饱了撑的。我们可以看看，一个人上电视做访谈，能把他所有家当都带来，什么LV皮包，什么其他奢侈品。这就叫大过。这种人一走上大街就被小偷盯上了，不一会儿就扒光了。这只能是自作自受。

这种人，除了增加社会成本，还能做什么呢？大家可以想一下，如果很多人不是这样招摇过市的话，要那么多公安干什么？公安那么多就是你惹来的，大家还要出钱。这就表示你没有大彻大悟。看到很好的东西，欣赏欣赏就好了。老实讲，凡是戴得出来的都不是最宝贵的！

大过是非常行动，值得不值得去做，要依情况而定。什么情况？就是看你是不是真的大过常人。你看历代犯大过的人，大概有80%是死掉了的，只有20%是成功的。所以大过这个卦就叫作不成功便成仁，它是两极化。你成功了，伟大！你失败了，过分！就这么简单。

接下来，我们对大过的六个爻进行分析，大家就知道，就算你真的大过常人，也要按部就班去完成这种非常的行动。而不是说鲁莽行事，一出山就被人家干掉。所以，下一集我们讲：化解大过。

易经的智慧・第六十二集 化解大过

大过卦提醒我们，在危机四伏的非常时期，应该如何应对，才能化险为夷。那么在此种境况下的六个阶段，都分别有哪些应该特别注意的情况？大过卦中的第三爻和第六爻的爻辞中特别提到"凶"，是在提醒我们什么？面对非常局面，究竟每一步具体怎么做才能突破困境，解除危机呢？

第六十二集　化解大过

现在我们就将大过卦的六个爻逐一进行分析。整个卦，只有初六跟上六是阴爻，其他的四个爻全都是阳刚之爻。由此可见，即使你要做非常的事情，也需要按部就班，循序渐进。但是最要紧的，要保持正道。人通常都是一走下去，就走偏了，走到最后就不可收拾了。

初六的爻辞（图62-1）怎么说呢？它说：**借用白茅，无咎**。

初六，借用白茅，无咎。

图62-1

初六爻阴爻居阳位，是不当位的。这就是告诉你，虽然你是一个非常的人物，很想做非常的事情，但是毕竟你刚刚开始，你的势力很单薄，你的声望还不足，大家对你的了解也不够。这个时候想要一下子有所表现，立下大的功劳，是不可能的。你能够做到无咎，就已经不简单了。那怎么能够无咎呢？它用最简单的四个字，叫作借用白茅。大家想想看，你出去野餐的时候，会不会带个席子，把你的用具摆在上面？当然会。你借用那个席子，才能保护好带去的东西。否则的话，随便摆，很容易弄破，或者弄脏，甚至发生一些意料不到的损失。

因此，古代的人在野外祭祀的时候，一定会把场地打扫干净，然后找

一些比较柔软的草铺在地上做垫子，才把祭器放在上面。这就在告诉我们，一个很能干的人，一个大彻大悟的人，不可能马上得到众人的理解。所以，刚开始的时候，还是要谨慎一些好，不要一下就光芒毕露。这样对你来说比较安全。

初六的小象说得很清楚：*借用白茅，柔在下也*。用很柔细的草铺在地上，再把祭品摆出来才会比较安全。

初六的上面是九二，这叫柔承刚。你用柔的东西来铺垫，让上面刚的东西不易受伤，不易跌破。换句话说，你要爱惜自己，不要一开始就豁出去了。这样就是无谓的牺牲。因此，刚开始的时候，你还是要找到比较好的领导，配合他一起做非常的事情，才比较保险。

大家读《三国演义》的时候发现，当关公自告奋勇大战华雄时，没有几个人理睬他，哪怕他的武艺再高强。各路诸侯都想：你一个小小的弓箭手算什么？谁知道你武艺高不高强？当盟主袁绍看到派出去的将领一个个都战死了，他还是不肯派关公出战。幸好有曹操站出来替关公说话。曹操说，你就让他试试好了。曹操当时就是白茅，所以白茅不一定很低贱，但他起码能够帮助你得到机会去试，看看你到底能不能做成这件事，能不能得到大家的认同。

一个人，就算有再大的才华，再高的理想，外加坚定的意志和雄厚的实力，初出茅庐的时候，还是要借助人家的帮助。所以这个白茅，一方面是指初六自己，另一方面也可以指代别人。此时你只是别人的铺垫而已，如果不顾后果强行冒头，迟早会遇到危险。如果别人愿意做你的白茅，做你的铺垫，那就求之不得了。

一个人，就算有再大的才华，再高的理想，外加坚定的意志和雄厚的实力，初出茅庐的时候，还是要借助人家的帮助。
——《易经》的智慧

第六十二集 化解大过

柔在下,就是说如果下面是柔软的,而上面是刚硬的,这会比较安全。否则的话,上面的阳刚物体很容易跌破,一冒头就跌大跟头,最后没戏唱了。就算有万丈的雄心又有什么用呢?

大过卦的第一爻告诉我们:在非常时期做事情,首先要懂得刚柔相济的道理,多多寻求他人的帮助。那么我们又应该如何正确解读大过卦第二爻的爻辞"枯杨生稊,老夫得其女妻,无不利"?枯木生新芽,老夫娶少妻,喻示的又是什么呢?

初六之上是九二之爻,九二就开始有所表现了,大过卦中间的四个阳爻,九二算是第一爻。所以,它代表刚刚出现的第一阳爻,真的要好好表现一下。九二要做大事情,要做非常的事情,要做那种让人家看了跌破眼镜、为之一惊的事情。所以,九二的爻辞(图62-2)说:**枯杨生稊,老夫得其女妻,无不利。**

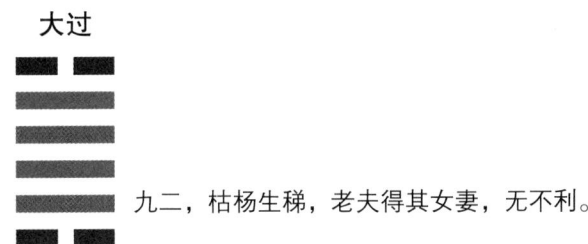

图62-2

什么叫作"女"?女跟士是相对的,古代没有结婚的男人叫作士,没有结婚的女人叫作女,士女就是没有结婚的男女。"枯杨",是说那棵杨树已经枯槁了,本身已经没有什么生气了,那它怎么能生稊呢?"稊"就是嫩芽。"枯杨生稊",就是说一棵枯槁的杨树居然会生出嫩芽来,这就好像一个年纪大的男人娶了一个很年轻的妻子。但要注意,这里只是比喻,并不是说你要做大事,你要有非常的举动,就一定要去讨个很年轻的

太太，它不是这个意思。

"老夫得其女妻"，跟老妇配少夫是相对的。大家想想看，男女有别，别在什么地方？就是老夫娶了一个年轻的太太，他们阴阳互补，彼此都有利。如果一个老妇，嫁给一个很年轻的小伙子，吃亏的是谁？就是那个年轻的小伙子，这在生理上是非常清楚的。我们可以看到为什么用杨树做比喻？因为大过卦是泽灭木，泽灭木就是水跟木的关系，整个大过卦是讲水跟木的关系。而树木中，最容易得到水分滋养的就是杨树。所以，我们看到，虽然九二跟上面的九五不相应，可它下面的初六对它是有帮助的，会使其获得重生的机会。

这种情况下，为什么会"无不利"呢？大家想想看，当一个人有很大的志向，很想凭借一己之力来拯救这非常艰难的境况，那他是不是要事先经过很充分的准备？大家可以想象一下三国时期的孔明。当时的孔明就是枯杨，孔明如果没有碰到刘备三顾茅庐，那他一辈子就要枯槁而死了，他绝长不出嫩芽来。为什么孔明是枯杨？因为他碰到刘备的时候已经27岁了。大家可能会说，27岁很年轻啊，正当年啊，那是现在的看法。在三国时期，一个男人到了27岁还无所成就，那这一辈子基本上就没什么希望了。可是碰到刘备以后，他就重新得到生机，产生出嫩芽来。就好比老夫娶了一个年轻的妻子一样，然后生机蓬勃，这当然是有利的。

一个人再获生机，当然对他是有利的。那为什么小象说：*老夫女妻，过以相与也*？

"过以相与"就是说，逾越了常规。老夫少女根本不相匹配。在古人的思维里，什么叫匹配？古人认为男人二十几岁，女孩子不到二十岁，这个时候是最匹配的。现在老夫配少妻，就表示男女的年龄差距太大。"过以相与"，逾越了一般的规矩。

那大家会疑问，既然不相配，又怎么会无不利呢？这就是我们一再说的，处在"大过"这种非常的时期，做这种非常的举动，可能好，可能坏。如果在正常的、平常的情况下，这种配合绝对是不利的。现在之所以会"利"，是因为整个大环境要求人们采取非常的行动。可是采取了非常的行动，还不一定很吉利。因为九二位居下卦的中位，是不当位的，同时，它跟上面九五也不相应，由此可见，它本身条件不是很好。老实讲，一个人在非常时期，要做非常举动，条件不一定会好的。外界不一定会配合你，大家也不一定会欢迎你。

处在这种非常的卦位，要对事情有非常的理解。此时不当位反而是好事，不相应反而是好事。但并非不当位、不相应就是好事，这要看合理不合理。九二唯一的好处，就是居中，合理。它秉持中道，所以这一爻会说"无不利"。虽然这种状况看起来跟平常的情况有点矛盾。但这是非常时期，就要有非常的因应措施。一般状况下这叫不正，可是在非常时期反而变正了，这就是理会变动的最好的证明。

大过卦九三爻的爻辞（图62-3），仅有三个字：栋桡，凶。

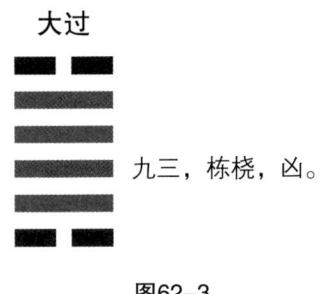

图62-3

栋，可以解释为"栋梁"，和用杨树做比喻的第二爻相比，第三爻好像更好些。但是，通过其爻辞"栋桡，凶"不难看出，这一爻虽然看似拥有理想的境况，但是却存在着极大的凶险，这是为什么呢？在现实生活中，如果遇到这样的情况，我们又该怎么办呢？

九三跟九二有什么不同？它们两个都是阳爻，而且九三好像更加当位，同时跟上六相应。可是九三是凶，九二是无不利，可见这个卦是有点反常的，这就是非常卦象。九二，用杨树来做比喻，可是九三是用栋梁来做比喻，为什么会这样？因为人们并没有把九二当成栋梁，别人只把它当

成了一棵枯萎的、被水淹死的杨树，是没有什么指望的。这时你要靠自己来奋斗，在这种逆境当中，要有逆向的思考和非常的行动，才能无不利。可是九三呢？是用栋梁来做比喻。因为它的卦位已经到了下卦的上爻，同时又是阳刚之爻，这就比较容易过分，比较容易超越合理的度。就好像一个人已经获得了很高的地位，成了栋梁之材，可是现在却弯曲了，栋梁弯曲，怎么会不凶呢？

其实我们也可以从另外一个角度来解释，就是说一个有过人智慧的人，心怀崇高的理想，要拯救这个不平常的时代，要扭转颓废的社会风气，当他有一点点成就的时候，就会表现得过分自信，就很可能夸口道：这下我万事顺利了。这样，一方面别人会怀疑你的能力，另一方面也对你产生了恐惧之心。最可怕的是怨恨你。怨恨你把这种大好的机会也卷走了。大家应该从这里得到一个启示，就是说一个人表现得好，又把功劳据为己有，其实自己身上的压力就非常大。

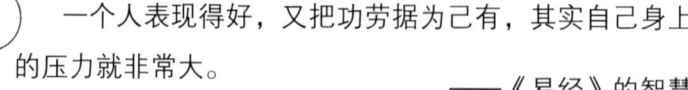

一个人表现得好，又把功劳据为己有，其实自己身上的压力就非常大。
——《易经》的智慧

九三的小象说得很清楚：**栋桡之凶，不可以有辅也**。"不可以"就是"不可能"，不可能有人帮助你。我们知道，九二之所以"无不利"，就是因为有人会帮助他，有人会觉得九二志气可嘉，就伸以援手。所以，老夫得其女妻，就是表示有人帮助他的意思。可是现在九三不是，他自己很能干，变成了栋梁，而且功劳全归自己，最后弯曲了也是活该，谁叫他那么神气呢？

九三的日子之所以不好过，就是因为你已经有很好的表现了，大家开始寄厚望于你，这时九三的压力就更大。九三本来就多凶，现在自己又过刚，过刚就会自扰。九二是刚中有柔，因为它刚居柔位，它知道自己是不当位，所以会小心一点。现在九三是又当位，又相应，又处于下卦的

第六十二集　化解大过

上位，本身很有能力，又可能居功已有，最后搞得自己不得安宁，最终是凶。由此看来，我们就明白了为什么九二不当位，反而无不利，九三当位，反而是凶。

一个人如果自认为很了不起，是不足以担当大任的。九三，自以为有功劳，有贡献，这样下去迟早会被上面的领导干掉。因为你的出色表现已经让他岌岌可危，让他觉得自己的位置受到了威胁。你的处境怎么会不凶呢？这样，大家就会慢慢想明白，什么叫大过？大过就是要求一个人有大彻大悟的智慧，才能够在这种非常状况之下走得很平安，走得很顺利。

"大过"意指危难的时代，而不是平静的时代，平静的时代怎么会"大过"呢？生活一切如常，风俗很淳朴，大家可以平平安安地过日子，是不会遇到"大过"的。可现在不是了，人们吃饱了饭没事干，就开始玩花样，就开始求新求变，最后弄得大家不得安宁。此时，必须有人来拯救这个时代，如果连肩负拯救使命的人自己也求新求变，那不更乱吗？所以你一定要正，可是这个正跟一般的正，刚好是相反的，这一点是非常重要的。

九三和九四同样位居四个阳爻的中间。四个阳爻连在一起，就表示它们是同心协力，它们是很刚强的，它们是足以拯救这个乱世的。可是，三当位而凶，四不当位反而吉，这一点在大过卦中不断地给我们启示：在非常的时代，你要有非常的观念，要采取非常的行动，而不是按照平常那种很一般的方法来处理非常之事。

大过卦的第三爻和第四爻都是阳爻，从爻辞上看，第三爻的爻辞是"栋桡"，第四爻的爻辞是"栋隆"。"栋桡"形容的是栋梁受到压力向下弯，"栋隆"形容的是栋梁受力向上拱起。那么同样都是弯曲的栋梁，为什么却是一凶一吉？

九四的爻辞（图62-4）说：栋隆，吉，有它吝。

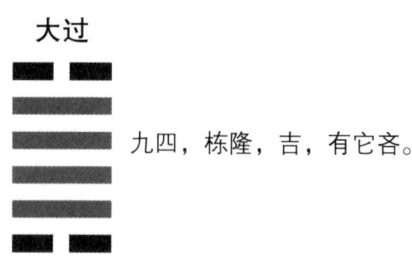

九四，栋隆，吉，有它吝。

图62-4

九二用杨树来做比喻，九五也是用杨树来做比喻，这两个是相对的。九三用栋梁做比喻，九四也用栋梁来做比喻，它们也很接近，因为它们同处四阳的中间。九三告诉我们，它这个栋梁已经弯曲了，九四也是弯曲的，可是九四是向上弯曲，它是"栋隆"，"隆"就是"隆起"。由此可见，一个是向下弯曲，一个是向上弯曲，它们的弯曲方向是相反的。大家可以想想，你比较害怕栋梁向下弯曲，还是比较担心向上弯曲？向上弯曲，承载力量更大，若是向下弯曲，就非常危险，不知道什么时候会折断。那为什么九三会栋桡，而九四会栋隆呢？就是因为九三当位，以阳刚居阳位，本身就是一味地阳，阳刚过甚一定会向外凸；而九四的好处，是它能够居阴用柔。它本身是阳爻，可是它居在阴位，居阴用柔，使得本来向下弯曲的栋梁慢慢地向上隆起，其功能就显现出来了。

如果把九三和九四两爻对应看一下，就会得到启发：一个很刚强的人，如果毫无顾忌地表现出自己的刚强，最后一定会吃亏；如果能用柔的方式来表现刚强，柔中有刚，最后是吉祥的。所以，九四爻辞用了"吉"。但是现在还有一些疑虑。"有它吝"，是什么意思？"它"代表什么呢？它就是指初六。因为九四跟初六是相应的，这就说明九四可能会因为初六而分神。

九四的小象说：*栋隆之吉，不桡乎下也*。九四之吉，就是因为不桡乎下也。可见它不心念底下的初六，就是吉的；如果因为初六而分神，那就变成栋桡了。

九四已经位居上卦的第一爻，即是上兑的开始一爻。它已经不再需要

第六十二集 化解大过

吸收初六的水分了，因此也就不必太在意初六了。所以，该舍得就要舍得。一个做非常之事的人，要有非常的肚量，不能总是患得患失。必要的时候，要懂得只有放弃一些东西，才能得到另一些东西。其实，现在初六已经在帮九二的忙了。既然如此，你就让他去。也不必太小气地说：你本来应该配合我的，现在反而去帮助九二。只有这样，才会减少很多不必要的烦恼。

> 一个做非常之事的人，要有非常的肚量，不能总是患得患失。必要的时候，要懂得只有放弃一些东西，才能得到另一些东西。——《易经》的智慧

在生活中，如果做出非常大的贡献，取得很大的成就，我们通常希望可以得到公众的认可和记忆，但是实际情况有时会和愿望背道而驰。很多时候，虽然我们付出了很多，却不一定能得到相应的认可和赞誉。那么在这种情况下，我们又应该怎么做呢？大过卦第五爻所说的"无咎无誉"，究竟是什么样的一种境界呢？

九五的爻辞（图62-5）是：*枯杨生华，老妇得其士夫，无咎，无誉。*

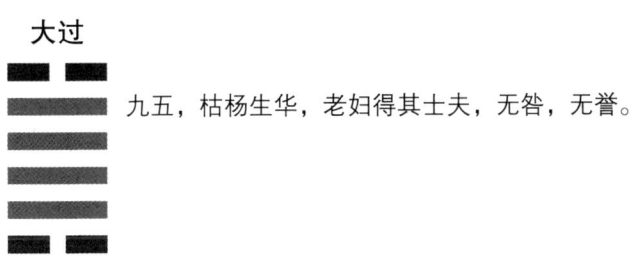

图62-5

九五跟九二是相对的，九二用枯杨做比喻，九五也用枯杨做比喻。但

是,九二是枯杨生稊,就是说这棵枯槁的杨树得到了水分以后,又长出新芽来;而九五这个枯芽,离水源比较远,它是"生华",就是好看而已,它不可能生出嫩芽来。寓意是说大家对你只是表面敷衍,而不是真正地欣赏你。"老妇得其士夫,无咎无誉",就是说年老的妇女,得到了一个年轻的丈夫。九五本身是壮健的男人,而壮健且没有结婚的男人就是士夫,那个老妇是谁?老妇是上六。

大家看到,九二的相邻之爻是初六,九二跟初六是相比的;九五跟上六是相近的,但是上六已经失去了生育的能力,九五就是再壮健也没有用。"无咎无誉",这里的"无"并不能解释为"没有",而是解释成不要期盼别人的称誉。这是九五爻给我们最大的启示。一个人有了非常大的功劳,有了非常大的贡献,应该把它忘掉,不要记在心里,不要时刻想着别人的赞誉。只有这样,你才不会枯杨生华,一时的风景,过后就变得什么都不是了。现在很多人不明白这个道理,最后得到一个悲惨的下场。

六五的小象说:*枯杨生华,何可久也,老妇士夫,亦可丑也*。枯杨生华这种状况会持久吗?不可能的。你越显摆自己的功劳,别人越容易忘掉,后面的新进者马上就跟上来。你越不彰显自己的功劳,人家越怀念你。"生华"就是只开花而不能结果。无咎无誉,不是解释成"不为",而是"不能"。所以,九五不能有居功自傲的念头。不然的话,迟早会自取其辱。

因此,做"大过"的事情,首先要大彻大悟,要肚量比一般人更宽广,就算人家根本不认定你,你也无所谓。人家捧你,你更不要得意。只有这样,你才不会枯杨生华。枯杨生华只是好看一阵子,因为它没有新芽,当然是不可能持久的。

大家从这里可以看出来,一个人要做大事,要做非常的事情,刚开始的时候一定要很小心。一个籍籍无名的人,稍有点表现,同时又很谦虚,自然会有很多人帮助你。可是你不能因为别人帮助你,你就觉得自己不得了,那又招惹"凶"了。接下来,当你再加把劲的时候,就会发现自己过分的刚了,最后就是弯曲的。这一弯曲,后果很严重,你要赶紧想办法把

第六十二集 化解大过

它修整好，然后慢慢地退出历史的舞台。人都是健忘的，应该以自然的心态处之。

上六的爻辞（图62-6）说：**过涉灭顶，凶，无咎**。

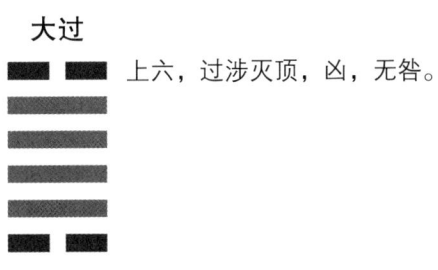

图62-6

上六是凶的，因为上六本来是一个老妇人，老妇人没有能力承担帮助九五这么重大的责任，最后自己反而披覆灭顶之灾，被水淹没了。可是，"凶"之后为什么又"无咎"呢？这就表示，身处这个时代，既然避免不了这个恶果，那就心安理得泰然处之吧。既然自己已经尽力了，那还有什么好后悔的呢？

大过卦的大象辞里说过：**遁世无闷**。你事情做完了之后，功成不居，心甘情愿地隐退下来。

我碰到一些很有成就的人，退休了以后，见人就说：哎，我现在是一介贫民了，以前我跟大家很多话都没有机会讲，没有时间讲，现在我们可以好好聊一聊了。其实这又何必呢？

上六的小象说：**过涉之凶，不可咎也**。"不可咎"，就是说你不可以去归咎于人。一个人在这种非常时期挺身而出，他不是为自己，而是为大家。为大家做完了事情，他又忘记了自己的功劳，那就算很多人不认识他，甚至有人还批评他，都无所谓。因为他已经问心无愧，既然已经尽力了，那还有什么遗憾的呢？

《易经》六十四卦中，大过卦是第二十八卦，之后是坎卦和离卦。那

243

么这样排序的背后究竟蕴含着怎样的人生智慧？大过卦和坎卦、离卦之间又有什么特殊的关系呢？

大过卦的整个卦象，最上面是一个阴爻，最下面也是阴爻，中间并排着四个阳爻。如果把当中四个阳爻缩成一个阳爻，那此卦就变成了坎卦。所以，完整的大过卦里面包含着坎卦之象。而与坎卦相错的卦就是离卦，这样大家就初步了解了为什么大过卦之后紧接着就是坎卦和离卦。其实，这告诉我们：你做了非常的举动之后，要么是向上提升得到离卦，要么就是向下沉沦得到坎卦。任何事情，不管当初设计得多好，不管自己的心里多么正当，最后的结果都是没办法控制的。所以，孔子才会讲尽人事，听天命。如果你尽了人事，即使最后遭受灭顶之灾了，即使碰到"凶"象了，最终还是无咎的。最后的结果，我们是不能够掌握的，很多人本来是好意，最后却造成很坏的影响。

"大过"代表非常的行为。这种行为的结果有两种：一种叫作离，离就是像太阳一样向上提升，整个前景一片光明；另一种叫作坎，坎就是向下沉沦，前途会很艰险。也许，当初没有采取这些非常行动还好，还不至于坏到什么地步。现在虽然采取了行动，却比以前更加糟糕，这种结果谁料得到呢？老实讲，很多事情，其变数是人所无法控制的。因此，一个人要不要从事大过，要自己决定。因为后果不是坎就是离。这就告诉你，虽然你有很充分的准备，有很崇高的理想，但仍有可能遇到坎象，碰到危险。

因此，我们接下来就要讲坎卦。坎就是坎坷不平。其实人生的经历，都是坎坷不平的，不可能总是节节上升。偶尔会上升，可很快又沉沦了；在困境当中挣扎了半天，然后慢慢地又上升了。由此可知，为什么人们每一次上升，都要受到一番恭喜。因为这实在很难得。如果时时刻刻都是上升状态，那也没有什么可恭喜的了。人生的境遇总是坎多离少。因此，我们应该好好地来理解坎卦所讲的道理，以期对自己有所启发。所以，下一集我们讲：处险不惊。

易经的智慧·第六十三集　处险不惊

在八卦中，坎卦代表水，两个坎卦相叠，在六十四卦中还是坎卦。坎卦的卦象显现出，两个阳爻都正处在阴爻之中，犹如人掉入水中，有灭顶的危险。而两坎相叠，更是险上加险，象征着重重的艰难坎坷。任何人的一生都会经历艰难坎坷，当遇到这种情境时，应该如何正确应对？坎卦又能给我们哪些宝贵的启示呢？

第六十三集　处险不惊

如果有人对你说：前面的路不好走，你会有什么反应？是此路坑坑洼洼，极难行走，还是前方有绿林好汉、山东响马当道？其实，这两种情况都有可能发生。它们一种是自然灾害，一种是人为的困境，都是坎象。为什么此卦名为坎呢？我们看这个"坎"字可能就会悟出一二。它一边是土，一边是欠，合起来就是欠土。如果土不欠，那说明此路平坦顺畅，走起来也四平八稳。可是地壳偏偏会变动，今天还是平整的，明天就陷下去了。而且东陷一块，西陷一块，让你搞不清楚哪里平坦哪里深陷。所以，欠土就是陷阱。人一不小心踩下去就被陷住，就遇到了险难。陷阱、险难都是坎。

那坎为什么又代表水呢？这太简单了。凡是欠土的地方，凡是有陷阱的地方，迟早都会积水的。其实水本性是柔的，它可以顺地势而流动，利万物而不争。老子说过：上善若水。它滋润了万物，不跟任何人争功。其实水因为至柔的本性，才拥有强大的力量：别人认为很危险的地方，它认为很安全；别人斤斤计较之处，它却放得下。我们中国人的品性很像水，中国的整部《孙子兵法》也深刻地体现了水的性质。这些都跟坎卦有密切的关系。你看此卦的上卦是水，下卦还是水。下卦是坎，上卦也是坎，所以这个卦有一个比较特殊的卦名，叫作"习坎"。

"习坎"是什么意思？"习"就是告诉我们，要练习跟险难相处。我们读过大过卦以后，应该有个印象：人是动物，是不能不动的，人一定要动。可是不动则已，一动就会遭遇危险。那怎么办呢？我们就要练习跟危险相处，对平常会遇到的危险非常熟悉，熟悉到精通的地步。经常游泳的人都知道：水性本身是很难掌握的。它表面上很平静，可是水底下却有很多漩涡。但是,即使如此,如果人们通过练习,能够慢慢地跟它达成一致性、协调性,你就能够掌握水性,就能够精通游泳,这样最起码可以免于灭顶之灾。

我们可以回想一下,大过卦的最后一爻,上六爻的爻辞就是"涉水灭顶"。由于人们常常受苦受难,躲都躲不掉,还不如反过身来学习如何与险难共同生存。等到对此风险熟悉、了解之后,就会因了解而具有自我保护的能力,否则的话会永远陷于险难之中。所以,才产生了这一特殊的卦名:习坎。

有人认为,坎卦是一个凶卦,其实《易经》中的卦,并无吉凶之分,它只是代表一种客观存在。人的一生,不可避免地会遇到各种坎坷,既然不能避免,就要学会应对,那么坎卦的卦辞中,有没有应对的好方法呢?

坎卦的卦辞(图63-1)说:习坎,有孚,维心,亨,行有尚。

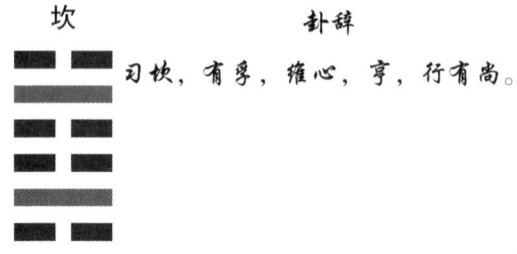

图63-1

什么叫"维心"？就是心里头要诚信。坎卦的上下爻都是阴虚,只有当中位置的爻才是阳实的。这就启示我们要心中实在,要很诚信。虽然外表上看起来是随时变动,但这只是要因应不同的环境的结果。这也是我们中国人常讲的"内要方,外要圆",心里面要有刚正的原则,但是外表和行为要随着环境的变化而适时变通。只要心怀诚信,实阳在中,即实实在在的阳爻位居卦的正中央,你就会亨。所以,保持心中不变的诚信,坚定

第六十三集　处险不惊

自己内心的信念，保持心中不变的诚信，保持心中很坚定的一种信念，有原则地熟悉、适应习坎，你就会亨通。

"内要方，外要圆"，心里面要有刚正的原则，但是外表和行为要随着环境的变化而适时变通。
——《易经》的智慧

"行有尚"，就是说：既然这样，那你就不能畏畏缩缩，就要勇往直前，这样做，不仅可以战胜困难，而且还会受到别人的尊敬。"尚"就是崇尚的意思。别人也许会觉得，你这个人气魄很大，很不简单，说不定也追随你，大家一起来奋斗。本来让人特别恐惧的事情，后来发现竟然有人来做，而且行事非常正当，这就很容易得到别人的响应，最后必然亨通了。

那么，既然坎卦代表危险，习坎更是危险重重，我们要怎么样去与它互动？我们可以看一下此卦的彖辞是怎么说的。它说：习坎，重险也，水流而不盈，行险而不失其信；维心，亨，乃以刚中也；天险不可升也，地险山川丘陵也，王公设险以守其国；险之时用大矣哉。

"习坎，重险也"，重重的险象，就叫重险。可以看到，上面是险，下面也是险，把两个险重起来就是重险了。"水流而不盈"，水虽然流淌不停，但是不会满溢出来。就是因为缺土之地，陷阱实在太多了。所以，无论多少水灌入，也不能满盈。"行险而不失其信"，本来对于人类来说，险象环生，是不太敢冒险往前走的。可是水跟人不同，水的本性是流向低洼之地，它处于这种低洼的环境中是很适合自己的，它并不觉得自己是在冒险。只有在这种地方，水才能维持其基本的价值。这个基本的价值就是水向低处流。只要陷阱足够深，坑洼足够大，就会有更多的水流向里面。

水，外柔内刚，看似波澜不惊，却有滴水穿石的力量。坎就是水，所

以学习坎卦,也要学习像水一样,无论遇到多少险阻,都"行险而不失其信",要有战胜困难的顽强意志,处险不惊,沉着应对。但是在现实中,人一生会面对太多的困难和危险,那么当面对具体的天险、地险,或者是人心的险恶时,坎卦又会给我们哪些建议呢?

我们人刚好与水相反,正所谓:人往高处走,水往低处流。其实,人不管是往上走,还是往下走,甚至于走在平地上,都是行险的。天有天险,地有地险,人心更险。所以日常生活当中,人无时不在行险。可是行险可以,但不能够失其信,要能够始终保持既定的原则,只有这样,才能"维心亨"。"维心亨"的意思就是说一个人的内心很亨通,为什么能做到这样?我们看这个卦象,"乃以刚中也"。上下两卦,其实心都是位居中间的。整个卦来说,只有九二和九五两个阳爻,其他四个都是阴爻。同时这两个阳爻并没有挤在一起,它们被分开来了。分开后,都居于上下卦的正中央,所以它能够维持足够的稳定,这样才会"行有尚"。"行有尚"就是说你可以勇往直前,同时能够得到大家的崇尚,这主要是因为"往有功也",你的所行所思,对大家来说,是有很大的贡献的。

大家想想看,如果水不往下流,我们还有水喝吗?水多半来源于高山。高山的积雪慢慢地融化,就变成水。如果水老是位居高山之上,或者很容易变成水蒸气蒸发掉,我们喝的水要从何而来呢?所以,水往低处流,就像一个人,大家不愿意做的事情,我来做;不愿意担当的责任,我来担当。并不计较什么吃亏不吃亏,所以,才能"往有功也"。

"天险不可升也","天险"指什么?指日月星辰。你看太阳光有时候很强烈,照得人们睁不开眼睛。可是有时候,它又躲起来,没有一丝光亮,搞得什么都是昏天黑地,什么方向都辨别不清。月亮也是这样,时圆时缺。月圆的时候,它的强力带动潮水的运动,连人心都会受其影响。这是没有办法避免的。它们高居天上,非人力所能影响的,所以,我们只能顺应天时。天险最主要的,就是体现在时间的变动上,这不是人能够操纵的。

第六十三集　处险不惊

地险是什么？地险就是"山川丘陵也"。大地茫茫，并非一马平川。如果处处都是平平坦坦，那我们的地球就名不副实了。因为地球原本就是圆的，那么，我们身处的大地也就是弧形的。大地高低参差，河流周流不停，总会有天气的变化，气候的循回轮转。可见，天上有气候的变化，地下有山川的险阻。人类面对这种复杂的生存环境，既不能逃避，也不能完全改变自然，只好去面对它、熟悉它、练习与它共存，精通其变化而为己所用。就像"王公设险以守其国"，这更是常见的事实。纵观天下，哪个国家不是利用天险，利用山川的形势来涉险守家，让老百姓们安居乐业？这就是国防。国防都是利用险要的地形，来达到守家卫土的目的。所以象传说："险之时用大矣哉。"能够分清是什么危险，甚至能够利用此种风险达到什么目的，这实在是了不起的事情。以险止险，以险用险，这才是人类最大的智慧。

我们现在回过头来看看《序卦传》是怎么说的。它说：**物不可以终过，故受之以坎；坎者陷也**。由此可见，一个人不能一天到晚老是做那些非常的事情，你总要恢复正常、步入正轨。人生即是如此，从平常走入非常，又从非常步入平常。两种状态不断地转化，我们就会得到很多有益的教训，懂得一切都变动不居。既然自然人生都是川流不息、变动不居的，就会产生危险。因此，我们必须要熟悉整个危险的变化，知所从来、知所何去。所以，大过卦的后面紧接着就是坎卦。

《杂卦传》里面有句话说得也很清楚：**离上而坎下也**。"离"就是向上提升，"坎"就是向下沉沦。大家读历史，就会发现，整部历史都是上升与沉沦此起彼伏。一个时代是恢宏壮阔、蒸蒸日上；接着下一个时代就是暗淡无光、日退千里。但是大家总是感觉：要提升比较困难，要沉沦是比较容易的。就像一个人，要养成好习惯非常困难，要养成坏习惯，真是轻而易举。所以，要改善整个社会的风气，非常费时费力，但如果要使社会的风俗浮华、腐败，就太容易了。

水的本性就是向下奔流。只要是低洼之处，它总是昼夜不息地流向那里。其实，世界本来就充满了重重的险难。而且，福无双至祸不单行，稍

不注意，灾害就源源不断，让人防不胜防。

坎卦告诉我们哪怕是像天险、地险一样大的困难，只要我们像水一样顺势而流，因时制宜，把握住合适的时机，找到正确的脱险之道，最后也能化险为夷。但是人生就像一条长满刺的路，在现实生活中，我们常常是刚刚闯过一个难关，紧接着又会陷入另一个困境，那么面对接连不断的苦难，我们又该怎么办呢？

习坎卦的大象传说：*水洊至，习坎，君子以常德行，习教事*。"洊"就是一而再，再而三的意思。这句话是说，水流过来，而且不停地流。就像那块原本不平整的土地被水侵蚀了以后，会越陷越深，而水越流越多，最后使得旁边的土地也跟着一起往下陷。这就是习坎。但你不能逃避，只能面对这个事实，勇敢地面对这种艰难险阻。外部的环境并不会因为人们的祈求而改变，它有它的规律性。人只能适应环境。就像人们对泥石流无能为力一样，唯一的办法就是趁早避开。

所以，我们要习惯于面对各种山川险阻。君子遇到这种情况，就会"以常德行，习教事"。"常德"就是常保美德的意思。我们看到，《易经》不断地告诉我们，品德很重要。人总是稍不注意就昧良心做事。人们常说，做事凭良心，其实这是很难的。面对巨大的诱惑，面对巨大的利益驱使，能够克制住自己的人是很少的。就像一个人，明知吸烟有害健康，可是让他戒烟他又戒不掉。

"习教事"是什么意思？就是在日常生活当中，要勤于把该做的事情，原原本本、规规矩矩地做完。日常生活当中，该做的事情不推辞，该坚持的原则不动摇，这就是君子的行为。但是现在，由于城市化的过度发展，一大片的良田转眼之间就流失了，或者你的一所房子，后山前水，你住着心情愉快，可是不知哪天，就被赶出来，弄得无家可归。遇到这种事情，哭天喊地都没有用。既然逃避不了这些灾难，那我们只能学着了解困难，然后跟它好好协调。这就是习坎卦。所以，习坎就是说我们一辈子都

第六十三集　处险不惊

躲不开磕磕坎坎。

比如说，有人给你设了一个陷阱，虽然你感到对方不怀好意，可是最终还是陷了下去。其实，凡是轻易地中别人的套，把自己陷进去的人，都有一个明显的毛病：贪小利。别人要设坎险，要把你引诱下去的时候，他一定是抓住你这种贪小便宜的习性，不然怎么能够成功呢？所以，大家可以借此想一下：人性到底是光辉的还是黑暗的？我相信学《易经》这么久，大家知道答案是两种都有。一个人，可能很阴险，也可能很善良，都是一念之差而已。我们不能随便说这个人是好人，好人也可能做坏事；也不能随便说这个人奇坏无比，坏人也可能做好事。这一切都在一念之差。

> 凡是轻易地中别人的套，把自己陷进去的人，都有一个明显的毛病：贪小利。
> ——《易经》的智慧

我们中华民族是很懂得阴阳的道理的。所以，有人主张说"人性本善"，有人主张说"人性本恶"。但是孔子从来没有讲过人性善恶的问题。很多人把孔子归到"性善论"一派，其实他是有点冤枉的。孔子只是说：人性是可塑造的，你可以使它善，也可以使它恶。因为人性之中本来就有善恶的潜在因素。如果我们尽量从小就培养人们人性的光辉一面，把他潜在的黑暗的一面遏制于未萌，那这个人基本上就是心善的。但是要彻底把黑暗邪恶的心性去除，是不大可能的。

坎卦的象辞说"常德行"，就是告诉我们即使是面对人世间的重重艰险，也要保持内心的善良。但是俗话说：人善被人欺，马善被人骑。那么我们究竟怎么做，才能在凶险的环境中保留一颗纯朴的赤子之心呢？坎卦的两个阳爻，都在阴爻之中，这样特殊的卦象除了告诫我们要保持心中的诚信之外，还有什么特殊的寓意吗？

可是，心地善良的人总是吃亏。如果别人都很阴险，就自己心地善良，那不是迟早吃亏吗？所以，习坎卦告诉我们，你的善良秉性要摆在心里面，你的行动，要包含着善良。水向低处而流，它不会往高处淌，不会蛮干硬闯。水有一个显著特性，值得我们人类学习，就是其目标永远不会改变，但它通向目标的方向经常是变幻不定的。任何山川河流都向往大海，所以才有百川纳海的壮阔景象。但是每条河流的走向各不相同，真可谓东西南北各不同。人类要是把方法固定了，就会增加很多困难。其实只要目标坚定，方法灵活，就可以尽量替社会做出贡献，尽量替大家谋取福利。

所以，人们在做事的时候，就应该随机应变。其实我们看大过卦，再看坎卦，就知道它有一个很重要的原则：不要做无谓的牺牲。如果看到社会的乱象，也不掂量一下自己的力量，就想冲上去拯救，最后无缘无故地死掉，这岂不可惜？可能你会说，即使如此，也算是死而无憾了。就像大过卦的上六，它虽然被水灭顶了，但没有什么遗憾。可是对于旁观者的我们还是不忍心，因为这样子会使很多人感到心寒。凡是守规矩的人都吃亏，凡是有心拯救时难的人都牺牲了。这会使很多人对社会失去信心，甚至于大家都不敢出来担当道义了。而有些人可能会走上邪道，这更可怕。一个人要保持自己的善良和单纯，但是，如果不经过事变的磨炼，就不可能真正懂得单纯是什么。此时，所谓的单纯只能是愚昧和幼稚。

有些小孩子，看到大家都在河里游泳，以为游泳很容易，所以他就跳下去了，最后就溺死了。每年的夏天，不知道有多少人不幸溺死在水中，就是因为他们把游泳看得太容易了。有时候，大家读了《易经》，懂得了它的道理以后，觉得把人世间搞得实在太复杂了，其实他没有真正理解其中的道理。表面看来很平静的地方，可能处处都存在着险难，一个不小心，就栽跟头，就掉入人家的陷阱，结果你就会对自己失去信心，那不更糟糕？习坎卦告诉我们心中要诚信，但对外部的险难也应该了解，知道如何去适应，这一点是非常重要的。

大家也许有疑问，坎卦代表危险，屯卦代表险难，这两个卦有什么不

第六十三集　处险不惊

同？其实，屯卦是自然的险难，它不是人为造成的。你看妈妈怀胎十个月，非常不容易，但这个时间不是人能控制的，胎儿有一个自然成熟的过程。可是坎卦就不一样了，它里面的人为因素特别多，这是为什么？观察自然，我们发现，山川有其险阻的功能。如果利用得当，可以有助于国防，保护百姓的安全；可是，如果它所处的位置不对，就可能是个大陷阱，危害人类。这使得人们都产生一种不恰当的想法：人不应该这么诚信，应该黑心一点，才能生存，那整个社会的风俗就败坏掉了。

坎卦告诉我们，即使身处重重艰险困难之中，我们也要保持内心的善良和诚信。但有时当我们以诚待人的时候，别人并不一定也以诚信来回报，那么我们是否还应该坚持诚信？

复杂好不好？单纯好不好？都只有一个答案：很难说。内心要诚信，这是永远不会错的。可是人家是不是以诚信对你，这个就不能保证了。所以，防人之心不可无，但是害人之心绝不可有。那我们怎么办呢？古代的兵学经典《孙子兵法》里有一句话，叫作"兵者，诡道也"。这个"诡"并不是奸诈，不是欺骗，也不是耍诡计。中国古代，两军对阵，所有士兵都在旁边观看，都是一将对一将的单挑。老实讲，像这种打法，完全可以在两将相争的时候，命令士兵把对方将帅一箭射死。但是我们不会做这种事情，因为那是奸诈。而光明正大的争战就摆在台面上，你用刀我用枪，一个对一个。如果我输了，输得心甘情愿，放冷箭算什么英雄呢？"兵者，诡道也"一直被大家误解为兵不厌诈，在战场上什么阴险的手段都可以耍，只要能赢得胜利就可以，其实不是这样。"兵者，诡道也"是说：你可以想尽办法，出其不意而胜我，我才佩服你。如果用那种阴险的诡计，那我虽输也不会佩服你，就这么简单。

那么，怎么判断一个人使用的手段是阴险，还是艺术呢？这值得我们在"习坎"这个卦里好好体会一下。如果你存心不良，处处埋设陷阱，意图害人，这一定是不好的；如果你已经告诉对方，我在这里设置了陷阱，

如果你想来闯，我也不拦你，闯不过你自己承担后果，闯过了算你有本事，这就没有什么阴险不阴险的问题了。

我们下象棋的时候，一切都是明摆着的。比如你想吃我的车，可是我的马在那里盯着。如果你敢动，我的马也会对你进行反击。这是显而易见的事实，但大家还是下得非常有兴致。精巧的布局和构思，出奇制胜，这就是吸引人们的地方所在，并不是热衷于阴谋诡计。

在生活中，每个人都有不同的立场，每种立场免不了会相互碰撞。各种人基于各种不同的立场，站在不同的位置，设下很多的坎险，这就是陷阱。

凡是不正常的情况，凡是能不劳而获的，凡是告诉你这个机会很难得的，你都要特别小心，这就叫作"习坎"。现代人应该特别注意，凡是遇到所谓"天上掉下馅饼"的好事，都要想一想习坎卦。只有多多注意，外加谨慎，才不会掉进别人设置的陷阱里。

有时候，做人就得勇往直前，因为人的一生难免不会冒险犯难。任何投资都有一定风险，任何事情都有好坏两面，这是必然的。如果最终的结果，让大家认为你的冒险是值得的，你的勇气是值得嘉奖的，你这个人是值得我们崇尚的，那你就是精于坎险的应付，精于适应坎险的环境，你就做到了上善若水。但是，如果你冒险而没有成果，甚至把事情搞得一团糟，那么别人是不会同情你的。中国人对于吃亏上当的人从来不表示同情，这点不同于西方。西方人对此是同情和理解的。所以他们有人被骗的话，可以申诉。如果中国人也这样做，他得到的只能是嘲讽，实在是二度受害。

《易经》的习坎卦，最重要的功能就是告诉我们：既然不能避免坎险，就要用险止险。中国人很会用险止险，既然躲避不了，又不愿意盲目地去冒险，那就用危险制止危险。其实，整部《孙子兵法》的真正要领，也就是这四个字：用险止险。所以下一集，我们就从分析习坎卦的六爻开始，讲解如何用险止险。

易经的智慧 · 第六十四集　用险止险

坎卦第一爻和第六爻的爻辞里都有"凶",而第二爻和第三爻的爻辞里都有"险",这就是在告诉我们,人生活中的艰难险阻是不可避免的。既然无法避免,就要学会与之相处,并找到合理的应对之道。那么当处在艰难险阻的境况时,应该注意哪几个方面?究竟应该怎样做,才能一步一步地脱离坎险呢?

第六十四集　用险止险

习坎卦告诉我们，既然坎险不能躲避，而莽撞的行动又可能招致风险，做出无谓的牺牲。那么，就迫切需要寻找一条适当的出路。而《易经》给我们指出了这条希望之路。它告诉我们最安全的地方就是最不安全的地方，最不安全的地方往往才最安全。

人如果能置之死地而后生，那就没有什么可怕的了。我们看看习坎的初六爻辞（图64-1）是怎么说的：**习坎，入于坎窞，凶**。

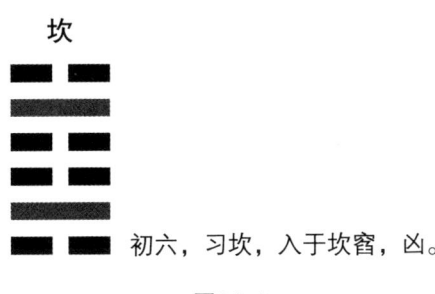

初六，习坎，入于坎窞，凶。

图64-1

"坎窞"就是坎里面的小穴。初六爻的位置处于整个坎水的最底层，水的底层有很多漩涡。虽然从表面上看，此水很平静，可是当人越陷越深的时候，就发现水底的世界实在不太平。一个人，想习坎，或者想练习游泳，却没有想到一入水，就掉到水里头的小穴里面了，这当然是凶。其实，人生在世，难免不犯错，通常还是一错再错。人们经常说：福无双至，祸不单行。福事喜事很少是连续到来的，可是祸患总是一个接一个地来临。就像你想方设法避险，结果却陷入更加危险的境地；你本来是想躲开陷阱，结果又掉入了其他的圈套之中。

初六的小象说：习坎，入坎。失道凶也。它告诉你，你练习得太晚了。已经陷在水中的洞穴之中，才来想办法，根本就来不及了。我们有一句话：临时抱佛脚，佛都救不了。所以，一个人要习坎，一定要提前开始，未雨绸缪。可我们现在有些做法却恰恰相反，我们本来意图保护儿童，想让他感觉到人间的温暖，就告诉他们：社会是很安宁的。可是当他们进入社会之后，才发现不是那么回事，此时他已经陷入了水中的小洞穴了，再学"习坎"恐怕已经太迟了。

> 临时抱佛脚，佛都救不了。所以，一个人要习坎，一定要提前开始，未雨绸缪。
> ——《易经》的智慧

其实，做父母的实在不应该去欺骗小孩，因为我们原本希望他能诚实守信。但是，有一些叔叔阿姨经常会跟小孩开玩笑，会告诉他一些稀奇古怪的事情，会骗他，这样其实是不好的。可中国人的现实生活就是这样。我曾经听过很多父母跟我抱怨：自己最讨厌自己的妹妹一天到晚骗我小孩。我都会告诉他：她是替你做好事，因为你不方便骗他。否则骗到最后你这个爸爸的尊严都没有了，而她可以放心地骗。父母接着反问：骗小孩干吗？我说：这样可以使小孩子从小知道会有人骗我，从小练习对欺骗的因应办法，将来真要碰到别人骗他的时候，他也就不会吃亏了。

父母希望小孩子不要见到世间的丑恶，希望他们能够生活得单纯幸福，但这样并不见得是好事。长期在温室里面成长的花朵，一旦接触到大自然的各种挑战，是应付不来的。其实，温室里的花朵，受到过度保护的小孩子，将来就是初六爻的处境，"入于坎窞，凶"。因为受到别人的威胁，受到别人的引诱而吃了很大亏的人，最后要么是痛恨社会，要么就重新开始学习习坎。通过练习，即使有人骗你，你也可以轻易识破骗局，避免吃亏。

所以，教育自己的小孩，要使用两种不同的思维，两套不同的办法，

第六十四集 用险止险

因时因地而定。比如小孩子到了进幼儿园的年龄，父母就得告诉他：在幼儿园里，大家都是好朋友，要好好地跟同学们相处。等到他长大了，要步入社会这个幼儿园了，就得告诉他：那是个陌生的地方，很多人你都不了解，所以对于别人所问，你要小心应对，谨慎作答。这样才会比较安全。

害人之心不可有，防人之心不可无。中国人总是倾向于后一种选择和思路。习坎要从小就开始练习。太容易相信别人的人，迟早吃亏上当。现在有很多电话骗局，比如说你的爸爸出车祸了，正在医院抢救，需要马上交多少住院费，等等，不一而足。一不小心，就掉进陷阱，这就叫作"失道凶也"。一个人，没有这种忧患意识，平常没有做过这种沙盘演习，想法单纯如"凡是人都是好的，凡是社会都是太平的，凡是守规矩都是没有错的"，最后只能是"失道凶"了。

坎卦之所以在《易经》中被称为"习坎"，就是提醒我们，要学习与坎相处，在日常生活中，时时警惕凶险的出现，才会有脱险的机会。但是一旦进入险境，即使做好了充分的准备，也不可能马上脱险，那么在第二爻的爻辞中，有什么巧妙的脱险之法吗？

习坎卦的九二爻辞（图64-2）说：**坎有险，求小得**。

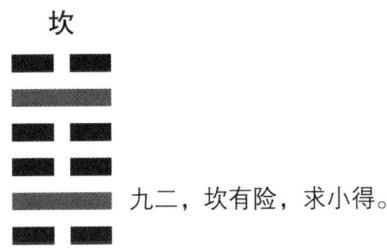

图64-2

此处的"小"是指什么？"小"就指初六和六三。因为《易经》里面，阳爻为大，阴爻为小。九二爻就是大，但此时，其虽大也是没用的，最终还得求助于初六和六三。九二的上下两爻皆是阴爻，喻示九二陷在阴险当中不能自拔，所以是非常危险的。初六也许在父母的保护之下，就算偶尔吃点小亏也是无妨的。但是，本身又是阳，却没有充分意识到社会当中到处都是坎险。身处这种困厄情境，当然不能自暴自弃，而是要求自己一点点学习和精进，再求一点点发展，这只能逐步来。所以，身为九二，却必须去求助初六和六三。这看起来很没有面子，但这样做，可以避免凶险。上面的"得"就是得以避免凶险的意思。

九二的小象说：**求小得，未出中也**。

既然一时没有办法离开险陷之中，就不必着急。就像现在的学生，一走向社会，才发现学校的环境实在太单纯了。老师讲的都是好人好事，结果社会上碰到的都是坏人坏事。即使有这种意识，也不会一下子就有应付办法。所以，此时只能先求小得。"求小得"就是说凡事小心一点，按部就班，不要随随便便地相信别人的话。

我们发现，西方人的做法是：先相信你，然后发现你不值得相信了，他才不相信。以这种处世方法行走于中国社会，恐怕要吃大亏了。中国人都是先不相信别人，在接触的过程中慢慢地考验他，然后才逐步地、慢慢地相信。这两个过程是截然不同的。求小得，而安于小得，因为未出中也。想一下子脱离坎险，是做不到的。

六三的爻辞（图64-3）是：**来之坎坎，险且枕，入于坎窞，勿用**。

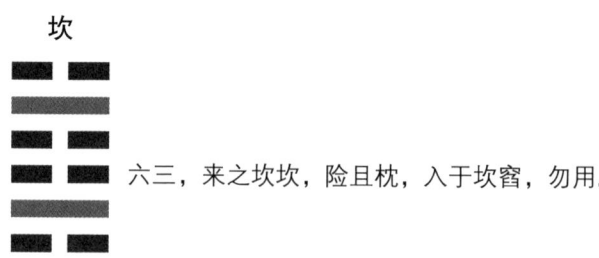

六三，来之坎坎，险且枕，入于坎窞，勿用。

图64-3

六三很妙。"来之坎坎"，"来"是下来，"之"就是上去。身处水

第六十四集　用险止险

中，上面是水，下面也是水，上下皆是坎险。六三，位居下坎的上爻，同时还有一个上坎悬在头顶。这就叫进退维谷，毫无办法。

三本来就多凶，而且又在习坎这个卦里面，所以只好"险且枕"。"枕"就是暂时休息一下。虽然到处都是危险，可是现在还无计可施。消解，又消解不了；摆脱，又摆脱不掉。所以"且"可以解释成姑且、暂且。"入于坎窞，勿用"，要知道你这个时候已经是上险下险，险象环生，再怎么"用"都没有办法。所以"勿用"的意思就是暂且不宜施展自己的才能，而要首先保持精力，韬光养晦，等待时机，以期寻找别的解脱困境的方法。

当人生真的进入险境时，一般人的第一反应，就是使尽浑身解数，急于脱险。而坎卦的第三爻却告诉我们"勿用"，要沉着冷静，等待时机，这种方法的益处在哪里？当陷入险境时，最应该注意的又是什么呢？

我相信凡是会游泳的人，都会感觉到整个坎卦就是描述人在水里的那种心境。一下子掉进水里，心情肯定很糟糕，而且下面竟然有这么多坎窞，更加难于应付。水越深，光线就越暗淡，心里就越恐惧。一恐惧就会慌乱了。这只能怪自己，谁让你不先在安全的地方了解水性，就冒冒失失地下水呢？所以，我们教小孩子游泳，会先让他们在小水池里逐渐熟悉水性，然后再到游泳池里去练习，同时配备安全防护措施。等到我们对水性有了一些了解之后，就知道不仅水面有危险，水下同样有危险，万一水中一抽筋，就坏了。所以，此时，我们只能求小得。即是说，我们要慢慢来，急不得。要保持冷静的头脑因应各种可能发生的情况。

此时，正是前有天险，后有追兵，进退维谷的尴尬境地。所以，只能以静制动，保持一些精力，以求待机而动。如果因为乱动，而越陷越深，岂不糟糕？游泳的人都知道，一旦有人落水，要以背后抱住的方式救人。如果从正面救助，落水者就会如获至宝，死抓住你，卡住你的身体不放，一下子把你拉到下面去。所谓游泳容易救人难，从这里可以看得很清楚。

所以，身处险境，就算你有才能也不要用，要保留一点精力，等待时机，这样才对。

六三的小象说：**来之坎坎，终无功也**。上去是坎，下来也是坎，这边是坎，那边也是坎。所以干脆按兵不动，等熟悉了环境再说。此时你怎么动都是没有功劳的。你怎么做终究是不能够安度险难的。你有没有看到，很多人过不了下坎就挂掉了。就算过得了下坎，过上坎也不容易。

坎卦下卦的爻辞中有"凶"有"险"，但在上卦的爻辞中却没了"险"字，这是否意味着只要走出了下卦的险境，就可以高枕无忧了？还是有着更深刻的含意？在上坎里，还蕴含着哪些化解危险的智慧呢？

水面看起来很平静，可是里头真的是很危险。内坎即是人的心，心里的险藏而不露，更可怕。人心的险恶不会表现在外面。如果一个人想害你，并且公然出来叫板你，这种人就是所谓的真小人。真小人，就公然要求你给他好处，不然就为难你。最可怕的就是那种伪君子，表面上什么都不要，大呼小叫的要奉献社会，背后里却什么都想要，这才糟糕。一个人的阴险内心是最可怕的。如果一眼望去就是阴险小人，反而不可怕。就好像水，表面看来很平静，很可爱，可是内中的那种暗坑和小穴，才是不好把持的。一旦碰到，艰险万分。

现在，我们来分析上坎。上坎的第一爻，六四爻的爻辞（图64-4）是：**樽酒，簋贰，用缶，纳约自牖，终无咎**。

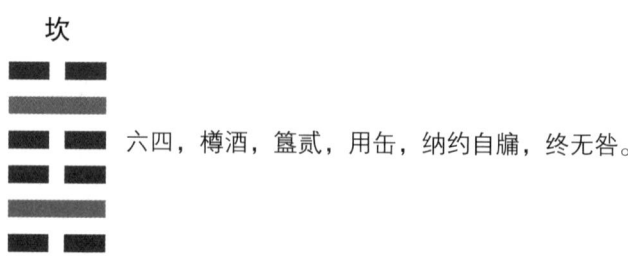

图64-4

第六十四集　用险止险

"樽酒，簋贰"，是什么意思？你可以想象别人用酒器装了一杯酒来给你喝，同时想象别人拿着饭盒装了两碗饭要给你吃。但是实际的情况呢？实际的情况是"用缶，纳约自牖"，意即别人是用那种很粗糙的器皿，可能是瓦制的器皿，装一些特别简单的东西给你吃，而且动作神态非常不恭敬，是从一个小洞口里面推进来给你的。虽然如此，终无咎。为什么会终无咎呢？大家可以想一下，如果别人给你粗糙的食物，不恭敬地对待你，你就赌气不吃饭，那不就饿死了吗？这才有咎。所以，当你身处坎险之时，再简陋的东西你都要接纳，再无理的要求你都要忍受，只要你不放弃任何的希望，就会无咎。

如果别人看到你陷于困境，上也上不得，下也下不得，然后丢一根草绳给你，你要不要接？你一定要抓住嘛，不管有没有用都要抓住。人在上险下险动荡不得的时候，千万要记住，再简略的东西都不要嫌弃，再微小的希望都要把握，你才能无咎。

六四的小象说：樽酒簋贰，刚柔际也。

你在逆境当中，受到别人的羞辱，即使这种羞辱在平常很难接受，这个时候你也不要怀恨在心，也不要丧志，还是要注意跟别人搞好关系。"刚柔"是指什么？指六四和九五。九五毕竟比你高，它离水面比较近，如果它能拉你一把，给你一根绳子，你就要抓住，借此顺势脱险。即使对方没有礼貌，你也不要嫌弃。这个时候还讲究这些干什么呢？你跟上面的人要搞好关系，千万不要嫌弃。只要有一点点机会，你就要争取，此时的交往可谓是患难之交。

中国有句古话叫"大丈夫能伸能屈"，其实就是"刚柔际也"。历史上有许多这样的例子，如盖世英雄关公，听从朋友劝说暂屈曹操帐下，终得再归刘备，再图大业。坎卦的第四爻就是告诉我们，当身处险境时，要低调行事，以诚待人。那么到了坎卦的第五爻，是不是就可以平安脱险了呢？

九五爻的爻辞（图64-5）是：**坎不盈，祗既平，无咎**。

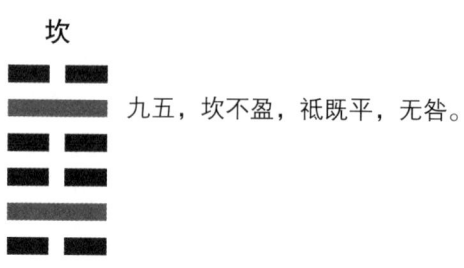

图64-5

"坎不盈"就是不自大，九五已经刚好浮在水面，已经处于上坎的中间位置。你跟水保持平衡，不会灭顶。这时候好像已经快脱险了，可此时最容易自大。人在险难的时候，是很谦卑的。只要有人救我，我一定非常感谢他。只要我能够存活，受再大的委屈也值得。可是当你一旦浮到水面，整个心态就改变了。所以当你恰好浮在水面的时候，还要记住"不盈"，就是不自大。"祗既平"，就是如果能够保持很平衡的心理状态，就会无咎。

九五的小象说：**坎不盈，中未大也**。

"中未大"是说，九五刚爻居中位，说明品德修养很好，可是这个时候还不能光大，因为你还没有离开水面，还没有脱离那个坎险，说不定什么时候又被拉下去了。

"坎不盈"，在坎险中是没有什么盈满的。只是人们到了九五之后，可能自己心里会产生一丝满意和满足之感。行百里者半九十，要跑一百里，九十里才算一半，因为最后那十里的变化又很大。你好不容易从水里深处的坎窞慢慢一步一步浮起来，浮到这里，千万不要感觉到很自满、很自大，甚至突然觉得，为了脱险，丢在水中那么多铜板实在太可惜，要想着钻下来再捞上来，千万不要这么想。所有的损失都已经是既成事实了，所有的吃亏都不要郁结于心。要好好习坎，下次不再犯就好了。

吃一次亏，上一次当，对你是有好处的。因为可以从中汲取教训，下

第六十四集 用险止险

一次就能够提前防范，就不会像初六那样一下就掉到深坑里面去，后悔莫及。为什么不能盈？就是因为"中未大"也。虽然你有很好的品德修养，但是毕竟还是沉在水里面，此时怎么施展都没有用。要等你完全脱离了危险，才可能再有所作为。

坎卦的第六爻，位于全卦的最上面，象征着已经到水面了，应该是可以脱险了。但是第六爻的爻辞却说：三岁不得，凶。象辞也说：上六失道，凶三岁也。这是为什么呢？为什么即将脱险之际，却暗藏着极大的凶险呢？

上六的爻辞（图64-6）是：**系用徽纆，置于丛棘，三岁不得，凶。**

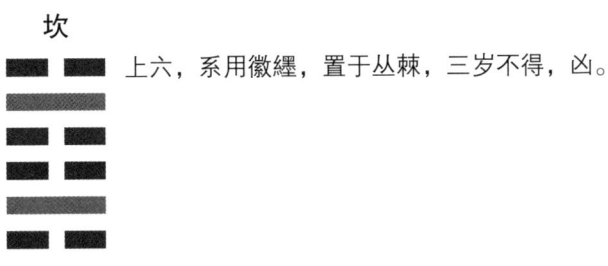

图64-6

大家看到，整个习坎卦，上坎讲凶的比较多，讲险的比较少。下坎讲险的比较多，讲凶的比较少，这什么意思？就是身处下坎的时候你就知道这很险，反而不凶。因为你心里明白，这个时候要小心翼翼，绝对不能大意。可是当你一浮上来以后，就觉得好像脱险了，然后就开始凶了。险凶的转变都要依赖我们自己的心态调整，如果一高兴就忘乎所以，很可能就一下子前功尽弃了，那才是倒霉，实在得不偿失。

"系"就是绑捆用的绳子，三股绳子叫作"徽"，两股绳子叫作"纆"。用绳子绑起来，放在丛棘之中。"丛棘"就是那种荆棘的丛树。以前古代的监牢和牢狱，就是在那个地方。要关多久？关三年，不得解

脱,所以"凶"。这是什么意思?就是吃了这次亏以后,三年都不敢动。你叫他来游泳,他一靠近水边就开始吓坏了。我们有一句话说,一朝被蛇咬,十年怕井绳。你被蛇咬过一次以后,看到井绳,也怕得要命。明明是绳子,反而以为是蛇。

处险太久了,一定是失道的,对自己完全没有信心。上六,老实讲,它已经到水面了,就差那么一步就起来了,所以它应该是可以脱险的。但是脱险以后反而变成别人用绳子或者自己用绳子把自己捆绑起来,好像是囚禁在牢狱里面。为什么?就是因为自己害怕的缘故。"三岁不得",这个三年表示一个很长的时间,也就是说很长时间你都解除不了这种恐惧。

我们在险境里面处久了,会觉得人心真是险恶,从此以后什么都不敢做。别人讲什么你都不相信,叫你做什么,你都说算了。那不跟坐牢一样?那人生还有什么作为?所以上六是勉励我们,吃过苦头以后,你要记住它的教训,但不是从此就怕得要命,从此什么都不敢尝试,那也是不对的。

所以小象说:**上六失道,凶三岁也**。你看初六也是失道,上六也是失道。就是说你没有做好准备就去冒险,那当然要失道。你脱离险境以后,还永远记住那个险境,从此什么都不敢做,那也是失道。而且这个失道比初六失道还要长久:上六是凶三岁,而初六只是"失道凶"而已。所以大家把这整个卦贯穿起来,就应该知道:人,从小就要在安全的范围里面去冒一点险,这样才有经验。

一个小孩子,从小都不让他骑脚踏车,他就永远都不会骑脚踏车,而且越大就越不想学。我在美国的时候,发现有些男人居然不开车,我就觉得很奇怪。我问他为什么不开车?因为在美国不开车实在太不方便了。他就跟我讲:我出了一次车祸以后,从此不敢开了,这就是上六。他出过一次车祸,好不容易保住了身体,保住了性命,却从此不敢再开车,这样算习坎吗?当然不算。我也出过车祸,我还记得很清楚。我姨妈来看我的时候,还叫我把被子拿开,让我试着踢踢左腿,再踢踢右腿,看还在不在。既然在,那就没事了嘛。

第六十四集 用险止险

这时候,你要心理建设。当然有一段时间会害怕,看到车就怕。可是如果一直怕下去,那就一辈子不能开车了。你还是要想办法,说那次是意外,现在要更加谨慎,那就好了。所以,为什么要习坎?就是告诉你:做人不能逃避险难,因为你逃不了,处处都是圈套,处处都是陷阱,你一不小心就掉下去了。你怕到不敢走,那就等于坐牢一样,人生还有什么自由?因此还是那句话:最危险的地方经常就是最安全的地方。有人怀疑:这不可能啊,危险就是危险,怎么会最安全呢?这句话的真正意思是说,你心里头要明白,人世处处都是陷阱,所以你要步步为营,安步当车,循序渐进。这样还怕什么坎险呢?

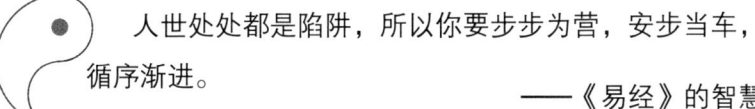

人世处处都是陷阱,所以你要步步为营,安步当车,循序渐进。
——《易经》的智慧

如果以为逃出生天,从此太平,一切没有问题了,那就出大事了。那怪谁?只能怪自己。我们从大过卦的上六看到习坎卦的初六,大家应该感觉到这两个爻就是同一个爻。你看"涉水灭顶",一下就掉到最深的小穴里面去,那就是初六。可是当我们在整个的坎里面,应该怎么办?我们心里想的是什么?想的是,只要有机会,只要有希望,哪怕是再不可靠,哪怕是再脆弱,我都不会放弃。就好像六四爻所讲的一样,想象有人很快把我救起来,给我吃好的,给我温暖,然后还有心理辅导,让我忘记恐惧和害怕。

不放弃任何机会,一心一意只想能够向上提升就好了。所以当整个社会风俗败坏到很坏的时候,人心就会翻转,就会想办法向上提升。因此坎卦的后面就是离卦,这个安排是很有道理的。这个时候你所盼望的就是早日脱离水底这种黑暗的情境,能够上升看到些许光明,哪怕是一点点亮光我都是很珍惜的。等到我逃离危险以后,一定要怎么样怎么样,为自己和大家许下很多的愿望、承诺。

　　这就是社会能够兴衰转替的原因。社会之所以会起伏不定，就是这两个卦所造成的。我们现在可以看出来，人不动则已，一动就会造成大问题。而这些问题如果处理得好，就会向上提升；处理得不好，就会向下沉沦。所以读了这几个卦，我们应该知道天堂在我们心中，地狱也在我们心中。一念为善，就可以升天堂；一念为恶，就已经下了地狱。那么，要怎样把持自己，这个需要每个人去思考。

　　我们看完了习坎，不用恐惧。因为恐惧没有用。我们要勇敢地面对，随时随地想办法向上提升。坎卦的后面就是离卦，所以我们下一集就来讲：向上提升。

易经的智慧・第六十五集

向上提升

在知识经济的时代背景下，许多人放大了知识与金钱的关系，仅仅将学习知识，视为创造财富的一种手段。这种偏颇的观念，是造成当今许多社会问题的罪魁祸首。其实在传统文化中，无论是《易经》中象征着知识的离卦，还是启蒙经典《弟子规》，都强调了知识应该与品德紧密联系在一起。那么，品德修养，究竟能对学习知识的人产生怎样的影响呢？离卦对此又是如何阐释的呢？

第六十五集　向上提升

《序卦传》说：**坎者陷也**。所以，坎就是陷的意思。"坎"这个字拆开来看就是欠土。平原凹下去的地方，就叫欠土。人一不小心就会跌到这个陷阱里面去。当你深陷陷阱的时候，最希望的莫过于能有一根绳子，可以拉着它爬上来。就算是一条柔软的树枝，你也不会放过。可是当你离开陷阱以后，就会把帮助你逃脱的那个树枝丢掉。这样我们才知道，为什么"离"这个字一方面解释为"附着"，就是人要去附着那个物，你才能脱离坎险；一方面就是"离开"，意思就是说脱险之后你会丢弃它。这两个看起来矛盾，实际上是统一的。

坎为水，你要渡河的时候，需要借助一条船。等你安全渡过这条河之后，你会把这条船扛在身上带走吗？当然不会，你会把它丢弃掉。附着的东西是随时可以丢弃的。

离是火，坎是水，水火都是无情的。但是水是有形的，看得见的，明摆着的。而火是无形的，是捉摸不定的。

我们从卦象来看，离卦（图65-1）是两个阳爻一个阴爻，所以它是阴卦。离代表知识。有知识的人多半比较阴险，这点我们从历朝历代都看得很清楚。没有知识的人反倒不会耍什么心机。坎卦（图65-1）是两个阴爻一个阳爻，所以它是阳卦。坎，代表智慧。我们常说，智者乐水。水，其秉性正大光明。它总是明确告诉你：我虽然惹人亲近，但也很危险，因为我里面有漩涡。当然，如果你硬要往我这里面跳，一旦出了什么事，那就自作自受了。

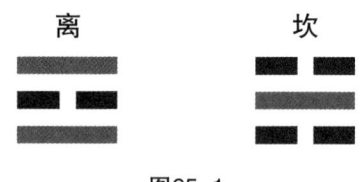

图65-1

水代表智慧,火代表知识。所以我们常说的一句话:哎呀,这是智慧型的犯罪。其实这是不通的。因为真正有智慧的人就不会犯罪了。

离卦的卦辞(图65-2)说:离,利贞,亨。畜牝牛,吉。

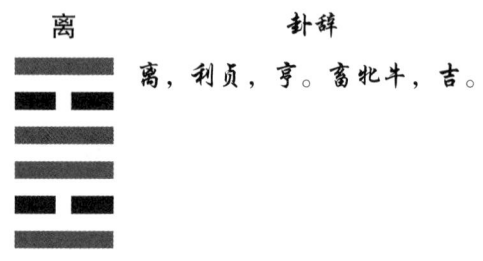

图65-2

离,是卦名。此卦的上卦是离,下卦也是离,两个离卦相重就变成一个离卦。那大家一定会想:坎卦是两个坎相重,它就叫习坎。那现在离卦也是相重,为什么不叫习离呢?这就是圣人非常用心的地方。因为人是离不开陷阱的,天底下到处都是坎险。所以你要习惯于它,你要纯熟地去对付它,你要保护好你自己,你要避开那个险难。但是不见得每一个人都能练习得好。

坎卦代表人生中不可避免的艰难坎坷,我们必须学习去应对,所以叫习坎,这是我们完全可以理解的。离卦代表知识,我们常常说:知识就是力量,知识可以改变命运,但为什么离卦却不像坎卦那样,要求每个人都必须去好好学习呢?

第六十五集　向上提升

为什么？我们看离卦卦辞的那两个字就很清楚，叫作利贞，后面才是亨。如果不贞，根本就不亨。所以不要以为读书人一定是好的，不要认为会读书的人一定不会做坏事。如果这样想，那就太单纯了。

知识是很重要的，但是知识也是很可怕的。所以要文明以止，连文明都不能过度发展，也要有适当的、合理的限制。

"利贞"，这个"利"在这里解释为"适宜""合适"的意思。你要合适的贞正。这个"利"提醒我们，老师讲的话固然很重要，但是你也要去想想它到底对不对？如果他讲的是正确的，那你当然要听他的；如果他讲的不正确，恐怕你听他的就不合适了。可惜我们中国人从古至今都是盲目地遵照师承。人面对知识的时候，一定要很慎重地选择。这样你才会亨。

下面的条件更重要，叫作畜牝牛，吉。意思就是说，你要有知识，而且能够吉祥，就要发挥"畜牝牛"精神。什么叫作"牝牛"？大家有没有看到，坤卦所讲的是牝马，是母马。而离卦却是"牝牛"，就是母牛。马跟牛有什么不同？马跑得快，但是马不像牛那样可以负载很重的东西。所以，"牝牛"就是忍辱负重的象征。你看，有知识的人经常看不起没有知识的人，这就是不会忍辱负重。所以，有知识的人千万要记住，你要有良好的品德，要能够忍辱负重。

再者，马是认主人的。你是我的主人，你骑上去我就跑；你不是我的主人，我就把你摔下来。而知识分子是不能认主人的。如果你有钱，我就为你服务，最后害死很多人，那这种知识分子还算有良心吗？母牛不是这样，牛不认主人，牛只认工作。所以，有知识的人首先要有良心。知识分子应该记住：我们是无成有终，我们要老老实实地忍辱负重。哪怕人家怎么批评，哪怕人家怎么看不起，哪怕人家怎么嘲笑，都无所谓。我们把该做的事情都完成了，但不要去谋求功劳。

老实讲，不是说你花了钱，不是说你的父母能供应你学费，你就能读

书的。这样想表示你看得太浅。学校是用全体纳税人的钱建造和运营的。你读大学就是享受其他那些没有考取大学的人的利益。所以,你越是读名校,越要感谢那些没有考取好学校的人。大家同样纳税,你享受得多,他们享受得少,所以你要谢谢大家。但这还不够,你学完以后,要真正地贡献给社会,否则就有愧于心。可现在大家不这么想。我能考取好学校,全都是因为我聪明。所以,低薪水你不接受,累工作你不干。那你算什么?

忍辱负重,是知识分子最起码的修养。出身名校,学富五车,这本没有什么好骄傲的。可是现在有知识的人多半很自私,多半只为自己着想。他们觉得我的智慧产品别人不能无偿使用,讲一大堆追名逐利的话。其实,谁能分辨清是你抄袭我,还是我抄袭你呢?天下文章一大抄。这不就是我们所说的引经据典吗?要不然什么叫引经据典呢?引经据典就是抄袭古人的。你不引经据典,根本就是乱讲。越有知识越需要有涵养,涵养是哪里来的?是你自己畜积来的。畜就是培养的意思。如果你没有涵养,只有知识,那有什么用?

离卦的卦辞告诉我们,一个人的德行是最重要的,高尚品德的人,知识越多,越可以造福于社会,但是如果道德品质有问题的人,知识越多,对社会造成的危害就会越大。那么离卦彖辞中的"离,丽也",又是什么意思呢?

离卦的彖辞说:离,丽也。日月丽乎天,百谷草木丽乎土。重明以丽乎正,乃化成天下。柔丽乎中正,故亨。是以畜牝牛,吉也。

"离,丽也","丽"就是附丽的意思,火之所以会烧得很旺盛,是因为有些易燃物质附在物体上。那个物质越坚实,这个火就烧得越久,烧得越亮。当那个东西被烧光以后,火就熄了。我们今天的救火原理就是用这个卦告诉我们的道理。着火了,你能怎么样?我们嘴巴都讲救火救火,

第六十五集　向上提升

你能救吗？根本没有办法救。再多的水，也救不了。因为旺盛的大火会把水蒸发掉。所以，我只能把火隔开来，那条隔离带就叫防火线，然后大火就不能再蔓延到四周去。

我们要知道，火看起来很美丽，但是当所有的东西都烧光了以后，火本身的光彩、所有的美丽都不见了。你看，"日月丽乎天"，太阳是因为有天空，才能够从东方升起，然后在西方降落。每个人看到太阳，是因为有天空衬托它，它才有作用。月亮也是一样。我们一般人只看到太阳，只看到月亮，就没有想到背后那个更有功劳的天空。"百谷草木丽乎土"，我们人吃的谷类，所有的草木，它们的存在都是依赖于土地。我们常看到桃李芬芳，就是没有注意到土地的功劳。这样各位就知道，凡是有功劳的人，都是被人家忽略的。所以，有功劳的人才要忍辱负重，不然忍辱负重干什么？

现在的人，动不动就讲成就感。成就感就是害你自己晚上睡不着觉。每天都想：哎呀，怎么人家不重视我？我做了这么多好事情，大家都没有表扬表扬我！这不是自寻苦恼？

"重明以丽乎正"，"重明"就是持续的光明。光明如果不能持续的话，还不如没有光明。要持续的光明，应该怎么办呢？要附丽在正道上面。就像你晚上开车，旁边会有路灯，就是告诉你车子要往这里面走。如果路灯搞错了，搞到道外面去，那你一下就冲出去。光明指引你走上正道，才叫光明，否则就是妖魔鬼怪。

"乃化成天下"，你要透过教化来促进天下昌明。这种光明才是有用的，才是合乎正道的。"柔丽乎中正"，离卦只有两个阴爻，这两个阴爻一个在下离的中位，一个在上离的中位，就是六二爻和六五爻，它们两个都居中得正，一切都很合理，所以才会亨。"是以畜牝牛，吉也"，人家不了解你，你要耐心地证明给他看，好好给他说明，而不是看不起他。有这样像母牛一样的德行，那你的光明才是吉祥的。

离卦的象辞进一步告诉我们,掌握知识的人,一定要有美好的品德,不仅要忍辱负重,还要谦虚谨慎,不能狂妄自大,更不能瞧不起别人,唯有如此,才可能吉。那么离卦的卦象,又能给我们什么启示呢?

我们看离卦卦象,感觉到它好像是两个大眼睛。人有眼睛才叫作明眼人,没有眼睛就叫瞎眼人。但是我们想想看,你有两个眼睛,就真的是明眼人吗?不是的。那些有眼无珠的人就叫作睁眼瞎子。眼睛是张开的,但是根本就是瞎子。眼睛睁得大大的,什么都没有看到。眼睛亮亮的,什么都看不懂,那是徒有其表。意思就是说,你两个眼的焦距没有搞对,就是卦中那两个阴爻位置不正。

我们看这个卦象,还可以想到渔网。我们要打鱼就要用网,那网一定要有眼才会让小鱼溜掉。如果那个网是整全的,一网下去,大鱼、小鱼都捞上来,那你不是破坏生态吗?那很快就没有鱼吃了。所以网一定要有眼,才叫作网开一面。现在的网络,就是从这个卦象中发展出来的。它无非就是把离卦加长,上下加长,然后四方八面去延伸,那就是个网络了。我先说一句话,人类有了网络以后,就是自投罗网,我们是逃脱不了的。

我们来看大象传,大象传说:明两作,离。大人以继明照于四方。

什么是"明两作"?大家想一想,既然中国字有个"二",为什么还要搞个"两"字?我请问你:前面有两个人,你称呼他们是两位好,还是二位好?为什么两跟二不同?二就是说一个一个,然后没有了。两的意思就是连续的。"明两作",就是那个光明要能够持续。如果今天太阳升了,明天太阳不升了,人类就完蛋了,那还怎么过日子?今天太阳升了,你有信心,明天太阳还是升,后天太阳还是升。这个太阳能够持续不断地照耀这个世界,人类才有信心。黑暗之后一定有光明,这样就叫作离卦。

什么是大人呢?大人就是品德好,才能也高的人。他以继明照于四方。你看这个"继",它跟两是对应的。继就是持续不断的意思,就是电

第六十五集　向上提升

源要不断，电力要始终能够供应你的照明，你才能够普遍照于四方。老实讲，这一代领导人好还不够，下一代领导人还要好也不够，再一代的领导人还是要好，老百姓就幸福了，就是这个意思。

怎么样使得这个光明能够有效地持续地普照天下？你要好好研究离卦。光明，利贞，就是要利公正。光亮要普照大众，你这个人才伟大。其实人心常常为私情所隐蔽。你不要小看离卦那两个阴爻，那两个阴爻才是最厉害的。它们就在警告你，只要你一有私心，所有光彩都很快就不见了。你看多少人风云际会，如日中天，最终像午后的太阳，一会儿就西沉了。中国人不争一时，我们是只争千秋。

离卦的象辞说"大人以继明照于四方"，就是在提醒那些已经处于领导地位的人，要守正道，要持续不断地用自己的德行和知识来造福百姓。我们看到，按照《序卦传》的排序，离卦是在坎卦之后的，这样的排序，有什么特别的含意吗？

我们要记住，坎离，坎离，它们是永远不分开的。人多吃苦，就能得到经验。所以，为什么我们说吃得苦中苦，方为人上人？火跟水，你自己去选择好了。我们一般的说法是，知识比较重要，智慧是看不见的。其实相反，智慧像水一样清清楚楚，就在你的脑海里面，只是你不去开发它，不去重视它而已。其实知识是变化的，几年一变，如果你单纯追求知识，是永远跟不上它的步伐的。

人要做到三忘，才能三明。忘食，忘忧，忘老，然后就可以重明，就可以大明，就可以长明。这是什么意思？就是告诉我们，不要为眼前的功名利禄而把自己所有能量都消耗掉了，如果这样，那你很快就没有光明了。多少人就是这样，从小就要出人头地，最终像蜡烛两头烧，很快就烧光了。中国人一再告诉你，少时了了，大未必佳。就是因为你把自己的这

把火烧得太旺了，烧得太早了。所以，它也一定不会烧得太久。大器是晚成的。你看姜太公八十岁才遇文王。现在人认为，八十岁？算了吧，这辈子都没指望了。大家有没有看到，周文王跟姜太公是离卦，就是你附丽我，我附丽你，但是两个谁也不遗弃谁。那是最好的一个案例，叫作所丽得正。其实姜太公如果想替商纣王服务，商纣王一定会重用他。但是他一看纣王的品德不好，就根本不替他服务。

 人要做到三忘，才能三明。忘食，忘忧，忘老，然后就可以重明，就可以大明，就可以长明。
——《易经》的智慧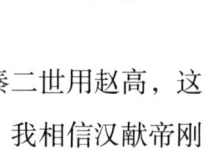

所以，一个人有才能，你要把它表现在正道上面。秦二世用赵高，这两个附丽就是不正。汉献帝依靠谁？依靠董卓，也完了。我相信汉献帝刚开始是很感谢董卓的，因为本来不是他当皇帝，就是董卓一句话，把少帝废掉，立他为帝。但以后才知道，原来此是虚福而实祸。

所丽不正，彼此都倒霉。这样我们才知道为什么象辞里面特别警示：要丽乎正。

《易经》中几乎每个卦都在告诫我们，只要坚守正道，自然会吉祥，而一旦为了一己之私，动了邪念，凶险就迫近了。所以，与其费尽心机地去寻找各种方法以趋吉避凶，不如坚守正确的信念。《易经》中的六十四卦，分为上经和下经两个部分，而离卦，正是上经中的最后一个卦，这样的安排，又有什么寓意呢？

大家从大过卦看到坎卦，再到离卦，应该知道，现在的人类社会已经快要把《易经》的上经走完了。

第六十五集　向上提升

我们要知道，光明是得来不易的。你看石油快烧光了，煤快烧光了，现在人类已经很紧张，不知道未来的能源在哪里。可是我们还是照样灯火日夜通明，那人类在干什么呢？我们怎么能忘记：大人以继明照于四方？在你走夜路的时候，你要是有手电筒，应该照顾一下那些没有手电筒的人。但你现在只想到自己，想不到别人。这就是没有品德修养。如果你懂得照顾别人，那所有人都会觉得跟着你这个人在一起不错，觉得你懂得光明大道。

所以，我们接下来就要把离卦六爻好好研究一下，看看怎样才能走出一条光明大道来。

易经的智慧·第六十六集

光明大道

早在我国东汉时期，哲学家王充就提出了"人有知学，则有力矣"的论断，人类以及人类社会要想发展进步，知识是不可或缺的；然而《易经》中的离卦也提醒人们，积累知识需要讲究方法，特别是如今人类处于知识爆炸的时代，追求知识、运用知识的方法不当，知识反而会对个人甚至社会造成巨大危害。那么人们在追求、运用知识时，究竟可能遇到哪些问题？离卦的爻辞，又会针对这些问题给出怎样的解决办法呢？

第六十六集　光明大道

离卦的六个爻，由下而上。下面这个离还是蛮光明的。可是到了上卦那个离，就好像快要灭掉了，这就告诉我们，知识是很有用的，但也是非常可怕的。

我们接下来分析一下离卦的六个爻。初九爻的爻辞（图66-1）说：履错，然，敬之，无咎。

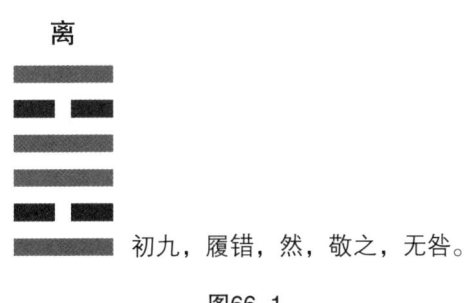

图66-1

不对就叫"错"，"履"就是人的步履，意即走路颠来倒去，走得不是很稳，这是什么道理？因为人类刚刚追求知识的时候，都是摸索前进的，不断地进行尝试错误，一步步地试探，步伐好像有点颠来倒去，不是很有秩序。就像小孩子读书，东错一个字，西落一个字，写字也是要好久才能够把一个字写完。这就是初九爻。有上进心没有错，但是总要一步一步来。在这种情况下，怎么会无咎？就是因为后面两个字使它无咎的，叫作敬之。"敬"这个字在中国文化上是非常重要的，一般人总认为"敬"就是恭敬，是尊敬。其实不是，"敬"是"看重"的意思。孟子说过，敬人者，人恒敬之。如果你看不起别人，别人同样会看不起你。如果你看得

起知识，知识就会来照顾你。这是一样的道理。

换句话说，一个人，如果把一件事情真真正正地当作一件事情做，就会很谨慎，出差错的可能性就会比较小。就算出了小差错，人家也会谅解你，因为你还处于学习的状态。

初九的小象说得很清楚：履错之敬，以辟咎也。

本来是有咎的。人无知就是有咎，因为你经常会不知不觉犯错误，不知不觉地掉入陷阱。但是如果你很谨慎，认真地应对每一种危险的状况，那就无咎了。"辟"就是避免、避开的意思，"辟咎"，你就可以避开可能的过错。

初九也可以解释成，狩猎时期，什么猎物可以打，什么猎物不能打。如果碰到那些凶猛的动物，它反过头来咬你一口，那不糟糕了？所以，打猎的过程，也是一种摸索。没有一套既成的规矩，没有一套标准的过程。大家摸索着，都很谨慎小心，此时你出错的可能性不大。这样也不会把物种都搞得毁灭掉，也不会把森林砍伐光。没有太多知识的人，大概是不会犯什么大过错的。

离卦的初九爻提醒人们，在接触知识的初期，只有敬重知识，一步一个脚印，踏踏实实地学习知识，才能真正掌握到能够为我所用的知识。然而人类在追求知识的道路上，很容易犯一个错误，就是一旦掌握了一定的知识后，人们便会利用知识图谋私利，这样会造成什么问题？离卦的六二爻对这种行为又是如何评价的呢？

我们慢慢进入第二个阶段，六二的爻辞（图66-2）说：黄离，元吉。

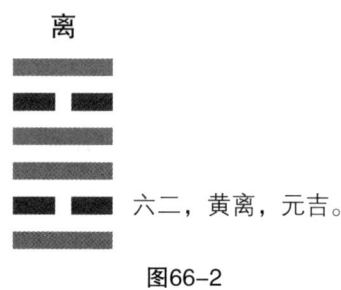

六二，黄离，元吉。

图66-2

第六十六集 光明大道

"黄"就是中间色,中间色跟所有色都协调,黄是泥土的颜色,意即以中和正直的心态来从事学问研究,当然吉祥。你要记得,所有的文明,所有的知识都需要品德高尚的人为之托命。离开了品德,再光鲜亮丽的学问也是没有长久的生命力的。不敬,即有咎。可见事情好坏之差,系于人之一念。

事情好坏之差,系于人之一念。
——《易经》的智慧

六二的小象说:**黄离元吉,得中道也**。

之所以会元吉,就是因为得中道也。人们总是说:农民好凄惨,完全看天吃饭。其实看天吃饭就是顺应自然的法则,那有什么不好?现在我们搞工业。老实讲,人类刚开始发展工业的时候都是为了帮助农业的顺利生产,还不坏。可是慢慢有了工业以后,人就省下来很多时间。省下来时间就开始想东想西了,最后就想出电脑来了。电脑被创造出来以后,工业更是一天24小时不停息,这就造成今天过度生产,过度消费,过度消耗资源。最后吃光喝光,什么都没有了。所有的文明,所有的知识不能离开品德。离开品德,所有这些光亮都是假的,都是虚的,都是没有用的,都是不敬的东西,都是有咎的。

其实当今,身处知识爆炸的时代,人们在学习知识时,不仅要像古人一样,注重品德的培养,还要善于从大量,并且迅速发展的知识信息中,筛选自己所需的知识。那么人们应该如何进行选择?离卦中所包含的智慧,又能否帮助人们,从容应对知识爆炸的现状呢?

我们进入九三爻,九三爻辞(图66-3)说:**日昃之离,不鼓缶而歌,则大耋之嗟,凶**。

离

九三，日昃之离，不鼓缶而歌，则大耋之嗟，凶。

图66-3

第三爻就开始凶了。什么叫"日昃"？就是太阳已过正南方，已过晌午，开始西斜了。这就意味着光明快要消尽了，白天就要过去了，晚上将要来临了。这个时候你应该怎么反应？你应该顺乎自然，过你的生活。但是你没有，反而不鼓缶而歌，就是说你不配合天地时序的演进，这样的结果就是大耋之嗟，凶。"大耋之嗟"，是什么意思？就是说你可能感觉到人老了，经不起累，所以忧叹。人往往一到老年就连声叹息：不行了，体力衰退了，眼力不行了，脑筋记不住了，晚上睡不着了，一大堆的抱怨。孔子没有，孔子说，吾不知老之将至，我不知道我快老了。他忘老忘忧，活得自在逍遥。

人们应该知道，日升日落、生老病死才是常态。年老衰弱而叹息，那一定是凶险的。一个人年轻与否，其实跟心态有密切的关系。你说我还健康，我还可以做事，我还有很多事情没有做完，那老天爷可能就让你多活几年；你心想不行了，老了，现在一天不如一天了，老天爷说，好啊，既然活得那么辛苦，那就算了。可见，很多事情都是自作自受。

九三小象说：**日昃之离，何可久也！**

太阳快下山了，你就欣赏夕阳无限好嘛。要轻松一点，因为毕竟黄昏了。很多事情留到明天再做，这样你就长寿了。可是如果你老觉得时间过得很快，自己越来越老，那就越来越短命。一切都是自己选择的结果。

九四爻辞（图66-4）说：**突如其来如，焚如，死如，弃如。**

第六十六集 光明大道

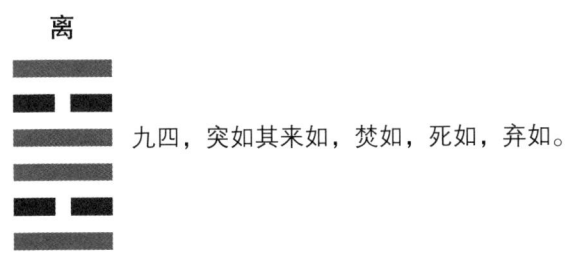

图66-4

"突如其来",就是说我怎么一下子变成这样子?好像被火烧一样,紧张兮兮的,好像快要死了,好像被舍弃了。三多凶,四多惧。人类现在非常恐惧,所以才要学前教育,恨不得小孩子刚一出生就拉去补习,恨不得在其六岁之前就把该学的知识都学完了,甚至想十二岁就拿博士。这是要干什么呢?自然是非常包容的,早上还是凉凉的,慢慢才加温,到了正中午最热,然后慢慢又退热,各种事情都配合好,这样人类才好适应。突然刚盛,并不是善继之道。

对待知识,是不可能急功近利的,知识只能随着人的成长,慢慢积累,俗话说"活到老学到老",人们需要不断地补充知识来充实人生。然而现实生活中,却有很多人在获得成功后,就自负才识过人,放松了对知识的学习,那么如此,会产生怎样的结果呢?离卦的六五爻,又是如何对这种行为,提出警惕的呢?

六五爻是不当位的。同样是阴爻,六二爻当位,六五爻就不当位,这就告诉我们,有知识的你刚刚还比较遵守职业伦理,还比较重视道德修养,后来听惯了别人的奉承,说你是专家,你是大师,你是天下第一人,你就骄傲了,你就到了六五爻,就惨了。

六五爻的爻辞(图66-5)是:*出涕沱若,戚嗟若,吉。*

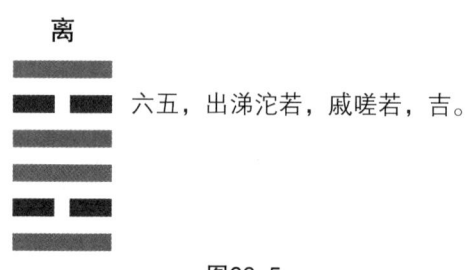

离

六五，出涕沱若，戚嗟若，吉。

图66-5

六五现在还是吉，因为毕竟还是在上卦的中位。凡是占到中央位置的，就说明你守正道，就算再怎么出差错，最后都还是平安无事的。但是，六五跟六二是不相应的。为什么不相应？就是警示六五，你要走正道，你不能说自己官大，别人就必须服从你。官大学问大，从离卦里面可以看得很清楚，那是不正确的观念。但是一般人都认为，我高攀你，你可以拉我一把，你可以提拔我，我当然要尊重你，这也不对。因为六五到了那个位置，同时又受到别人不正当的追捧，迟早会越来越空虚。你一天到晚去开会，一天到晚有人拜访，一天到晚要给别人办这办那，要你推荐什么东西，你哪里有时间去充实自己呢？最后就是空有其名。知识积累如逆水行舟，是不进则退的，这是显而易见的道理。

因此，你就知道，此种地步你真是哭笑不得。就算你流眼泪，别人都不同情你，认为你是装的，然后你就开始忧愁，感叹，但是你还是吉，为什么？那个虚名把你保护住了，人家看见你还是恭恭敬敬的。你看人到最后都是活在虚名当中，所以死的时候都很孤单，都很痛苦。一个人可以得到诺贝尔奖，但不能年年都得。今年可以走星光大道，明年就不能走了。因为，江山代有新人出，长江后浪推前浪。这是很自然的现象。

因此，你越有知识，你的地位越高，你越要谦虚，越要看重知识，不要滥用知识，这就是六五爻给我们最高的警示。

一个有着高尚品德的人，穷尽一生追求知识，获得了卓越的成就后，便成为学界泰斗，那么此时，他应该如何将一生所学传承下去，推动知识

第六十六集 光明大道

的发展呢？

上九的爻辞（图66-6）是：**王用出征，有嘉折首，获匪其丑，无咎。**

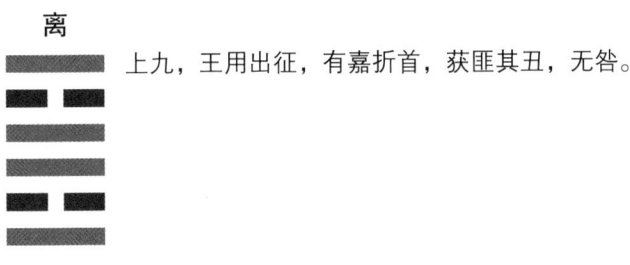

图66-6

上九也是不当位的，但是因为它是离卦，离卦是要大放光明的，所以，王用出征。就是六五知道，要用上九来明察邪恶，要把邪恶在你的有生之年都消除掉，我想这是知识分子最后的责任。我很佩服一位老先生。他讲的一句话，很多人都不以为然，但是最后都很佩服他。他说："我年轻的时候，看到一本书，如果我看不懂，就会肃然起敬。这个书写得那么好，连我都看不懂，赶快看，好好看，非把它看懂不可。但是现在我翻开一本书，如果发现看不懂，我就把它丢掉，为什么？写书写到连我都看不懂，还写什么书？"

初听起来，你会觉得这个人太狂妄了，太不上进了，怎么能这样。其实他讲的是真话，他一辈子就是练就了这种判断力，知道哪些知识是有用的，哪些知识是没有用的，甚至会害死人的。

"有嘉"就是嘉奖，你要嘉奖好的。同时要"折首"，要把那些不好的去掉。"获其匪丑"，不愿意亲附你的人，你要收复他的心，就无咎了。把上九爻用得最好的，就是孔明。他七擒七纵孟获，最终服其心。这是知识分子的风范。一个人到了上九，就要学会服其心，不管别人听不听，听不听得懂，赞成不赞成，甚至于会不会正面地攻击你，你都无所谓。我们现在需要这样的人，可惜太少了，这种人要有名望，而不仅仅是有知识而已。

上爻的小象说：*王用出征，以正邦也*。一个人，你的声望是怎么来的？是从带领大家走上正道得来的，而不是让人家盲目崇拜你的欺世盗名。

我们上经三十卦讲完以后，可以认识到，每个卦都是按照一定的次序，一个一个呈现出来的。所以接下来我们就要讲：易经体例。

易经的智慧·第六十七集

易经体例

《易经》通过六十四种不同的卦象,反映出了宇宙人生中六十四种不同的情境,而在这些情境中,又包罗着各式各样的变化。人们之所以要读《易经》,通晓易理,就是为了在这些不同的情境和变化中能够顺其自然、把握人生。然而人们要读懂《易经》,就需要遵循一定的体例,那么《易经》的体例都是由哪些部分组成的?人们对每一部分的学习研究,又将会获得怎样的认识呢?

第六十七集　易经体例

读完了《易经》的上经以后,我们应该对每一个卦的卦象,以及其主要内容、卦与卦之间的关系有了初步的认识。所以我们就可以看出来,整部的《易经》,有一个体例,因为每个卦,每个部分,都是按照一定的次序,一个一个呈现出来的。因此我们现在要把《易经》的体例,再来做一些归纳,使得我们进入下经的讲解时,能够更轻松,更愉快。

《易经》六十四卦的体例是一样的,都是由五个大部分所构成。第一部分叫作卦画,或者"卦象",也就是由阴阳爻两个符号组成,六个爻不同的组合就构成了六十四卦。

我们打开《易经》首先看到两个卦:乾卦和坤卦(图67-1)。乾卦全部是由阳爻这个符号所构成,它的卦象从头到尾都是连续的,没有间断。坤卦刚好相反,所以这两个卦互为相错。实际上我们已经知道了,天地所有的变化,都是阴阳二气的互动和交合的结果。这个阴阳互动的交合,我们可以在人、事、生活的各个方面体会到。这就像两性的交感。如果男的看到女的完全不理会,完全没有兴趣,女的看到男的也一样的话,那大概人类很快就灭绝了。所以大家可以看到,天地可以有纯阴、纯阳,而人不可能有百分之百的男人,百分之百的女人。男性身体里面有女性荷尔蒙,女性身体里面也有男性荷尔蒙,而不是各自纯阴纯阳。这样的安排,完全符合科学的规律,也是自然的奥妙所在。

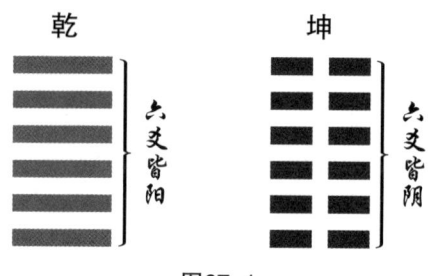

图67-1

乾坤两卦,可以说是《易经》的门户,六十四卦除了乾坤两卦以外,其他六十二卦都是乾坤二气的一种交感。大家随便拿一个卦出来,就可以发现,它是由乾卦的几个阳爻与坤卦的几个阴爻组成的。这样相互交错,变成六十四种之多。

"易者,象也。"《易经》通过乾坤以及乾坤二气的互动交合,展现出了六十四种不同的卦象,而这些卦象,几乎包罗了天地间万事万物所有的变化,人们通过研究卦象,可以更好地了解自然与自身,从而走向天人合一的和谐境界。那么,既然六十四卦这么重要,究竟是谁将它推演出来的呢?我们后人又是通过什么,从而了解到不同卦象所隐含的不同内容的呢?

第二部分叫作卦辞。卦辞是综合地来说明这一个卦的现象的。相传周文王被商纣王抓去,关在羑里。周文王就在羑里把六十四卦推演出来,加上卦辞,以便让后世的人能够很清楚地把每一个卦的内容看明白。

当然大家已经很熟悉了,乾卦,就是"元、亨、利、贞",简单明了,但是足够我们好好去体会了。为什么叫元?为什么叫亨?为什么叫利?为什么叫贞?为什么它们的次序是这样的?它们彼此间有什么关系?我相信各位现在已经很清楚了。坤卦稍微有一点不一样,"元亨,利牝马之贞",它就加上了一些条件,为什么?因为如果它们完全相同的话,就不会互动了,所以多少要让它们有些区别。今天我们最熟悉的两种物理

第六十七集　易经体例

力，一个叫作向心力，一个叫作离心力，各位一听就明白了，其实它们只是方向不同而已，但是都是力，都是能量的变化。

我们读卦辞，虽然只有几个非常简单的字，但是当中有很多奥妙之处，要靠我们悉心体会。

通过学习卦辞，人们可以对不同卦象所隐含的不同内容有一个综合性的了解，并且通过对不同卦的卦辞的对比，人们也可以懂得，在不同的情境下实现不同的目标，需要拥有怎样的不同条件或前提。人们在读《易经》的时候也会看到，与卦辞紧密相连的还有一个彖辞。那么，彖辞又有什么作用呢？

接下来第三部分叫作彖辞。"彖"，就是判断的断，是一种断别的意思。相传它是一种牙齿非常锋利的兽，一咬到什么，什么就断了。所以在这里，彖辞就是判断我们整卦的卦名、卦辞，而后把全卦的要义断来。我们可以看出，在每一个卦的卦辞之后，都有一个彖辞。彖辞都是根据卦辞一段一段来解释的，最后可能还会加上一个总结。因为彖辞是来解释卦辞的，而不是单独发挥，所以最好把彖辞和卦辞连起来看。

讲到这里我们应该了解到，《易经》是从象开始的，所以我们也不能排斥象。如果你只讲你的道理，而不根据象来发挥，那就是没有依据。

第四个部分叫作象辞。这里的象辞，指的是大象辞。爻辞里面的象叫小象，卦整体的象叫大象，大象是解释全卦的卦象，它是把上下卦合在一起看的。比如咸卦（图67-2），它把整卦合在一起看，可以看出来上面为泽为少女，下面为山为少男。可是你千万不要在解释爻辞的时候，以为上卦的四五爻完全是讲女性的，下卦初二三爻完全讲男性，那就错了。因为小象，是解释每一个爻的现象的。这个时候你要回归原点，凡是阴的都代表女性，凡是阳的都代表男性，只有这样你才有办法去解释。如果说咸卦跟性别没有关系，那它就表示每一个阶段都有不同的变化。或者你也可以把阳爻当作君子，把阴爻当作小人，来看它的这个象到底在表达什么意思。由此可见，我们同样地在看《易经》，同样地看一阴一阳两个爻的变化，但是你要从不同的角度来看，才有办法掌握它的真相。

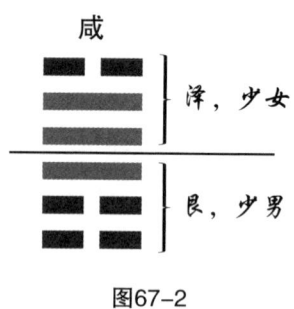

图67-2

在《易经》中，不同的卦有着不同的卦象、卦辞、彖辞以及象辞，而每一卦，人们从不同的角度去看，也会代表着不同的含义。对于学习《易经》的人来说，单单从每一卦的整体上进行综合研究是远远不够的，还需要深入细化到每一爻，因为每一爻在不同的情境下，也都会隐含着不同的玄机。那么，我们又通过什么来了解《易经》的每一爻呢？

最后一个部分就叫爻辞。爻辞是解释每一个爻不同的含意的。一个卦从下面到上面，一共有六个阶段，这六个阶段可能是连贯的，可能是分段的，也可能还会有很多其他的变化。每一个卦都不太一样，每一卦六爻都是由阴爻阳爻组合成的，但是每个爻代表什么状况，可能还要根据卦的卦象、卦辞以及彖辞，来做不同的解释。为了让我们对爻辞有进一步的了解，每一个爻的爻辞后面就配上一个小象，就是说我们可以再根据这一爻的象，看它的上下关系，看它的对应关系，还有看这两爻到底是同是阳的，还是同是阴的，或是一阴一阳。就算一阴一阳，到底阴在上还是阳在上，这当中有很多奥妙的地方。

所以当把这五个部分都掌握了以后，我们就要开始对每个爻做一个判断。

第一点，我们要看它当位不当位。大家要记得很清楚，奇数代表阳

第六十七集　易经体例

爻，偶数代表阴爻，那一、三、五是阳数，所以一、三、五这三个位是阳位。一、三、五位上如果出现阳爻的话，就叫当位的爻，所以初九、九三、九五就叫当位的爻。二、四、六这三位是阴位，如果这三个位上是阴爻的话，那就当位。所以六二、六四、上六是当位的爻。当位多半是比较好的，我讲多半的意思，就是说《易经》告诉我们天下没有百分之百的事情，有当位好的，就有当位反而不好的。因为处在什么样的环境里面，就要做什么样的适应。这个环境是正的，那正的就好；这个环境是斜的，那正的就反而吃亏，反而不好了。既然这样，是不是就要不正，就要斜呢？不是，这里还有另外一种适应的办法。

第二点，看完当位不当位，还要看它相应不相应。应是跟远方的感应，所以应是下卦的初爻跟上卦的初爻，如果这两个爻是一阴一阳的话，那就叫应。下卦的第二爻跟上卦的第二爻，不管哪个是阴哪个是阳，只要一阴一阳，它都是有感应。下卦的第三爻跟上卦的第三爻也是同样的状况。

各位可以看到《易经》六十四卦里面，完全当位又相应的卦，就是第六十三卦，叫作既济（图67-3）。既济一、三、五都是阳的，当位；二、四、六都是阴的，当位。然后一跟四，二跟五，三跟六，都是一阴一阳相应的，那当然叫既济了。其他的卦有很多情况，不完全是这样子。

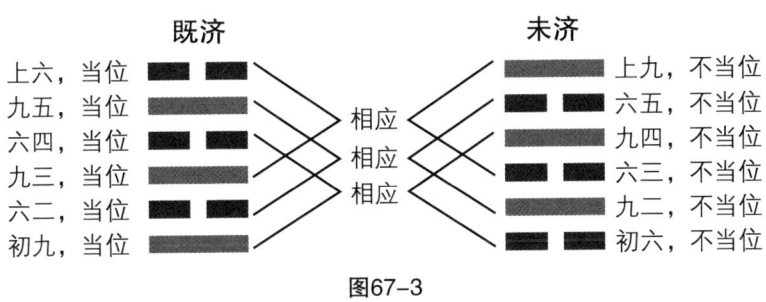

图67-3

讲到既济，你马上想到跟它相错的那一卦，叫作未济（图67-3）。未济是完全不当位的，可是虽然不当位，它也相应。所以不是说当位的爻就一定相应，相应的爻就一定当位。那么，完全不相应的有没有？也有。比如兑卦（图67-4），照理说兑卦应该是很开心的，很喜悦的，可是它的六个爻一跟四都是阳的，二跟五都是阳的，三跟六都是阴的，没有一个是相应的。可是它又让你很喜悦。讲到这里，我们应该再想一遍，就是一切都不是固定的，都不是一成不变的，有例行的，就一定有例外，这样你就掌握到《易经》的精神了。

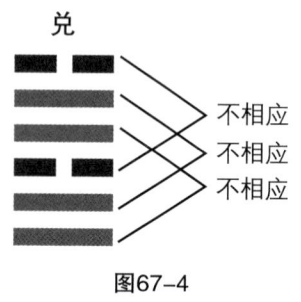

图67-4

在《易经》中，人们可以根据各个爻所代表的不同现象，得到相应的启发或警示，并且通过研究爻与爻之间的关系，人们也可以在不同的人生环境中做出相应的调整，从而改善生活的质量。然而，爻与爻之间不仅仅是相应与否。相邻的两个爻之间，也存在着四种关系，那么，这四种关系各自都是什么，每种关系又都隐含着怎样的暗示呢？

《易经》相邻的两个爻，有四种关系。

第一种，相邻的两爻是相同的，也就是说你是阳的，我也是阳的，你是阴的，我也是阴的。这种上下两个爻，性质相同的，叫比。比的意思就是说它们有连带作用，然后就有增强的力量，有扩大的一种能量。

第二种，如果上爻是阴的，下爻是阳的，这个叫作凌乘，就有一点欺负的味道。我是女的，你是男的，我就不服你，我一定要爬到你上头来。阴凌乘阳，多半比较不好，这在很多卦的爻辞里面可以找到证据。

第三种，如果阳在上面，阴在下面，那么有两种不同的解释：一是站在阳的立场上，叫作阳据阴。阳据阴就表示阳的力量，是超过这个阴的。

第六十七集　易经体例

"据"是什么意思？就是说，如果你抱定说我吃定你了，那就不好了；如果感觉说我很感谢你，幸亏有你帮忙，那效果比较好。

二是站在阴的立场上，阴在下，阳在上，而阴会主动去承这个阳，叫作阴承阳。就是说我承载你，我帮助你，我配合你，我支援你。所以这里面除了行为表现出来，还有它动机是什么，它都可以看得很清楚。

我们读《易经》，无论是从每一卦的整体所反映的现象出发，还是具体到每一爻所代表的不同情境，都是按照一定的体例逐步深入，从而透过现象看到其中所蕴含的道理。这也正是人们研究《易经》时，需要从象、数、理三个方面出发的原因。那么，在《易经》中，象、数、理三者究竟有着怎样的关系呢？根据象、数、理，我们又如何才能把握好吉凶祸福，从而在人生的道路上顺利前行呢？

六十四卦不管怎么变，都有象，有数，有理。象、数、理三个能够相通，有什么样的象，背后一定有什么样的数。把象跟数合在一起，它后面一定有一个道理。如果这三个说不通的话，那就要重新考虑，因为这个解释一定有点问题。我们现在做事情也是一样的，一般人都会去看现象，如果你看了现象就相信了，经常会被骗，因为现象是变动的，它可能造假。所以我们就要看数据，那个数现在就变成数据。看了数据以后，会觉得怎么跟现象不符合呢？数据里面是账面有盈余的，可是你去看那个现象，生产慢吞吞的，销售也不是很顺畅，怎么可能会有这么大盈余呢？那你就要开始怀疑这当中一定有什么不正当的现象。把这个道理挖出来，你才有办法去解决问题。《易经》是不可以凭空说理的，你一定要凭象、数说理。你看我们剥卦和复卦（图67-5），把复卦变剥卦，把剥卦变复卦都说得通。但是如果根据象那里面的层次，次序就不一样了。

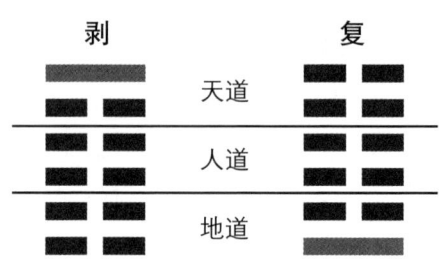

图67-5

同时我们读到现在，应该了解到每个卦都含有三才之道（图67-5），这是不变的义理。三才之道就是最上面那两个爻是天道，当中第三、第四两个爻是人道，初爻跟第二爻是地道。这三个道以人道为重点，这就是我们经常讲的以人为本。

吉凶祸福，因人而有不同的看法，顺逆动静，因人而做出不同的调整。从这里我们可以知道，读《易经》的目的只有两个字，叫作心易。就是用你的心来改变你自己的命运，心是什么？心就是你的观念影响到你的命运，所以读《易经》最要紧的就是端正自己的观念，让自己的脑筋清楚。我们最痛恨的就是那些脑筋不清楚的人，可是今天的人大部分都是脑筋不清楚的，为什么？因为他根本不用动脑筋，从小就开始不动，网上说的都是对的；从小都看电视，电视做的都是对的。他本身就没有自主性，也没有自己的主张，然后就跟着混，还骂社会这样不对，那样不对，都是别人的错，自己没有错。那这种人怎么会幸福呢？怎么会快乐呢？因此，人必须记住一切都是自作自受。

读完《易经》，每个人想法都不一样，每个人的悟道也不一样，你要怎么去反应也不一样。《易经》只有一点，那就叫道。道永远在那里，道不远人，你随时可以去找它，但是它不会主动帮助你，所以你要自己帮助自己。看完以后，你怎样调整你的观念，怎样改变你的行为，怎样在日常生活当中去调整，命运就是这样改变的，不然怎么改变？《易经》多次告诉我们，自天佑之，吉无不利。你要自求多福，你要自助，人家才会助你,你要自助,老天才会助你,一切靠自己。

《易经》一直告诉我们,人要靠自己,天不可靠,地不可靠,谁都不可靠,靠自己去选择,靠自己去判断,靠自己去走出一条该走的路。至于结果怎么样?三个字:天知道。因为你没有办法控制一切,事事千变万化,但是其中有一点,你一步错,就步步错。在这种情况之下,圣人给我们指出一条生路,因为一切都不可靠,一切你都不可能掌握,一切你都预测不准,怎么办?只能靠一点,叫作修己。这样你才知道,为什么圣人老教我们修己。修己,就是说你品德好,你就比较顺;你品德好,你的结果就比较有把握,所以下经才会从伦理道德说起。一句话讲完了,人除了伦理道德是可以由自己完全控制的以外,其他的完全控制不了。所以孔子说,求仁得仁,你只要一心向仁,仁就来了,你想弘道,道就发扬了,因此我们讲下经的时候,要从人伦开始。

易经的智慧 · 第六十八集

上经综述

《易经》分为上经和下经两部分，上经有三十卦，而下经却有三十四卦，为什么上下经卦数的分配，不是各三十二卦的绝对平分，而要进行这样的分配呢？细细看来，上经三十卦，大多由乾、坤、坎、离这四个基本卦所组成，而下经三十四卦大多由艮、震、兑、巽所组成。在先天八卦图中，乾、坤、坎、离四个卦处在四个正位，而艮、震、兑、巽处在四个斜角，这分别体现了上下经怎样的特点，又给我们以怎样的启示呢？

第六十八集　上经综述

《易经》一书，分成上经和下经两部分，上经有三十个卦，下经有三十四个卦。既然要分成上下两部分，为什么不是各三十二卦呢？这个问题很值得我们探讨。

上经，是从乾坤到坎离，这三十卦里面实际上只有十八个卦，下经从咸、恒到既济、未济，看起来有三十四个卦，实际上也只有十八个卦，上经十八、下经十八，合起来三十六，这些数字都是我们平常使用的。那为什么三十卦会变成十八个卦呢？为什么三十四个卦还是十八个卦呢？我们可以从最早的伏羲方圆图（图68-1）来看一下。

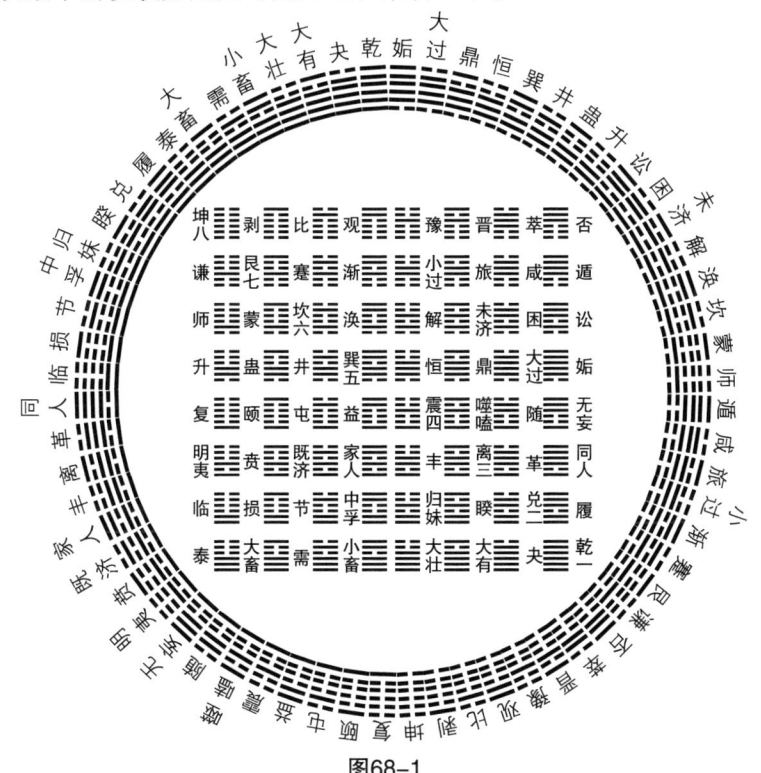

图68-1

我们发现，《易经》的卦序并没有按照排列组合所产生的那种卦序来排。如果按照伏羲六十四卦方圆图，拿乾卦做中心点，逆时针旋转的话，就会发现乾卦之后是夬卦、大有卦、大壮卦、小畜卦、需卦，这显然跟《易经》的排序是不一样的。如果从顺时针来看的话，顺序是乾卦、姤卦、大过卦、鼎卦、恒卦、巽卦，好像也不是这么一个次序，可见《易经》的排序是按照两个卦相综或者相错的方式两个一对地排下来的。

我们综合地看一下，就会发现上经只有四个卦是颠来倒去都是同一个卦，就是开头跟结尾的乾、坤、坎、离（图68-2）。它们没有综卦，乾卦倒过来还是乾卦，坤卦倒过来还是坤卦，坎卦倒过来还是坎卦，离卦倒过来还是离卦，这四个卦是没有综卦的。

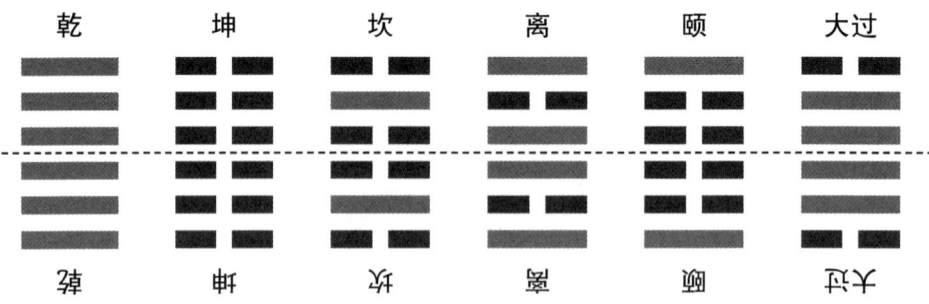

图68-2

三十个卦里面减掉四个没有综卦的乾、坤、坎、离，还剩下二十六个卦。这二十六个卦里面，还有两个卦也是没有综卦的，它们就是颐卦和大过卦（图68-2），它们也是颠来倒去都是同一个卦。所以整个上经有六个卦是没有综卦的，其余的二十四个卦就是两个一对互相成为综卦。那二十四除以二就是十二，十二加上六不就是十八了。所以如果把互为综卦的两个卦看成一个，把其他的没有综卦的卦单独算作一个，加一起就是十八个卦。

下经也是一样的，三十四卦当中只有两个卦是没有综卦的，就是中孚卦和小过卦（图68-3），剩余的三十二个卦是互为综卦的，所以三十二除

第六十八集 上经综述

以二就等于十六，十六加二还是十八。《易经》的这种卦数安排对中国人的思维产生了怎么样的影响呢？我相信大家很清楚，即我们是重视实质上的平等，而不计较形式上的平等。

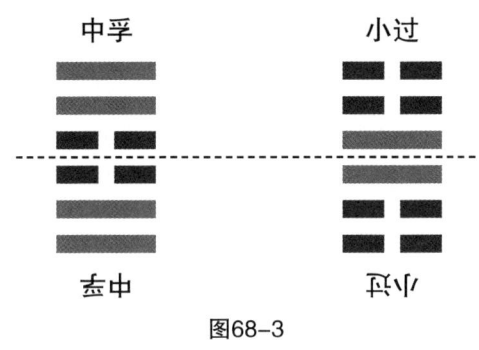

图68-3

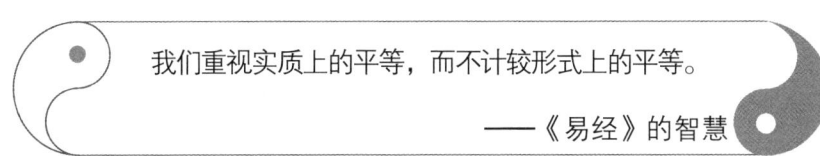

我们重视实质上的平等，而不计较形式上的平等。
——《易经》的智慧

正如《易经》的上经和下经一样，表面看起来卦的数量不是平分的，但实际分析起来，却是平等的。这也提醒我们，看问题、做事情要追求实质的公正，而不要一味地追求表面的公平。近些年来，男女平等是人们关注的热点话题，那么，这个道理在男女平等问题上是如何体现的呢？

我们经常讲一句话，叫作公正而不公平。什么叫作公正而不公平呢？那就是合理的不公平。中国人所追求的公平恰恰就是合理的不公平。各位从这里面去衡量一下，看看我们是男女平等，还是男女有别？这是当下辩论最多的热门话题。《周易》上下经的编排告诉我们：男女平等，只是形式上的平等，实际上无法平等。

女人能做的事情，很多是男人不能做的；男人能做的事情，有很多是女人做不来的。如果追求平等，大家都痛苦。男女平等，是说人格上是平等的，但男女有别也是事实。我们可以从自然的景象中获得启发。

大自然中，有哪两座山是一模一样的？没有。就像天底下没有两片完

全相同的叶子,没有两条完全相同的河流。所以,我们与其计较形式上的平等与否,还不如实实在在地来讲实质上的平等。《周易》的这一点对我们的影响的确是很大的。可是现在我们都受西方的影响,只求表面上的平等,却非常严重地忽略掉了实质上的平等,这是不好的现象。

为了方便大家把《易经》的卦序背下来,古人编了一首卦名次序歌(图68-4),每七个字一段,我们来念念看。"乾坤屯蒙需讼师",这是头七个卦。接下来就是"比小畜兮履泰否",为什么加上一个兮呢?中国人了不起的地方就在这里。小畜有两个字,外加其他四个一字卦,才共六个字。那怎么办呢?那就叫上一个"兮"字就行了。这个字叫作虚字。"比小畜兮",然后"履泰否",刚好形成了一个小循环,为什么呢?因为从开天辟地以后,人类就开始有了泰和否的观念,这是一个发展的过程,有了泰、否以后,人类很多观念就不一样了。

下面接下来是"同人大有谦豫随,蛊临观兮噬嗑贲",到这里,已经把上经三分之二的卦都包含在里面了。下面一个新的段落,叫作"剥复无妄大畜颐,大过坎离三十备"。这三十个卦把自开天辟地,中国人的演进,最后达到高度的文明社会,讲得清清楚楚,十分的完备,所以说是"三十备"。

乾坤屯蒙需讼师,比小畜兮履泰否。
同人大有谦豫随,蛊临观兮噬嗑贲。
剥复无妄大畜颐,大过坎离三十备。
咸恒遁兮及大壮,晋与明夷家人睽。
蹇解损益夬姤萃,升困井革鼎震继。
艮渐归妹丰旅巽,兑涣节兮中孚至。
小过既济兼未济,是为下经三十四。

图68-4

第六十八集 上经综述

"乾坤屯蒙需讼师，比小畜兮履泰否，同人大有谦豫随，蛊临观兮噬嗑贲，剥复无妄大畜颐，大过坎离三十备。"这首卦名次序歌，朗朗上口、易学易唱。我们把上经这三十个卦依次排列在一起，不难看出，其中似乎隐藏着一个共性。那么，这个共性是什么？又给我们以怎样的启示呢？

上经三十卦，以乾坤开始，以坎离收场。每一个卦都是环绕着乾坤坎离这四个卦变化，这就表示在宇宙发展的过程中，这四个因素是非常重要的。我们来看一看，屯卦上卦是水，就是坎，蒙卦的下卦是水，也是坎。需卦的上卦、讼卦的下卦、师卦的下卦、比卦的上卦统统是坎；小畜的下卦是天、履卦的上卦是天，泰卦的下卦、否卦的上卦也是天。同人卦是由两个卦构成的，一个是天，一个是火，所以叫天火同人。火是离，天是乾，又是乾坤坎离四个基本卦里面的两个。

天火同人，反过来就是火天大有，一个是离卦，一个是乾卦。谦的上卦是地，豫的下卦也是地。下面那两个卦，随卦和蛊卦，既没有坎离，也没有乾坤，这就提醒我们，你追随，你生虫，产生毛病，这跟天地、水火没有太大关系，这是由其本身的因素所造成的。

这种情况也告诉我们，天底下凡是有通例的，就一定有特例，有合乎规矩的，就一定有例外。随、蛊两卦就是例外，它们的上下卦在乾坤坎离四个卦之外。但是接下来又拉回来，临卦上卦是地，观卦下卦也是地。噬嗑卦上卦是离，贲卦下卦是离。剥卦下面是地，复卦上面也是地，它们又恢复正常了。无妄卦上面是天，大畜卦下面是天。接下来的两个卦颐和大有，又完全没有乾坤坎离。最后两卦，坎卦两个坎，离卦两个离。

> 天底下凡是有通例的，就一定有特例，有合乎规矩的，就一定有例外。
> ——《易经》的智慧

这三十个卦里面，大家可以看到，一共只有随、蛊、颐、大过四个卦完全没有乾坤坎离,其他的二十六个卦全都是乾坤坎离的排列所组成的。这告诉我们,宇宙的发生、成长,大部分都是天地水火这四个因素互动的过程,乾坤坎离在八卦里面的方位,正好指示南北西东四个方向。这四个正位象征什么?象征自然的规律,是以正为根本,不断发生、演变的过程。

通过以上分析我们知道,上经三十卦主要由乾坤坎离四个基本卦所构成,相对地,下经三十四卦则由艮、震、兑、巽四个卦所构成。在先天八卦图中,乾坤坎离处在四个正位,而艮、震、兑、巽处在四个斜角。我们知道上经所重在天,而下经所重在人,为什么先天八卦图中与天相关的四个卦是正的,而与人相关的四个卦却是斜着的,其中包含着怎样的哲理呢?

下经就不一样了,下经主要由另外四个卦所构成,就是艮、震、兑、巽。它们指示四个有所偏的方向,叫四隅卦。由此可见,八卦有四个正卦,四个四隅卦(图68-5)。

图68-5

这又给我们很好的启示,自然的规律是以正为主的,可是,人类要小心,我们都有偏道的倾向。而且经常会有很多邪念会随时产生。上经那么多卦,它们都是离不开乾坤坎离四个正卦;下经的卦绝大部分没有这四个

第六十八集　上经综述

卦，或者说在下经中，乾坤坎离四个卦并不是主要的卦，而另外的四个卦出现的机会很多。所以，人类一定要不断地反省，不断地使自己回归正道，否则的话一不小心就出轨了。以正为根本的就叫作正道，《易经》所有的卦爻辞显示，不管处于什么状况，你只要坚持走正道，大概就不会偏离到哪里去，最后的结果都是好的比较多。

宇宙的生存从天地开始，万物顺着各自的方位以求生存发展，这个道理，从卦序一路下来可以看得非常清楚。

下经从咸、恒开始，最后是既济和未济，它们主要的元素是四个四隅卦：震、巽、艮、兑。这告诉我们，人世的现象大多是歪斜不正的。举个例子，你一旦有了钱，还想得到更多的钱。就像我们总觉得，自己的房子永远少一间，车子总想再换一部。有一句很通俗的话，文章怎么看都是自己写得好，别人的都是不通的；而太太怎么看都是别人的漂亮，自己的就是不行，这不是很奇怪吗？为什么人都这样呢？其实我们应该很了解，这是上天有好生之德，如果小孩一生下来就不会动歪脑筋，始终走正道，那人类跟机器有什么两样呢？那就根本不用努力了，那要自修干什么呢？你一辈子跟木头人一样，那还过什么日子？

就像观世音菩萨，好像是法力无边的。他只要一甩手，所有这一帮人统统到西方极乐世界去了。但是他不做这种事情，他要人们自己苦苦地修行。即使你不懂、参悟不了，他也不说话，你做得不对，他也不言语。这就告诉我们，每一个人都要靠自己而不要靠别人。人活一生，怎么过才算没有白白在世上走一遭？就是不断修行自己的品德，所以《大学》告诉我们：自天子以至于庶人，壹是皆以修身为本。就是不管你生在富贵家庭，还是生在贫穷家庭；是住在都市，还是住在乡下；是男还是女，我们共同的目的就是把自己的品德修养好。

下经三十四卦主要是由艮、震、兑、巽这四隅卦所构成，这就提醒人们要不断地修正自己。修己，换而言之，就是要培养好我们的道德情操，那么具体到现实生活中，我们应该从何做起呢？

下经是要我们注意，修己才是我们的根本。修己是什么？就是恢复人的本性，也就是要恢复人的自性。人的自性是什么？就是诚恳、实在、谦虚，这些都是很好的美德。我们要复人性，就叫作复性，我们要把君子的风范培养起来，而不是鬼鬼祟祟，像小人一样。

生活最重要的是什么？是人情。你看现在只有法，没有人情，动不动就要罚款，那算什么人呢？可是我们心甘情愿，认为这是法制的社会，这是进步的象征。现在还讲什么人情？一想到人情，我们就觉得这是文化的包袱。所以，现在人没有情，没有情那就很容易翻脸。翻脸无情，这是不是很可怕？人跟人的距离就会越来越疏远，在一起相互不自在。防范心特别重，好像每个人都是坏人，就是彼此没有感情的维系了。就像现在的都市人，都不知道自己的邻居是谁，楼上人家姓什么。甚至现在有些年轻人，出口闭口都是洋名字，连自己的姓都不要了。

所以，为什么下经要从咸卦开始？咸卦就是感情，就是感觉。可能大家马上想到，为什么"咸"下面没有心？本来就不应该有心。一旦有心，它就有利害关系。我们常常问一个女孩，你为什么喜欢你的男朋友？如果说你喜欢他，是因为他工资很高，那就完了。你为什么喜欢你的女朋友？因为她家很有钱，那也完了。

我们现在基本都是有心的"感"，大家去相亲，去参加富豪俱乐部，都喜欢接近富豪，因为这样比较保险。万一找一个穷人，不糟糕了吗？怀着这种想法，还有什么真感情？所以咸卦就把底下的那个心去掉了，叫作无心之感，是很纯真的一种感觉。有目的的感情是很危险的，热度只有五分钟，很快就消退了。就像当今的网恋，觉得很聊得来，约会见面，可马上就翻脸了。

所以咸卦之后，紧接着就是恒卦，只有长期维持的感情才是纯真的。《易经》的下经，咸、恒就是讲爱情、婚姻、夫妇相处之道。人作为万物之灵，要善尽作为一个人的责任，我们要从下经的咸、恒这两个卦着手，好好去探讨一下：我们纯真的感情在哪里？我们应该怎么样生活才有意义？我们应该有哪些人情关系，活得才有价值？

六十四卦排列组合表

象爻卦 上象爻卦▶ 下象爻卦▼	乾 天	坎 水	艮 山	震 雷	巽 风	离 火	坤 地	兑 泽
乾 天	1 乾为天	5 水天需	26 山天大畜	34 雷天大壮	9 风天小畜	14 火天大有	11 地天泰	43 泽天夬
坎 水	6 天水讼	29 坎为水	4 山水蒙	40 雷水解	59 风水涣	64 火水未济	7 地水师	47 泽水困
艮 山	33 天山遁	39 水山蹇	52 艮为山	62 雷山小过	53 风山渐	56 火山旅	15 地山谦	31 泽山咸
震 雷	25 天雷无妄	3 水雷屯	27 山雷颐	51 震为雷	42 风雷益	21 火雷噬嗑	24 地雷复	17 泽雷随
巽 风	44 天风姤	48 水风井	18 山风蛊	32 雷风恒	57 巽为风	50 火风鼎	46 地风升	28 泽风大过
离 火	13 天火同人	63 水火既济	22 山火贲	55 雷火丰	37 风火家人	30 离为火	36 地火明夷	49 泽火革
坤 地	12 天地否	8 水地比	23 山地剥	16 雷地豫	20 风地观	35 火地晋	2 坤为地	45 泽地萃
兑 泽	10 天泽履	60 水泽节	41 山泽损	54 雷泽归妹	61 风泽中孚	38 火泽睽	19 地泽临	58 兑为泽

本系列为曾仕强教授 CCTV10 百家讲坛 《易经的奥秘》讲座配套深度解析丛书

现代易学院系列（共18册，陆续出版中）

曾仕强教授详解易经系列一至六

曾仕强教授详解易经系列七至十二

曾仕强详解易经系列
为您一一详解《易经》中的六十四卦

与您畅谈易经智慧在现今社会的思维
以及如何应用易经智慧经营您的人生与事业

陕西师范大学出版总社有限公司
西安曲江出版传媒股份有限公司　出版　　北京泰学天地教育咨询中心　发行